INHALT

Julia November

KAUFEN SIE NOCH EIN LOS, BEVOR WIR ABSTÜRZEN

riva

Bibliografische Information der Deutschen Nationalbibliothek
Die Deutsche Nationalbibliothek verzeichnet diese Publikation in der Deutschen Nationalbibliografie. Detaillierte bibliografische Daten sind im Internet über http://dnb.d-nb.de abrufbar.

Für Fragen und Anregungen
info@rivaverlag.de

Da ich mit meiner Geschichte niemandem schaden möchte, habe ich sämtliche Personen- und Firmennamen durch Pseudonyme ersetzt und Orte sowie alle anderen charakteristischen Merkmale abgeändert.

1. Auflage 2019

Nymphenburger Straße 86
D-80636 München
Tel.: 089 651285-0
Fax: 089 652096

Redaktion: Matthias Teiting, Duisburg
Umschlaggestaltung: Maria Wittek, München
Umschlagabbildung: unter Verwendung von iStockphoto
Satz: Grafikstudio Foerster, Belgern
Druck: CPI books GmbH, Leck
Printed in Germany

ISBN Print 978-3-7423-0568-8
ISBN E-Book (PDF) 978-3-86413-505-7
ISBN E-Book (EPUB, Mobi) 978-3-86413-506-4

Weitere Informationen zum Verlag finden Sie unter

www.rivaverlag.de

Beachten Sie auch unsere weiteren Verlage unter m-vg.de

VORAB

Ich hatte einst einen Traum vom Fliegen.
Ich atmete Flugzeuge, ich malte Flugzeuge und schaute mit leuchtenden Augen in den Himmel ...
Mein Traum erfüllte sich – und ich erwachte.
Nach nunmehr zehn Jahren mache ich mir keine Illusionen mehr über die Romantik des Berufs, über die Fähigkeiten mancher Kollegen oder ein Mindestmaß an Respekt, das mir von meinem Arbeitgeber entgegengebracht werden könnte. Stattdessen weiß ich eine Menge über nationale Stereotypen, über Klischees, die tatsächlich zutreffen, und über ein unglaublich hartes Geschäft, das sich *Low Cost Operation* nennt.
Wenn Unbekannte erraten sollen, was ich beruflich mache, so liegen sie oft weit daneben. Ich bin 32 Jahre alt und Pilotin bei der – nach Aussage unseres Marketing Departements – »beliebtesten Fluggesellschaft der Welt«.
Mit meiner Firma verhält es sich in etwa so wie mit einem schmuddeligen Sexshop oder Videoverleih. Irgendwie will niemand da gewesen sein. »Man hört immer nur so davon«, heißt es, und trotzdem floriert das Geschäft. *Low Cost* ist in etwa so schick, wie bei Aldi einzukaufen. Letztlich muss man sich aber nur die Autos auf dem Parkplatz vor der Supermarktfiliale anschauen, um herauszufinden, dass nicht nur diejenigen dort ein- und ausgehen, die sich den schicken Luxussupermarkt ein paar Straßen weiter einfach nicht leisten können.
In den ersten paar Monaten fand ich es witzig und provokant, auf Partys jedem zu verkünden, wer nun mein neuer Arbeitgeber sei. Mittlerweile bin ich weder an den Geschichten von denen interessiert, die »diese Airline auch mal ausprobiert haben und das ja gar nicht sooo schlimm fanden«, noch an den mitleidigen Kommentaren der anderen Fraktion: »Ach, du armes Ding, du bist doch jung und

attraktiv, warum wirst du denn nicht Stewardess bei der Lufthansa, das ist doch wenigstens ein seriöses Unternehmen!«

Auch ein kurzes bedauerndes »Oh, na ja«, als hätte mich mein Gegenüber gezwungen, etwas sehr Peinliches preiszugeben, brauche ich eigentlich nicht mehr.

Trotz aller Unterschiede haben die Reaktionen jedoch eines gemeinsam: Sie fallen selten enthusiastisch aus. Und es steckt in all diesen Kommentaren zumindest ein Fünkchen Wahrheit.

Begonnen habe ich meine Ausbildung zur Pilotin im Alter von 19 Jahren, und nach Aussage meiner Ausbilder bin ich eine ausgesprochen freche und neunmalkluge kleine Person gewesen (einmal habe ich voller Hingabe mit einem meiner Lehrer vor der gesamten Klasse über eine von ihm, wie ich heute immer noch glaube, falsch zitierte Passage aus Goethes *Faust* diskutiert). Gleichzeitig war ich infolge meiner Hartnäckigkeit angeblich auch eine sehr talentierte Aspirantin, die sich fröhlich und zügig durch die Lehrstunden tobte. Phasenweise war die Ausbildung sehr fordernd. Die Monate, in denen wir der Theorieprüfung entgegengingen und uns mit dem Luftrecht, der Meteorologie und vielen anderen oft sehr theoretischen und technischen Themen beschäftigen mussten, habe ich als eine anstrengende Zeit in Erinnerung, in der mein Leben fast nur aus Lesen und Lernen bestand. Nach dem Unterricht saßen wir oft noch in Gruppen zusammen, um den Stoff zu wiederholen oder zu vertiefen. Wir bibberten dem großen Ziel entgegen: der Prüfung im Luftfahrt-Bundesamt in Braunschweig, wo alle 14 Fächer innerhalb von drei Tagen abgefragt wurden. Nur wer diese Hürde nahm, bekam die Chance, den praktischen Ausbildungsabschnitt in den USA zu absolvieren. Ich gehörte zu den Glücklichen, die auserwählt wurden, und ich bin noch heute sehr dankbar dafür. Bereits auf dem Hinflug über den Atlantik war meinen Mitschülern und mir anzusehen, wie groß unsere Vorfreude war. Ein jeder und eine jede von uns blickte sehnsuchtsvoll nach vorn in Richtung Cockpit und dachte: Bald …

Nach meiner Rückkehr aus den Staaten brachte ich zügig die letzten Ausbildungsabschnitte hinter mich und begann die Stellensuche, die sich leider schwierig gestaltete. Ich brannte darauf, endlich jeden Tag fliegen zu dürfen, eine Uniform zu tragen und meine Passagiere in ihren Urlaub zu bringen. Ich schrieb unendlich viele Bewerbungen, aber der Zeitpunkt für die Jobsuche war schlichtweg nicht günstig. Nachdem 2001 die Luftfahrt eingebrochen war, weil fundamentalistische Fanatiker unfassbarerweise Passagierflugzeuge gekapert und als Luftwaffen missbraucht hatten, musste ich froh und dankbar sein, als ich 2002 bei einem *Low Cost Carrier* beginnen durfte.

Ich war Anfang 20, sah aus wie zarte 17 und wurde mit meiner vorlauten, direkten Art in eine neue Welt geworfen: ein internationales Sammelsurium von Kollegen, von denen sehr viele (auch das Management) aus einer Zeit stammten, in der Frauen allenfalls den Kaffee ins Cockpit gebracht hatten und sich dabei debil lächelnd unter den Rock fassen ließen.

In dem nun folgenden Buch möchte ich meine Erlebnisse und Eindrücke sammeln.

REAKTIONEN DES UMFELDS

Wenn sich ein Sohn für den Beruf des Piloten entschließt, wird das vermutlich seinen Vater stolz machen, seine Mutter ebenso. Die Entscheidung wird vom Umfeld zumeist durchweg positiv wahrgenommen. Fliegen – das klingt schließlich nach Freiheit, das klingt abenteuerlich und ausgesprochen männlich. Als ich mich hingegen für die Fliegerei entschied, protestierten meine Großeltern vehement. Das sei doch nichts Gescheites, mit diesem Beruf würde ich ganz sicher niemals geheiratet werden – ein Gedanke, der meine arme Oma ernstlich umtrieb. Sie machte sich große Sorgen, zumal ich alle ihre Versuche, mir das Stricken, Sticken oder das Kochen von Hausmannskost beizubringen, hartnäckig verweigert hatte. Ihr war stets anzusehen, dass meine Berufswahl in ihren Augen einem großen Scheitern gleichkam. Mein Großvater krönte seine Skepsis, indem er mich spöttisch aufzog: »Glaubst du wirklich, wenn schon einige Männer mit dem Beruf nicht zurechtkommen, dass du das dann packst?« Ich blieb ebenso trotzig wie damals, als ich mich geweigert hatte zu lernen, wie man mehlige Kartoffeln so lange breiig kocht, dass man sie hinterher in einer klumpig gebräunten Mehlschwitze ertränken kann.

Meine Oma startete noch ein paar Versuche. Sie schenkte mir Handtücher und Spitzendeckchen und steckte mir bisweilen Geld zu, damit ich mir einen gescheiten Rock kaufen könnte und nicht immer nur diese amerikanischen Jeans (wobei ein »gescheiter Rock« bei ihr selbstredend bis zum Knie ging und nicht, wie in meiner Vorstellung, nur knapp bis über den Po). Ganz nebenbei fragte sie mich, ob ich nicht mal zum Backen vorbeikommen wollte, und immer wieder versuchte sie herauszufinden, ob es da nicht vielleicht doch einen adretten jungen Mann aus gutem Hause gab, der mir die Flugflausen austreiben und mich anschließend zu einer kirchlichen Hochzeit und ein paar bodenständigen Urenkelchen überreden würde.

Meine Eltern hingegen waren großartig. Sie förderten und unterstützten mich und taten alles, damit ich meine Ausbildung abschließen konnte. Die Einwände meiner Großeltern sowie von Freunden und Bekannten ignorierten sie oder argumentierten sachlich und überlegt dagegen an. Meine Mutter begab sich sogar mit mir auf Wohnungs- beziehungsweise Zimmersuche in Flugschulnähe. Sie nähte mir Vorhänge und Kissen und machte mit mir die große Runde durch den IKEA-Container, wo sie mir meine Erstausstattung an Salatschüsseln und Töpfen kaufte und mich so flügge werden ließ. Sie und mein Vater hatten sich auf die Fahnen geschrieben, dass sie jedes ihrer Kinder bei seinem Wunschberuf unterstützen würden, egal, wie viele dumme Kommentare sie sich dafür anhören müssten. Als ich zu arbeiten begann, wurden meine Eltern für ihren Freundes- und Bekanntenkreis endgültig zu kuriosen Exoten, zumal zwischenzeitlich auch mein Bruder ein Studium im Ausland begonnen hatte. Sie waren die, die ihren Kindern dabei halfen, höchst seltsame Träume auszuleben. Diese merkwürdige Tochter flog nun tatsächlich! Ein mittelgroßes Flugzeug! Bei einem Billigflieger!

Viele Bekannte unterhielten sich fortan mit meinen Eltern, als seien diese Zeugen einer Ufo-Landung geworden oder würden heimlich kleine grün und blau getupfte, fließend Kapadokisch sprechende Aliens im Keller züchten. Die Leute musterten meine Eltern, als ob die Ärmsten sich irgendeinen Infekt eingefangen hätten, den man bei sich selbst besser rechtzeitig erkennt, um dagegen angehen zu können. Die Freunde meiner Eltern waren fasziniert, gruselten sich aber vor der Vorstellung, ihre eigenen Kinder könnten ebenfalls derart verdorbene Ideen entwickeln.

So führte meine Mutter einige Gespräche beim Dorfbäcker, die in etwa so verliefen: »Ach Mensch, hallo! Du, ich hab gehört, deine Tochter ist jetzt … äh … Pilotin?!«

Wobei die Stimme der Bäckerin immer mehr ins Flüstern verfiel und das Wort »Pilotin« betont wurde, als sei eigentlich »Prostituierte« gemeint.

»Und ... äh ... euer Sohn, der ist jetzt wirklich in Frankreich? Und studiert da? Das ist ja sooo weit weg! Und diese fremde Kultur ... Ogottogott ... Na ja, wenn man es mag. Für unsere Lisa und den Tom wäre so was ja nichts, die haben wir ganz bodenständig erzogen. Lisa macht jetzt übrigens eine Lehre als Bankkauffrau!«

Meine Mutter konnte manchmal gar nicht schnell genug eine Antwort finden, obwohl sie eigentlich eine sehr schlagfertige Person ist. Zuweilen kamen auch Leute und fragten, ob meine Mutter es nicht furchtbar schwer hätte. Sie lächelte dann und erwiderte: »Nein, ich wüsste auch nicht, wieso!« Und meinem Vater schlug man jovial auf die Schulter und meinte, er habe ja eine vollkommen verkehrte Welt herangezogen. Der Sohn studierte im weibischen »Fronkreisch«, während die Tochter zum fliegenden Mannsweib wurde. Ob ich denn einen Freund hätte, na, er wisse schon ... oder vielleicht doch eine kleine Freundin, haha?

Meine Eltern wurden notgedrungen zu Reise- und Buchungsexperten, da man sie ständig anrief, sobald irgendwo auf der Welt ein Flugzeug abstürzte. »Gott, habt ihr schon gehört – das ist ja total furchtbar! Wie geht es euch denn da als Eltern? Und dir, als Mutter?! Oh, ihr Armen!« Offenbar gingen die Bekannten davon aus, dass jedes Unglück sofort persönliche Assoziationen weckte und meine armen Eltern sich stets grämend auf dem Sofa zusammenrollten. Jeder dieser Anrufe wirkte wie ein kleiner Vorschuss an Beileid, ganz so, als müsste man meine Eltern schon mal auf den Tag vorbereiten, an dem ein Kriseninterventionsteam sie abholen und zu meiner Absturzstelle bringen würde.

Meine Mutter reagierte äußerlich wie immer stoisch und gelassen, und die Anrufer bekamen lediglich einen trockenen Kommentar serviert. Innerlich ärgerte sie sich allerdings über ihren sensationslüsternen Bekanntenkreis und rief mich in diesen Situationen oftmals empört an. Sie werde schließlich auch nicht bei jedem Autounfall in Frankreich gleich angerufen oder sobald eine Bombe in Kabul explodierte (mein Bruder arbeitete inzwischen bei der Bundeswehr). Was denn an Flugzeugunglücken bloß immer so toll sei?

Ich konnte ihr das auch nicht beantworten. Vielleicht war es der Nervenkitzel, dass man selbst als Passagier einmal betroffen sein könnte. Und ein schnöder Autounfall in Frankreich war als Gesprächsthema zu banal, während Afghanistan wiederum zu weit weg war und als politisches Thema die Menschen zu sehr polarisierte, als dass es für den alltäglichen Small Talk infrage gekommen wäre.
Zu Beginn meiner Karriere war die Airline noch relativ unbekannt in Deutschland. Entsprechend oft kam es vor, dass man meine Eltern besorgt fragte, was das denn für eine Firma sei. Billigflieger waren damals erst auf dem Vormarsch, und alle Unternehmen jenseits der Lufthansa hatten einen leicht anrüchigen Touch. Viele Freunde und Bekannte stellten sich offenbar ein abgewracktes kleines Flugzeug mit zusammengetackerten und mit Klebeband geflickten Tragflächen vor. So ganz genau wussten meine Eltern natürlich auch nicht, was das für eine ausländische Firma war, dem sie ihre Tochter da anvertrauten. Sie konnten aber zumindest versichern, dass die Flugzeuge, soweit sie das gehört hatten, neu und nicht alt und geflickt waren.
Meine Eltern waren stets klassische Auto-Touristen gewesen und wussten ohnehin nicht viel zu den verschiedenen Flugzeugen der einzelnen Airlines zu sagen. Als sie dann das erste Mal mit meinem neuen Arbeitgeber flogen, waren sie daher etwas aufgeregt. Meinem Vater war anzusehen, dass er kurz davor war, jedem, der es hören oder auch nicht hören wollte, gleich mitzuteilen, dass seine Tochter bei diesem Unternehmen als Pilotin arbeitete und sowieso die Schönste und Klügste und Bezaubernste von allen war. Weil ich um den liebevollen Stolz wusste, mit dem er das Flugzeug betrat, hatte ich ihn vorher gebeten, sich einfach zu entspannen, den Flug zu genießen und ein wenig auf meine Mutter zu achten, die trotz aller Coolness leider weder große Höhen mag noch gern auf Dingen steht oder sitzt, die allzu wackelig sind.
Die beiden überstanden den Flug offenbar gut. Meine Mutter, ohne grün zu werden und gleich die nächstbeste Kotztüte zu füllen, mein Vater, ohne alle umliegenden Passagiere mit den Kindheitsgeschich-

ten einer der angestellten Pilotinnen zu behelligen. Da nach Aussage der Kabinencrew weder Babyfotos gezeigt noch Geschichten von meiner Zeit auf der Flugschule erzählt worden waren und sich auch kein Passagier beschwert hatte, dass ein attraktiver Herr mittleren Alters nicht mehr zu reden aufgehört hätte, muss mein Vater den Flug wirklich genossen haben. Oder meine Mutter hatte ihm schlichtweg Redeverbot erteilt.

Nach ihrem Flug stand das Telefon zu Hause endgültig nicht mehr still. Meine Eltern waren nun zu Billigflugexperten mit persönlichem Erfahrungshintergrund avanciert und mussten haarklein von ihren Erlebnissen berichten.

»Und es war wirklich ein ganz normales Flugzeug?«, fragte eine der Freundinnen.

»Nee«, sagte meine Mutter, »da saßen kleine Männchen in so einem Rad, und wenn man Münzen eingeworfen hat, dann haben die Männchen zu treten begonnen und die Triebwerke haben sich gedreht. Die mussten ganz schön treten, bis wir abgehoben sind. Junge, Junge!«

»Oh wirklich?«, quiekte die sogenannte Freundin entsetzt und entzückt zugleich.

»Boah, natürlich nicht! Sag mal, bist du schon mal geflogen? Ist ja unglaublich!«, erwiderte meine Mutter, und das Gespräch war daraufhin relativ schnell beendet.

Mit der Sensationslust paarte sich allerdings auch die Gier. Einige Freunde wollten gern ein Stückchen vom Kuchen abbekommen, und so wurden meine Eltern immer wieder um Gratistickets angehauen, nach den billigsten Flugrouten befragt oder um Hoteltipps gebeten. Fragen und Bitten also, die meine Eltern nur mit einem »Guck doch mal ins Internet« beantworten konnten, da sie ja selbst nur ein einziges Mal geflogen waren – und auch das nur, um bei mir auf einer Klappcouch zu nächtigen und zu schauen, wie ich allein in der Fremde so zurechtkam.

Wie zwiespältig mein berufliches Umfeld wahrgenommen wurde, sah ich auch an meinem damaligen Freund, der vor seinen Arbeitskollegen gern damit angab, dass seine Freundin ein 79 Tonnen schweres Flugzeug flog. Auf der anderen Seite sollte ich aber auf gar keinen Fall erzählen, dass ich nicht bei der Lufthansa flog, sondern nur bei einer Billig-Airline. Natürlich kam ich dieser albernen Bitte damals nicht nach und versuchte in jedes Gespräch mit den Arbeitskollegen meines Freundes den Namen meiner Airline einzuflechten – um dann die geschockten oder verunsicherten Reaktionen zu beobachten. Wie bereits erwähnt, hielt mein Vergnügen an dieser Form der Unterhaltung allerdings nicht lange an und ich ging dazu über, das Gespräch möglichst gar nicht erst auf das Thema Beruf oder Fliegen kommen zu lassen.

Interessant waren die Reaktionen einiger Bekannter, die mich zuletzt als kleines Mädchen gesehen hatten. Sie musterten mich von oben bis unten, um dann meine Mutter zu fragen: »Ach, das ist die Tochter, die fliegt? Ist aber eine sehr hübsche Stewardess.«

Die meisten reagierten enttäuscht, wenn meine Mutter aus der Stewardess eine Pilotin machte.

»Aber eine Pilotin sieht doch irgendwie anders aus ...«

Leider konnte mir bislang niemand erläutern, wie das »bisschen anders irgendwie« tatsächlich aussehen sollte – dabei wäre ich über konkrete Hinweise wirklich dankbar.

Etwas kurios fand ich den Besuch in einer Grundschule, wo eine meiner ältesten Freundinnen als Lehrerin arbeitete. Sie hatte sich an ein altes Versprechen erinnert, das ich ihr zu Abiturtagen gegeben hatte. Sie hatte damals bereits gewusst, dass sie Grundschullehrerin werden wollte, und ich hatte mir schon eine Flugschule ausgesucht. Wir philosophierten über die Zukunft, und sie sagte plötzlich: »Und wenn das alles so klappt bei uns und ich jemals mit meinen Zwergen übers Fliegen spreche, dann kommst du uns in Uniform besuchen und die Mäuse können dir Löcher in den Bauch fragen.«

Ich war damals einverstanden.

Nach ein paar Jahren rief sie mich also an und bat mich vorbeizukommen. Ich fuhr in Jeans zur Schule und zog mich in einem Eckchen im Lehrerzimmer um, verwandelte mich also in eine Pilotin

und fand es sehr komisch, so durch eine Grundschule zu laufen. Die Reaktionen der Kinder waren sehr unterschiedlich.
Ein kleiner Junge sprang auf und schrie: »Ha, du kannst gar keine Pilotin sein, mein Papa sagt, das gibt es überhaupt nicht. So ein Quatsch!«
Ein dickliches Mädchen wollte alles ganz genau wissen und himmelte mich förmlich an.
Ein anderes Mädchen fragte mich, ob ich ein Schaffner wäre, ich würde so aussehen wie die, die im Zug die Tickets abknipsten.
Ein weiterer Junge fragte mich, ob ich denn auf den männlichen Piloten hören würde, wenn der mir etwas sagte.
Auweia, dachte ich, sehr emanzipierte Erziehung hier in der Region.
Ich brachte die etwas schräge, aber sehr niedliche Fragestunde dennoch gut hinter mich. Zum Abschied schenkten mir die Kinder ein selbst gebasteltes Bilderbuch, in das jeder ein Bild gemalt und folgenden Satz vollendet hatte: »Als Pilotin musst du bestimmt ...«
Die Vorschläge reichten von »bestimmt voll früh aufstehen« über »gut in der Schule sein« und »fliegen können« bis zu »dem Piloten Kaffee holen und nett zu den Gästen sein«.
Ich schwankte zwischen Lachen und Unglauben. Meine Freundin meinte, sie habe leider ein paar Schüler mit arg konservativen Eltern in ihrer Klasse. Die Kinder hätten sich aber sehr gefreut, und das kleine dicke Mädchen mit den allerstrengsten Eltern sei nach Hause gegangen und habe gesagt: »Papa, wenn ich groß bin, dann werde ich auch Pilotin!«

DIE FLIEGENDE KUNDENBETREUUNG

Als ich vier Jahre alt war, durfte ich zum ersten Mal allein fliegen, ich wollte meine Großcousine besuchen, die im eingezäunten Berlin lebte. Um den Hals trug ich ein Täschchen mit all meinen Reisedokumenten, und eine große blonde Stewardess kam zu mir und meinen Eltern, nahm mich an der Hand und brachte mich in ihr Flugzeug. Sie sprach Deutsch mit amerikanischem Akzent und wirkte überirdisch schön in ihrer Uniform und mit ihrem eleganten Gang. Sie duftete nach einem süßen und schweren Parfum, das in meiner Nase kitzelte.

Ich war sehr begeistert von der Stewardess, von dem tollen Flugzeug und auch von den sehr netten Piloten, denen ich mit meinen kleinen Kuchenfingern die Hand schütteln durfte (die überirdisch schöne Stewardessdame hatte mir Kuchen und Spielzeug geschenkt).

Gemessen an meiner Erinnerung sind die Kabinencrews meines heutigen Arbeitgebers leider nicht ganz so überirdisch und fantastisch, was aber weniger an deren Persönlichkeiten oder dem Arbeitsumfeld liegt als vielmehr an meiner kindlich übersteigerten Wahrnehmung. Dass bei uns nicht ausschließlich nach dem Faktor Schönheit und Attraktivität eingestellt wird, fällt sofort auf, wenn man unsere Damen in ihren schlecht sitzenden und unvorteilhaft geschnittenen Kostümen sieht. Dass die Äußerlichkeiten heutzutage nicht mehr das einzige Einstellungskriterium sind, stellt sicher eine faire Verbesserung gegenüber der Vergangenheit dar – auch wenn unsere Damen und Herren in der Kabine nun nicht ganz dem Klischee einer *Fantasy Cabin Crew* entsprechen.

Unsere Kabinencrews sind, nach langer Dienstzeit und wenn sie Glück haben, fest angestellt. Ansonsten haben sie ihren Weg zu uns über einen kostenpflichtigen Kurs bei einer der Agenturen gemacht, die als Subfirmen exklusiv für meine Firma die Einstellung und Ausbildung übernehmen. Die Arbeitsverträge, die man dort erhält, beinhalten eine Anstellung bei der Agentur und sind so aufgebaut, dass es kein festes Gehalt gibt und die Crewmitglieder somit nur etwas verdienen, wenn sie tatsächlich fliegen und verkaufen (und das am besten beides viel). Außerdem müssen unsere Angestellten zusätzlich zu der horrenden Kursgebühr ihre Uniformen selbst bezahlen und werden genötigt, mindestens einen Monat unbezahlten Urlaub pro Jahr zu nehmen, in dem sie aber nirgendwo anders arbeiten dürfen und im schlimmsten Falle nicht krankenversichert sind.

Bis vor Kurzem war unser Kabinenpersonal noch am Umsatz beteiligt, was etwa 10 bis 15 Prozent des Gehaltes ausmachte. Diese Zuwendung wurde still und heimlich abgeschafft. Ab und an findet der eine oder andere eine minimale Zuwendung auf seinem Gehaltsscheck, die aber eher pro forma, ausgesprochen willkürlich und nicht nachvollziehbar ist und nur dazu dient, Verwirrung und Unruhe unter der Kabinencrew zu stiften. In Windeseile heißt es dann: »Der XY hat Umsatzbeteiligung bekommen, es gibt sie also wieder! Ihr müsst mehr Lose verkaufen, Kinder!«

Wie auch der Rest der Firma besteht die Crew aus einem bunten Strauß unterschiedlichster Charaktere mit den verschiedensten Nationalitäten. In den vergangenen Jahren konnte man die wirtschaftliche Situation in Europa stets an der Einstellungspräferenz der Subunternehmen erkennen, denn diese rekrutieren stets dort, wo die Not gerade am größten ist.

Wäre es erlaubt, läge meiner Firma sicher viel daran, Fußfesseln einzuführen und die Crewmitglieder nach getaner Arbeit in Flughafennähe irgendwo einzupferchen, um sie morgens wieder pünktlich beim Dienst zu haben. Dann könnte auch niemand ausbüxen oder zu spät erscheinen. Da diese Form der Mitarbeiterbetreuung aber selbst meiner Firma als zu problematisch erscheint, begnügt man sich derzeit damit, bereits frühmorgens um fünf über die falsche Nagellack/Lippenstift-Kombinationen Buch zu führen, jede Minute Verspätung peinlichst zu notieren und das Kabinenpersonal auch bei Eis und Schnee in dünnsten Mäntelchen und High Heels zum Flieger zu schicken. Beim männlichen Bordpersonal wird entsprechend die falsch gebundene Krawatte zur Kenntnis genommen oder das Hemd, das falsch oder gar nicht gebügelt wurde. Nach diesen morgendlichen Gardinenpredigten über schlechte Umsatzzahlen, zu hohen Krankenstand oder falsch lackierte Nägel benötigt man vermutlich oscarreife Schauspielqualitäten, um ein »Guten Morgen« noch glaubhaft an den Passagier zu bringen und den Gästen zu versichern, dass sie wirklich »Herzlich willkommen« seien an Bord.

Es ist vermutlich eines der bestgehüteten Geheimnisse des Flugbetriebs, dass die Stewardessen innerlich gar nicht wirklich rund um die Uhr überschäumen vor Freundlichkeit und Hilfsbereitschaft und dass eine gut gefüllte Flugzeugkabine voller lärmender Menschen nicht unbedingt die Erfüllung eines Traums ist, sondern eher ein notwendiges Übel. Da sich die Damen und Herren im Gegensatz zu den Zugbegleitern der Bahn niemals in irgendein Abteil zurückziehen können, müssen sie sich jeder noch so kleinen (und nicht selten recht unintelligenten) Frage stellen. Alle Wünsche und Beschwerden werden möglichst freundlich behandelt. Allerdings sollte der geneigte Passagier bei Standardantworten wie »Oh, das tut mir leid, ich kümmere mich gleich darum«, »Selbstverständlich, Sie haben recht, ich gebe das weiter« oder »Danke für Ihren Hinweis, ich werde das dem Flugkapitän mitteilen« nicht allzu enthusiastisch auf die sofortige Umsetzung hoffen.

Weitergegeben werden in der Regel nur Dinge, mittels derer sich ein karrieresüchtiger Kollege beim Management anschwärzen lässt (das Verpfeifen von Kollegen wird firmenintern sehr begrüßt und schon in den ersten Kursen als Methode zur Karrierebeschleunigung empfohlen). Passagiere, denen Rappeln, Rumsen oder Sausen auffällt, die unter hausgroßen Luftlöchern leiden oder sich wünschen, man möge doch bitte mal die Benzintanks unter den Tragflächen etwas fester schrauben, die würden sehr wackeln (da haben wir nur Triebwerke!), werden sowohl von der Kabinenbesatzung als auch von uns Piloten zwar stets zu hören bekommen, dass das ein sehr guter Hinweis sei. Anschließend werden wir alle uns aber ehrlicherweise keine weiteren Gedanken über diese Dinge machen.

Wirklich gute Hinweise hingegen – zu Dingen, die riechen, tropfen, rauchen oder gar Flammen schlagen, oder auch zu verdächtig aussehenden und herrenlosen Päckchen – nehmen wir sehr gern entgegen. Zu diesen Anmerkungen wird die Reaktion auch sehr viel aufmerksamer ausfallen und sich zumindest bei den jüngeren Mitarbeitern in hektischen Flecken und Schweiß auf der Stirn niederschlagen.

Also bitte, immer raus damit!

Immer raus damit – das gilt auch für das Portemonnaie der Fluggäste. Denn wie bereits erwähnt: Unsere Crewmitglieder leben davon, dass sie auf dem Flug möglichst gut verkaufen.

Und so werden diverse Serviceintervalle in jeden noch so kurzen Flug gepresst. Bis kurz vor der Landung wird verkauft, was das Zeug hält. Speisen und Getränke haben mittlerweile Imbissbudenniveau, und es werden sogar Pommes frites und Hähnchen-Nuggets angeboten, wobei ob der langen Haltbarkeit der Nuggets in den ungekühlten Boxen fraglich ist, wie viel Hähnchen tatsächlich in den Nuggets stecken mag.

Neben anderen Kleinigkeiten werden die obligatorischen Parfums und Geschenke angeboten sowie elektrische Zigaretten für die Raucher, die man dann früher oder später doch mit einer echten Zigarette aus der Toilette zieht und nach der Landung von der Polizei einsammeln lassen muss. Zeitungen und diverses Spielzeug runden das Sortiment ab. Ich warte seit Jahren auf Topfsets und Heizdecken, aber die sind wohl zu groß und zu schwer für die Trolleys.

Sollten die Damen und Herren vom fliegenden Service doch einmal ein paar Minuten Ruhe haben, können sie ihre wohlverdiente Pause vor den Augen sämtlicher Passagiere und mit Blick auf die sich stetig öffnende Toilettentür genießen. Die Vorhänge für etwas Privatsphäre und eine kleine Mahlzeit in Ruhe wurden vor einiger Zeit abgeschafft.

Ich finde es sehr bemerkenswert, dass die Crews stets freundlich bleiben und ihre Arbeit erledigen, die nicht sonderlich gut bezahlt wird und körperlich anstrengend ist. Ich selbst würde nach einem halben Tag bereits Amok laufen und die nach Kaffee schreienden Piloten erdrosseln, die Zeitung lesend im Cockpit in der Sonne sitzen, während ich mir im Halbdunkel der Kabine die Hacken abrenne. Und direkt anschließend würde ich auch den Passagieren den Hals umdrehen. Oder doch vielleicht in umgekehrter Reihenfolge?

Tatsächlich sitze ich jedoch auf der anderen Seite der Tür, mit meiner Zeitung ...

Zwischen meiner Seite der Tür und der Kabine besteht eine Kluft, die mir jedes Jahr ein wenig größer erscheint. Als ich zu fliegen begann, wurden Crew und Piloten noch zu gemeinsamen Trainingstagen geschickt, wo die Zusammenarbeit und das Verständnis für den jeweils anderen Arbeitsbereich geschult werden sollten. Diese *Crew Resource Management Trainings* wurden von einer externen Firma abgehalten und beinhalteten Gruppenspiele und Teamübungen sowie die eine oder andere psychologisch wertvolle PowerPoint-Präsentation. Auf diesen Schulungen konnte man Dinge ansprechen, die man problematisch fand, zudem hatten wir immer ein gemeinsames Kabinencrew-Training, in dem Feuerszenarien, Entführungen und Ähnliches durchgesprochen wurden. Man bekam den Eindruck, zusammen etwas sehr Sinnvolles zu üben – und begriff sich anschließend ein wenig als gemeinsame Einheit.

Da die Definition eines CRM-Trainings aber sehr dehnbar ist und offenbar auch weniger intensive Varianten von den gesetzgebenden Luftfahrtbehörden anerkannt werden, ist das schöne gemeinsame Training auf eine unspektakuläre PowerPoint-Präsentation im Vorfeld des halbjährlichen Simulatorentests für Piloten beziehungsweise auf einen halben Trainingstag für die Kabinencrews zusammengeschrumpft, wo dann seit Jahren die ewig gleichen Entführungsfilmchen gezeigt werden und man einmal kurz durch eines unserer Flugzeuge läuft, um zu schauen, wo die Feuerlöscher liegen. Neue Flugbegleiter dürfen nun nicht mehr das Cockpit besichtigen, um sich einen Gesamteindruck von ihrem neuen Arbeitsumfeld zu verschaffen. Wir hatten schon Crewmitglieder, die bis zu ihrem ersten Flugtag noch kein Flugzeug von innen gesehen hatten (außer vielleicht als Passagier).

Da die gemeinsame Zeit vor den Flügen so knapp bemessen ist, dass man kaum Zeit hat, um sich freundlich vorzustellen und einmal Hallo zu sagen, ist es also nicht verwunderlich, dass Kabine und Cockpit sich lediglich am Rande zur Kenntnis nehmen. Es sind zwei getrennte Welten, die sich nur gelegentlich bei einem Feierabendbier etwas näherkommen – oder im Rahmen der durchaus häufigen Affären zwischen Kabine und Cockpit.

DIE HELDEN DER LÜFTE

Viele Menschen bekommen ein verklärtes Leuchten in die Augen, wenn sie sich den Arbeitsalltag eines Piloten vorstellen. Der Beruf wirkt kosmopolitisch und verströmt eine gewichtige Aura. Selbstverständlich muss ein Pilot groß und schlank sein. Er ist durchtrainiert, verströmt einigen Sex-Aappeal, hat leicht ergraute Schläfen und eine unglaublich tiefe, warme Stimme, mit der er sonor in sein Mikrofon säuselt. Selbstredend ist der Pilot weltoffen, galant, sehr gebildet und weiß sich überall zu bewegen.

Nun ja …

Als ich mit meiner Ausbildung begann, ging ich mit der entzückenden Naivität einer frischgebackenen Abiturientin davon aus, dass alle Piloten irgendwie intelligent seien. Die Selektionsverfahren legten einem das Klischeebild nahe: Schließlich müssen physikalische und mathematische Tests bestanden werden, außerdem Konzentrations-, Leistungs- und Belastungstests. Vermutlich hatte ich auch die Vorstellung, dass neben einem guten technischen Verständnis ein gerüttelt Maß an Allgemeinbildung sowie ein gewisses Interesse für Kunst und Kultur vorhanden sein müsse, wenn man sich künftig dort bewegen wollte, wo man sich laut Flugschulpsychologen längst befand: unter der Crème de la Crème, Seite an Seite mit den Jura- und Medizinstudenten, die an dieser Stelle vermutlich peinlich berührt und mit schmerzverzerrten Gesichtern zu Recht laut aufschreien. Ebenso ging ich davon aus, die meisten angehenden Piloten hätten einen literarischen Exkurs zum Thema Fliegerei unternommen und artig Saint-Exupéry, Richard Bach und eventuell noch den einen oder anderen Klassiker gelesen. Geografische Kenntnisse mal ganz grundsätzlich vorausgesetzt.

Im Laufe meiner Ausbildung wurde mir dann klar, dass das Fliegen streng genommen bloß ein Handwerk ist, das fast jeder erlernen kann. Einige Auszubildende sind eher praktisch orientiert, andere theoretisch, mangelndes Aufnahmevermögen kann man mit genügend Fleiß ausbügeln, und das Fliegen selbst kann man üben.

Aus einigen Anwärtern werden gute Handwerker, die am Ende filigrane kleine Kunstwerke schaffen, und es mutet wie Zauberei an, wenn man ihnen bei der Arbeit zusieht. Bei anderen wird das Werk grundsolide zusammengezimmert, es hält, tut keinem weh, ist zwar nicht sonderlich schön, erfüllt aber seinen Zweck …

Wenn man als Pilot arbeitet, so erklärt man sich bereit, einen eher fremden Menschen weit in seine persönliche Wohlfühlzone eindringen zu lassen. Ohne dass man dem entgehen könnte, arbeitet man mehrere Stunden am Tag auf engstem Raum mit seinem Kollegen zusammen. Da man zudem zwar eng nebeneinandersitzt, zumeist aber nach vorn schaut, ist eine gut funktionierende Kommunikation ziemlich wichtig. Allerdings beschäftigt unsere Airline unzählige Nationalitäten, weshalb mir nicht selten das schöne rheinländische Sprichwort einfällt: Jeder Jeck ist anders. Durch seltsame Akzente erschwerte Unterhaltungen sind ganz sicher keine Seltenheit. Außerdem geht im Cockpit vieles über Kopfhörer: Man muss auf Schnauben, Husten oder Röcheln gefasst sein und hat seinen Nachbarn dabei faktisch im Gehörgang sitzen, was nicht immer besonders angenehm ist.

Zu Beginn dachte ich, nationale Stereotype gäbe es nicht wirklich und wenn, dann bewegten sich diese Klischees auf dem Niveau eines Dorfschenken-Stammtisches. Zumindest was die Piloten der verschiedenen Nationalitäten anbelangt, muss ich mittlerweile zugeben, dass die Klischees durchaus der Wahrheit entsprechen. Deutsche Piloten zum Beispiel sind bei unserem Management nicht sonderlich beliebt, da die Deutschen dafür bekannt sind, dass sie alles unnötig kritisch hinterfragen und sehr diskussionsfreudig sind. Die Deutschen bringen sehr gern eigene Anregungen und Ideen in die Arbeit ein, was die irischen und englischen Kollegen als ausgesprochen irritierend empfinden, da »man ja nicht dazu aufgefordert wurde«.

Briten, Iren und Schweden sowie Osteuropäer sind sehr dienstbeflissen und hinterfragen selten, was ihnen aufgetragen wird, es sei denn, man fordert sie ausdrücklich zu einer eigenen Meinung auf. Sie kämen nackt und bunt betupft zum Dienst, gäbe es dazu eine schriftliche Anordnung.

Die Deutschen hingegen würden fragen: »Wieso das denn?«, oder: »Bunt? Geht nicht auch was Schlichtes?«, oder: »Ist die Bemalung denn arbeitsrechtlich in Ordnung?«

Die Franzosen würden gucken, ob sie mit den Tupfen gut aussähen und ob man die Dienstfolge und Rangordnung auf der Uniform noch erkennen könnte.

Spanier und Italiener würden sich aufplustern, ein Riesenpalaver aus viel heißer Luft beginnen und sich mit dem alten Totschlagargument »Abe isch binne die Commandante vonne diese Flugseuge« gegen die Verordnung wehren. Dann würden sie die Tupfen unter großem Lamento tragen, sobald jemand Wichtiges in ihre Richtung guckt.

Viele meiner Kollegen gehen davon aus, dass sie auf Frauen unwiderstehlich wirken. Im Karneval erhöht laut Statistiken die Verkleidung als Pilot todsicher die Flirtchancen, und ich habe sehr viele Geschlechtsgenossinnen kennengelernt, für die eine Verabredung mit einem Piloten das Highlight aller Dates wäre. Im direkten Umfeld dieser Berufsgruppe ist man allerdings schlauer: Eine liebe Freundin von mir, die eine lange Zeit als Chefstewardess gearbeitet hat, saß abends einmal in einer Bar in ihrer Heimatstadt, als neben ihr ein Mann Champagner spendierte und sowohl mit seinem Auto- als auch mit seinem Hotelzimmerschlüssel klimperte. Dann flüsterte er ihr ins Ohr, er sei Pilot. Sie trank ohne eine Miene zu verziehen und in aller Seelenruhe den spendierten Champagner aus, zog sich ihre Jacke an, und als ihr Spender sich anschickte, ebenfalls nach der Jacke zu greifen, schüttelte sie den Kopf und sagte: »Schade, hätte sonst sicher ein netter Abend werden können.«

Ich selbst hatte nie das Bedürfnis, auch privat noch Zeit mit einem Piloten zu verbringen, gelegentliche Kneipenbesuche nach Dienstschluss mal ausgenommen. Viele meiner Kollegen essen fast permanent im Flugzeug, überwiegend ekliges und ungesundes Zeug, und ich hatte auch schon Kollegen, die ohne Scheu gerülpst, gefurzt oder

mit Elan auf die unter dem Fenster entlanglaufenden Passagiere gespuckt haben.
Einer meiner Kollegen fragte mich einmal, ob ich eigentlich einen Freund hätte, und als ich bejahte, wirkte er etwas enttäuscht, fragte aber weiter, bei welcher Fluggesellschaft der denn flöge. Ich schaute etwas irritiert und antwortete dann, dass mein Lebensgefährte kein Pilot sei.
Daraufhin schaute mein Kollege mich zweifelnd an und fragte, ob ich denn nicht auf Männer stehen würde, auf richtige Männer?!
Ich habe herzlich gelacht, und nach einer kleinen Pause musste mein Kollege über die Selbstverständlichkeit seiner Annahme ebenfalls lachen.
Viele meiner Kollegen haben ein etwas seltsames Verständnis von Partnerschaft, was ein weiterer Grund ist, sich von Piloten fernzuhalten. Viele haben Affären mit Damen aus der Kabine, parallel aber Frau und Kind in einer anderen Stadt und sind dann total entrüstet, wenn man fragt, ob sie ein solches Arrangement ihrer Frau umgekehrt auch zugestehen würden. Einer meiner Kollegen wurde richtig erbost, als ich das fragte, und beschimpfte seine Frau als »Schlampe«, falls sie den gleichen Lebenswandel wagen sollte wie er selbst.
Pikant werden die Affären zwischen Piloten und Crewmitgliedern erst dann, wenn die Dame mehr möchte oder spontan schwanger wird und so ungewollt ein bisschen Schwung in die Sache gerät. Ärgerlich sind auch Affekthandlungen, die man anschließend auf den Smartphones der Kollegen findet und etwas später im Internet auf YouTube. Ganz besonders pikant war in dieser Hinsicht das kleine, aber feine Pornovideo eines Blowjobs, der in der hinteren Galley eines unserer Flugzeuge von einem der beiden Akteure aufgenommen wurde. Man konnte auf dem Video, welches sich in Windeseile verbreitete, nicht nur eindeutig erkennen, um welches Flugzeug es sich handelte, sondern wurde auch ziemlich schnell auf den auffälligen Ehering des Kapitäns aufmerksam, der mit der Hand erst einladend sein bestes Stück bearbeitete und dann den Zopf der an ihm agierenden jungen Dame packte, um deren Hinterkopf vor und zurück

zu stoßen. Die beiden Akteure konnten zudem ein paar gesprochene Laute nicht unterdrücken: Der sehr britische Akzent des Herrn bei den Anfeuerungsrufen und das hohe Stöhnen, Röcheln und Quieken der Dame waren deutlich hörbar.
Über die Größe des erigierten Kapitänsstabes, der einige Male in voller »Schönheit« im Bild zu erkennen war, wurde später einige Scherze gemacht. Dies sollte aber das geringste Problem des Kollegen bleiben, da das Management das Video zu Gesicht bekam und eine kleine, hoch motivierte Taskforce entsandte, um die beiden Filmstars ausfindig zu machen (denn natürlich sind derartige Praktiken privat und in Zivil kein Problem, in Uniform und an Bord eines unserer Flugzeuge aber ein grober Verstoß). Obwohl etwa 3000 Piloten bei der Airline beschäftigt sind und die Zahl der Crewmitglieder noch größer ist, wurden die beiden Akteure gefunden. Sie kassierten beide eine Abmahnung, und der betreffende Kollege hatte zudem eine große Krisensitzung und anschließend lange Abbitten bei seiner Gattin zu leisten. Vermutlich wird er den Tag verflucht haben, an dem er den Goldschmied ausfindig gemacht hatte, der ihm diesen extravaganten Trauring entwarf, anstatt ihm einen Nullachtfuffzehn-Ring zu verkaufen ...
Nicht selten verwechseln meine Kollegen die räumliche Enge im Cockpit mit Intimität. Einige haben mich mit pornografischen Witzen zu schockieren versucht, andere haben neben mir den *Playboy* oder Pornohefte aufgeschlagen, die sie auf meine Bitte dann sofort wieder schlossen. Ein Kollege meinte, seine eigentlich sehr schöne, sonore Pilotenstimme durch das Vorlesen einer erotischen Kurzgeschichte zur Geltung bringen zu müssen, und begann allen Ernstes, mir eine Story über einen »flotten Dreier« zweier Damen mit einem Herrn vorzulesen. Nachdem ich zunächst einen Moment überlegen musste, ob ich da wirklich gerade eine erotische Geschichte hörte oder mir die seltsamen Dinge nur einbildete, fragte ich meinen Kollegen, wie zum Teufel er denn auf die Idee käme, mir diesen Vortrag angedeihen zu lassen. Er hatte keine rechte Antwort und erwiderte nur, er finde so etwas nicht schlimm und habe den Eindruck, dass

auch ich ein sehr aufgeschlossener Mensch sei. Ihn habe eben interessiert, wie ich die Geschichte fände.
Ich teilte ihm daraufhin mit, dass ich grundsätzlich keine Probleme mit erotischen Geschichten hätte, ich sie aber nicht so gern bei der Arbeit und schon gar nicht von einem Kollegen vorgelesen bekäme und die Situation, auch wenn ich ihn sehr sympathisch fände, ziemlich unpassend und komisch sei. Ich bat ihn, etwas anderes und vor allem leise weiterzulesen.
Leider gab es auch einen Kollegen, der auf einem Flug tatsächlich zudringlich wurde. Auf die Art meines Kollegen bezogen war es zunächst ein Flug wie jeder andere. Übel gelaunt saß er auf seinem Kapitänssitz und kommandierte mich herum. Wie auf jedem anderen Flug, den ich zuvor an seiner Seite über mich hatte ergehen lassen, kam ihm alles falsch oder dumm vor, was ich tat. Da andere Kollegen mit mir keine Schwierigkeiten hatten und meine Arbeit schätzten und da ich die Probleme mit diesem speziellen Kapitän schon kannte, versuchte ich es mit stoischer Ruhe.
Auf dem Rückflug dann eskalierte die Situation. Er provozierte mal wieder unsere Chefstewardess, indem er ihr ein Stück Obst hinhielt, sie abschätzig musterte und dann befahl: »Waschen!« Die Stewardess kannte seine Art und erwiderte: »Erstens kannst du höflich fragen, zweitens ist das nicht meine Aufgabe und drittens weißt du, wo die Waschgelegenheiten sind, also lass mich in Ruhe meine Arbeit machen!« Daraufhin drehte sie sich um und verließ das Cockpit.
Er schaute ihr hasserfüllt nach und murmelte: »Scheißschlampe!«
Ich wagte zu erwidern, dass das weder nett noch angemessen von ihm sei – und wusste gleich, was nun kommen würde. Er begann eine lange Hasstirade gegen alle Frauen. Besonders schlimm seien Frauen, die sich in einen Männerberuf drängten, statt zu Hause zu bleiben und Babys zu bekommen. Junge Mädchen, die nicht wüssten, wo ihr Platz sei, und denen seiner Ansicht nach nur eines fehlte: »Diese emanzipierten Tussis müssten nur mal richtig von einem echten Kerl durchgevögelt werden, dann würden die schon zur Besinnung kommen!«

Und dann geschah, womit ich nie gerechnet hätte.
Ich war gerade dabei, unsere Papiere zu sortieren und die Karten des vorherigen Zielflughafens wegzuräumen, als er mich von der Seite musterte und sagte: »Du bist selbst zum Karteneinräumen noch zu blöd!« Dann beugte er sich so zu mir herüber, dass ich im ersten Moment dachte, er wolle mir, arroganter Macho, der er war, die Karten aus der Hand reißen und großmütig zeigen, wie man es richtig macht. Stattdessen hatte ich plötzlich seine Hand auf meinem Knie. Ich war dermaßen perplex, dass ich zunächst überhaupt nicht reagieren konnte. Er grinste mich diabolisch an und schob seine Hand langsam an der Innenseite meiner Schenkel in Richtung Schritt. Meine Fassungslosigkeit stieg ins Unermessliche. Ich fühlte mich gelähmt und hilflos wie nie zuvor, ein Gefühl großer Scham überkam mich. Durch den kurzärmeligen Hemdsärmel näherte sich seine andere Hand meiner Brust, und mir schossen tausend Gedanken gleichzeitig durch den Kopf:
Was passiert hier?
Das kann doch einfach nicht wahr sein!
Er ist der Kapitän und mein Vorgesetzter.
»Tu was, wehr dich!«, schrie die panische Stimme in mir.
Als seine linke Hand schließlich am Ziel ihrer Reise angekommen war und er an der Schnalle meines Gürtels vorbei mit seinen Fingern meinen Schritt berührte, während seine andere Hand meine Brust streifte, erwachte ich endlich aus meiner Schockstarre und schlug seine Hände weg.
»Fass mich nicht an! Was soll denn das?«, stieß ich hervor und ärgerte mich, weil meine Stimme vor Angst plötzlich dünn und leise klang.
Das schmierige Grinsen blieb, und er sagte: »Du tust nur so unnahbar mit deinem Kleinmädchenäußeren! Du willst doch auch nur mal richtig gefickt werden von einem Mann!«
Ich kämpfte mit den Tränen und dem Durcheinander in meinem Kopf. Ich weiß nicht mehr, wie ich den Rest des Fluges überstand. Ich versuchte aus dem Fenster zu starren, war unkonzentriert, nervös und fahrig und vollkommen eingeschüchtert und wollte einfach

nur noch raus aus dem Cockpit und weit weg von diesem Kollegen. Die Stewardessen merkten, dass ich verstört war und nicht mehr lächeln konnte, führten das aber auf die grundsätzlich unmögliche Art meines Kollegen zurück.

Obwohl die Zusammenarbeit vorher bereits einige Male unerträglich gewesen war, war ich so schockiert, verängstigt und in meiner Grundüberzeugung erschüttert, dass mir nie ein Kollege zu nahe kommen oder sich grenzüberschreitend verhalten würde, dass ich ein paar Wochen brauchte, bis ich dagegen vorzugehen wagte. Ich rief bei der Crewplanung an und bat, nie mehr mit ihm fliegen zu müssen. Man sagte mir, dass persönliche Animositäten bei der Planung keine Berücksichtigung fänden. Befreundeten Kollegen, die mich auf mein in mich gekehrtes Verhalten ansprachen, erzählte ich nur, dass der besagte Pilot ätzend sei und gemein zu seinen Kopiloten – sie kannten ja schließlich die Geschichten der anderen Kollegen.

Ich schämte mich sehr und rang mich erst acht Wochen später dazu durch, einen Report über ihn zu schreiben. Diese Beschwerde beim Management hatte dann eine halbherzige Untersuchung zur Folge. Man gab zwar zu, dass ein derartiges Verhalten für eine Kündigung reiche, man wolle jedoch vorerst von einer solchen Maßnahme absehen und mit dem Kollegen sprechen. Schließlich bat man ihn, sich in aller Form für sein unangemessenes Verhalten bei mir zu entschuldigen, und drohte, dass er sonst seine Versetzung an eine andere Station nicht erhalten werde, auf die er schon lange hoffte (eine Strafe, die zur Folge gehabt hätte, dass ich weiter mit ihm hätte zusammenarbeiten müssen). Der Kollege bekam einen Vermerk in der Personalakte und mir wurde vorgeworfen, ihn durch mein Auftreten und die Lektüre wissenschaftlicher Zeitungen provoziert zu haben. Ich solle mich in Zukunft etwas angemessener verhalten.

VORGESETZTE

Zusätzlich zu den komischen Kollegen ist man natürlich auch nicht vor schrägen Vorgesetzten gefeit. Genau wie der Rest der arbeitenden Bevölkerung wird jeder Pilot über kurz oder lang einmal an einen unmittelbaren Vorgesetzten geraten, der auf der persönlichen Sympathieliste im Kellergeschoss rangiert und bei dem man sich über eine Einladung in sein Büro so sehr freut wie auf den nächsten Zahnarztbesuch, eine Darmspiegelung oder die Steuererklärung.
Als ich bei meiner Firma begann, hatte ich zunächst einen sehr netten Chef. Die einzige Marotte dieses Mannes bestand darin, dass er permanent aus den *Simpsons* zitierte und erwartete, dass man die entsprechende Folge gesehen hätte und irgendwie mitlachen könnte. Da ich nicht der größte Serienjunkie unter der Sonne bin und *Die Simpsons* unregelmäßig bis gar nicht schaue, fiel ich permanent dadurch auf, dass ich mit den Charakteren und Zitaten nichts anfangen konnte. Trotz mehrfacher und sehr geduldiger Erklärungen warf ich noch immer Orte und Personen von *South Park* und den *Simpsons* durcheinander und fragte peinlicherweise mehrfach nach Kenny und nicht nach Bart, wenn es um Zitate des Seriensohns ging. *South Park* war das Steckenpferd eines anderen Kollegen, und so war ich sehr damit beschäftigt, zwei mir unbekannte Serien auseinanderzuhalten.
Nach einem Wechsel an eine andere Station geriet ich jedoch an einen Chef, der in der oben genannten Kategorie der schwierigen Chefs anzusiedeln war. Unsere Stationen werden von Kapitänen geführt, die sich in einer internen Ausschreibung beworben haben und nach erfolgtem Auswahlverfahren der Gehirnwäsche unserer Airline unterzogen werden, um fortan im illustren Kreis des unteren Managements artig die Ideale des Unternehmens zu vertreten.
Bei diesem speziellen Chef – Victor sein Name – schlug die Hirnwäsche offenbar so gut an, dass er sich in den Kopf gesetzt hatte, der »Base Captain des Jahrhunderts« zu werden. Aus Sicht der Firmen-

leitung hatte er genau die richtige Einstellung, da er auf jede Anweisung von oben artig katzbuckelte und in unterwürfiger Haltung selbst die absurdeste Dienstanweisung annahm, ohne groß über den Sinn oder Zweck nachzudenken. Seine ihm unterstellten Piloten hingegen behandelte er wie nichtsnutzige Untergebene. Er ließ gern heraushängen, dass wir alle doof wären – und er der große Chef.

Die meisten seiner Angestellten ließ Victor in Ruhe, abgesehen von einigen mahnenden Zetteln im Fach oder ein paar nervig belehrenden SMS. Einige der ihm unterstellten Kollegen hatte er jedoch mit Inbrunst auf dem Kieker, und aus irgendwelchen unerfindlichen Gründen schaffte ich es auf Anhieb auf die Spitzenposition dieser Liste. Victor beäugte mich vom ersten Händedruck an ausgesprochen. Wenn ich mit ihm flog, belehrte er mich ständig über Verfahren, die angeblich in unseren Handbüchern beschrieben wurden und die ich seiner Meinung nach völlig inkorrekt oder schludrig ausführte. Seine Form der Kritikäußerung oder Belehrung schwankte zwischen herablassenden Kommentaren, gebrüllten Befehlen und hektischen Handbewegungen, so als wollte er die Luft um sich herum verprügeln. Ich mochte seine ganze Art von der ersten Minute an überhaupt nicht.

Trotz meiner fast unterirdischen Position in Victors Stationshierarchie wagte ich es, gegen seinen mittelalterlichen Führungsstil anzugehen. Gleich auf unserem ersten Flug teilte ich ihm mit, dass seine Form des Umgangs ein ganz schlechtes *Crew Ressource Management* sei. Ich selbst sei zwar noch jung, aber dennoch eine fertig ausgebildete Verkehrspilotin mit gültigem Schein, und seine ständigen Nörgeleien seien einer konstruktiven Zusammenarbeit nicht gerade förderlich.

Selbstredend wurde diese Anmerkung nicht sonderlich dankbar entgegengenommen. Victor schnaubte nur empört. Er musterte mich von oben herab, und ich dachte an den Satz, den mein Opa manchmal sagte, wenn meine Oma seine dummen Sprüche spöttisch kommentierte: »Der Krümel hat die Schnauze zu halten, wenn der Keks das will.«

Victor wies mich an, ich müsse an meinem Pilotensessel die Armlehnen herunterklappen, das sei meine Pflicht, auch wenn ich offenbar nicht willens sei, eine so kleine, aber wichtige Anweisung zu akzeptieren und umzusetzen.

»Aha«, sagte ich, »das ist mir neu. Ich habe gelernt, dass man die Lehne benutzen kann, aber nicht muss. Und das wäre doch auch ziemlicher Unsinn. Zeig mir doch mal, wo das in unseren Handbüchern steht.« Ich reichte ihm die *Operations Manuals*, in denen unsere Verfahren und Kommandos beschrieben werden.

»Das steht da nicht drin, trotzdem musst du die Lehne benutzen«, erwiderte mein Chef und sah mich an, als sei ich ihm keines weiteren Wortes mehr würdig.

Kurze Zeit später drehte er sich doch noch einmal zu mir um, und es hatte eine überraschende Verwandlung stattgefunden. Victor war nun der Mann, von dem die Ramp-Agentinnen, also die Frauen, die unsere Flugzeuge abfertigten, mir so vorgeschwärmt hatten. Er lächelte charmant und warmherzig und wirkte plötzlich gar nicht mehr so unattraktiv. Das Schnarren in seiner Stimme war einem samtigen Timbre gewichen. Er begann höflichen Small Talk, berichtete über seine Frau und seinen Sohn und war eine Weile lang sehr umgänglich – bis ich wegen irgendeiner Lappalie dann aus dem Nichts wieder angemotzt wurde.

Ach du Schande, dachte ich. Dieser Chef war offenbar noch durchgeknallter und unberechenbarer als angenommen. Hoffentlich war der zu Hause bei seiner Familie nicht auch so! Unsere gegenseitige Antipathie manifestierte sich von Tag zu Tag weiter, und meine Kollegen bekamen langsam Mitleid mit mir, da er stetig Dinge fand, für die ich seiner Meinung nach verantwortlich war.

Auf einem weiteren Flug mit meinem Chef und Lieblingskollegen fehlte eine Liste, auf der unsere Passagieransprachen in einem Standardformat abgedruckt sind und die man zu Hilfe nehmen kann, wenn die eigene Kreativität nicht reicht, um unseren Gästen ein »Hallo und Willkommen an Bord« zu wünschen.

Er machte einen Riesenaufstand: Es sei ja klar, dass diese Liste fehlte, sobald ich dabei war, sicher hätte ich sie auf dem letzten Flug einfach eingesteckt und mitgenommen oder verschlampt, und er wisse aber ganz sicher, dass ohne diese Liste nicht gestartet werden dürfe.
»Victor, das ist doch nur eine Ansprachenliste und keine klassische Checkliste! Warum sollte die wichtig für den Flug sein?«, wagte ich – mal wieder naseweis – einzuwenden.
Victor ignorierte meinen Einwand, griff zum Handy und rief bei Operations an. OPS war ebenso irritiert wie ich und sagten ihm, ihres Wissens sei die Liste nicht wichtig und er solle mal losfliegen.
Trotz dieser Bestätigung war er noch immer nicht überzeugt und klingelte nun unseren amtierenden Chefpiloten aus einem Meeting, um den Wichtigkeitsstatus dieser albernen Liste abzuklären. Der Chefpilot war alles andere als *amused* über die Störung seines Meetings und noch weniger begeistert, als er den Grund der Störung erfuhr. Man konnte ihn aus dem Handy meines Chefs bis in die vordere Kabine schreien hören: »Verdammt, natürlich braucht man die Scheißliste nicht, um rechtlich ordnungsgemäß starten zu dürfen, was für eine beknackte Frage ist das denn bitte?«
Kleinlaut legte Victor auf, korrigierte dann seine zerknirschten Gesichtszüge in eine selbstbewusste und arrogante Maske und erklärte: »Na, wie ich vermutet hatte, wird diese Liste nicht benötigt, wir können also los!«
Ich starrte aus dem Fenster, rollte mit den Augen und unterdrückte einen Stoßseufzer.
Der Flug selbst wurde dann so richtig kurios.
Ich war gerade dabei, eine Kursänderung an einem der Knöpfchen einzudrehen, als Victor »Moment mal!« rief. Ich beendete meine Handbewegung und rang mich zu einem süßen Lächeln durch. »Was meinst du, habe ich den Kurs falsch verstanden?«
Air Traffic Control hatte uns kurz zuvor eine Kursänderung befohlen, um einem anderen Flugzeug den Steigflug auf eine über uns befindliche Flugfläche zu ermöglichen.

»Nein, nein, nein!« Victors Tonfall wurde schon wieder unwirsch. »Aber guck doch mal deine Finger an.«
Ich schaute verdutzt auf meine Finger.
Meine Hände sind klein, ebenso meine Finger, und ich habe meist kurze Fingernägel, weil sie mir beim Gewusel im Cockpit ohnehin oft einreißen oder splittern und ich nicht der Typ für perfekt manikürte und lackierte Nägel bin. Was genau meinen Chef meine Finger angingen, hätte ich in diesem Moment nicht sagen können.
»Du hältst die Finger falsch! Komplett falsch!! Das war ja klar, dass dir das nicht auffällt. Das machen so viele Piloten falsch, und das ist sooo wichtig!«
Mein Gesicht sah vermutlich aus wie ein Fragezeichen, und mehr als ein unhöfliches und verwirrtes »Häh?« kam auch nicht aus meinem Mund, bevor Victor mit seiner Belehrung fortfuhr.
»Du kannst nicht einfach so diesen Knopf bedienen! Du musst aus deinem Ringfinger, deinem Daumen und deinem Zeigfinger eine Triangel bilden, und damit umfasst du dann diesen Knopf, und für diesen hier ...«, er deutete auf einen anderen, » ... nimmst du nur den Daumen und den Zeigefinger. Hat dir denn niemand je etwas Gescheites beigebracht?«
Mir fiel die Kinnlade herunter, und schließlich zwinkerte ich ihm zu. »Der war nicht schlecht!«
Daraufhin wurde er richtig sauer.
»Denkst du, ich mache über so wichtige Vorgänge Witze? Du hast echt eine Einstellung, die in kein Cockpit dieser Welt gehört! Frauen nehmen diesen Job echt nicht ernst genug! Verdammt, Julia, du musst endlich die Regeln lernen!«
Ich zog den Kopf für den Rest des Fluges ein und versuchte mich in halbwegs lernbegieriger Körperhaltung auf meinem Sitz zu positionieren. Ich wollte unbedingt den Flug ohne eine weitere Predigt überstehen.
Die anderen Kopiloten und Kapitäne hatte alle so ihre Geschichten zu Victors neurotischen Ausfällen parat. Wenn er einem den Anflug an einen bereits bekannten Flughafen erklärte, so kam er jedes Mal

langatmig vom Stöckchen aufs Steinchen, was letztlich dazu führte, dass man nicht etwa aufmerksam zuhörte, sondern ganz im Gegenteil gelangweilt in weit entfernte Sphären wegdämmerte und sich nur mit Mühe vom Einschlafen abhalten konnte. Wenn er dann nach 40 Minuten Monolog fragte, ob alles klar sei, konnte man nur noch ermattet nicken und hoffen, dass einem kein Blut aus dem Ohr lief, das sich nämlich ganz wund anfühlte nach dem ganzen pseudowichtigen Geschwafel.

Kurioserweise beschloss meine Firma irgendwann, Victor zu einem Trainingskapitän zu machen. Die Witze einiger Kapitäne, dass damit der Bock zum Gärtner gemacht werde, fand er ausgesprochen inakzeptabel, und in der Folge führte er bei seinen Trainees im Cockpit ein noch absurderes und strengeres Regiment ein als gegenüber seinen schon fertig ausgebildeten Kopiloten.

Da die neuen Kopiloten immer einen erfahrenen *Safety Pilot* auf dem dritten Sitz im Cockpit dabeihaben, der Hilfestellung leisten und im Notfall den Platz des Trainees einnehmen soll, war ich auf einigen Flügen zugegen. Victor stampfte gestandene Männer von Anfang 30 in kürzester Zeit auf Ameisengröße zusammen. Gerade die Aspiranten, die erst spät zum Fliegen gekommen waren, hatte er auf dem Kieker und meckerte und schrie und korrigierte, was das Zeug hielt. Innerhalb kürzester Zeit verunsicherte er jeden noch so psychisch stabilen Kandidaten, weshalb die Leistungen der armen Opfer weiter abnahmen, was sehr unangenehm anzuschauen war.

Es gab viele Trainees, mit denen ich nach getaner Schicht erst einmal einen Kaffee trinken ging oder in ganz harten Fällen direkt im Pub einkehrte, um sie ein wenig aufzumuntern und ihr verlorenes Selbstbewusstsein halbwegs wieder aufzubauen.

Mir war es mit Victor ja ganz ähnlich gegangen, nur dass ich mein Training und meine Probezeit längst hinter mir gehabt hatte und nicht davon ausgehen musste, dass Victors Beurteilungen in der Trainingsmappe über meine weitere fliegerische Zukunft entscheiden würde. Ich versuchte die Trainees zu beruhigen und erzählte, dass alle Kopiloten und auch sehr viele Kapitäne in Victor einen karrieregeilen, aber sehr unsicheren Mann sahen, der zwar ausgesprochen unangenehm war, weil er böse um sich biss, der gleichzeitig aber eine Ausnahme unter den Trainingskapitänen darstellte. Sicher würden die Aspiranten noch viele nette Trainer treffen.

Auch ich als Safety Pilot bekam viel Kritik ab. Einmal wartete Victor, bis wir nach einer Landung an einem anderen Flughafen (unser Flughafen war wegen Nebels gesperrt) mit dem Taxi nachts um halb sechs gerädert und total übermüdet wieder ankamen, um mit mir über irgendeine Lappalie zu diskutieren. An jenem Morgen reichte es mir endgültig, und ich kanzelte ihn ab. »Hast du kein Bett zu Hause? Schau mal auf die Uhr, ich gehe JETZT schlafen, ruf mich mit deinem Kram in 14 Stunden an, denn solange gehe ich jetzt nicht mehr ans Telefon, für niemanden!«

Damit ließ ich ihn stehen. Und ich brauche wohl nicht zu erwähnen, dass der Anpfiff später per Telefon noch auf dem Mond zu hören war, weil er abends, als er mich endlich erreichte, so sauer war und so schrie, dass er sich die Telefoneinheiten hätte sparen können – ich hätte ihn auch so gehört.

Base Captain zu sein führt bei uns offenbar zu einem so großen Druck, dass sich ehemals ganz normale Kollegen nach ihrer Beförderung in die seltsamsten Wesen verwandeln. Mit am schrägsten ist der Kapitän, der unsere größte Station leitet und sich fühlt wie ein kleiner König. Privat läuft er meist mit einem Ledermantel wie Wyatt Earp und einer Baseballkappe durch die Gegend und trinkt sehr gern und sehr viel. Mit ihm in einer Bar zu versacken, ist hochgradig gefährlich, weil er kein Wasser zwischendurch akzeptiert und ausschließlich hochprozentige Getränke an seine Mittrinker ausschenken lässt. Ich war einmal mit ihm und einigen Kollegen nach einem Training im selben Hotel untergebracht und dachte bereits nach fünf Minuten an der Bar, dass ich den Abend nur mit einer Lebertransplantation überleben könnte. Ich sah mich im Geiste schon auf allen vieren und mit fürchterlichen Kopfschmerzen ins Zimmer kriechen.

Er kam der Tatsache etwas entgegen, dass ich keine besonders schwere Person bin und noch dazu eine Frau, weshalb er mir Gin Tonic bestellte, während die anderen Whisky bekamen. Allerdings erwartete er, dass ich dasselbe Trinktempo an den Tag legte. Nach dem zweiten Gin Tonic begann ich fieberhaft zu überlegen, wie ich heil aus dieser Nummer herauskäme. Ich dachte bereits ernstlich daran, eine Ohnmacht vorzutäuschen, auch weil der gut aussehende Kollege neben mir vermehrt und hartnäckig fragte, ob ich später sein Zimmer sehen wollte, was ich ebenso wenig vorhatte, wie hier in der Bar an einer Alkoholvergiftung zu verenden.

Ich erbot mich also, zur Bar zu gehen und die nächsten Runden zu ordern, und der Kollege fand es als alter Macho durchaus angemessen, dass von nun an das »Mädchen« die Getränke für alle herantrug. Ich wankte also zur Bar, schob dem Barkeeper einen Geldschein zu und bat ihn, mir künftig bitte keinen Gin mehr in den Gin Tonic zu tun, sondern nur noch Tonic Water. Nach einer halben Stunde sollte er mir dann sagen, dass ein Anruf für mich an der Hotellobby angekommen sei, da man mich auf meinem Zimmer nicht erreicht hätte. Der Barkeeper zögerte und sagte erst, er könne das nicht machen. Als ich jedoch noch einen Schein drauflegte und erklärte, ich müsse mit meinen Kollegen trinken und sei das nicht gewöhnt und er sei meine einzige Rettung, willigte er schließlich ein. Ich überlebte den restlichen Abend ohne große Blessuren und konnte wenig später in mein Zimmer flüchten.

Etwa ein Jahr später wurde ich mit ebendiesem etwas raubeinigen Stationsleiter für den halbjährlich stattfindenden Trainings- und Checkflug im Simulator eingeteilt. Bereits in der Cafeteria im Simulatorzentrum kam mir ein ehrfürchtig dreinblickender junger Mann entgegen, der offenbar diesmal unser Trainer sein sollte.

»Hi, du musst Julia sein. Ich bin Lewis und dein Instructor für heute.«

»Hallo«, sagte ich, »sehr erfreut, dich kennenzulernen.«

»Du weißt«, sagte Lewis mit bedeutungsschwangerer Stimme, »mit wem du heute fliegst?«

Ich nickte. »Japp, weiß ich, hab ich gesehen.«

»Mit dem Leiter unserer größten Station!«, flüsterte Lewis ehrfürchtig und blickte sich hektisch um. »Boah, ich weiß echt nicht, wie ich den später bewerten soll, ich meine, der ist ja total erfahren, und ich soll ihm jetzt ein Training geben!«

Ich lächelte Lewis an. »Wie lange bist du denn schon im Simulator als Trainer?«

»Erst zwei Wochen, und jetzt schon so was.«

Wieder sah er sich hektisch um.

»Er ist noch nicht da«, sagte ich.

»Häh, wer?«, fragte Lewis.

»Na, mein Partner. Der sitzt noch im Auto und liest Zeitung. Entspann dich doch einfach, der beißt dich sicher nicht. Schau mal, du sitzt hinten und drückst die Knöpfchen, und ich muss mit ihm arbeiten. Wenn er am Ende des Tages jemanden auffrisst, dann ganz sicher mich.«

Lewis blickte mich zweifelnd an.

Dann ging die Tür auf und unser großer Stationsleiter schritt hindurch. Er trug seinen speckigen langen Cowboymantel aus Leder und hatte einen XL-Pappkaffeebecher in der Hand.

Lewis stellte sich relativ selbstbewusst vor. Auch ich grüßte kurz, und der Leiter, der passend zu seinem Mantel übrigens Sam hieß, kniff kurz die Augen zusammen.

»Wie war dein Name? Julia? Haben wir uns schon mal irgendwo gesehen?«

Ich gab lapidar zur Antwort, dass wir uns sicher schon ein paarmal über den Weg gelaufen seinen, erwähnte unser Gin-Tonic- und Whisky-Trinken im Vorjahr aber mit keinem Wort.

Im Briefing fiel mein Simulatorpartner durch Müdigkeit, Desinteresse und gelegentlich auch durch blankes Unwissen auf, was unseren kleinen Trainer sichtlich aus dem Konzept brachte.

Ich konnte nicht ganz einordnen, ob Sams Desinteresse und Unwissen wirklich einem Mangel an fachlicher Kompetenz geschuldet war oder er schlicht zu arrogant war, um alle Fragen ernsthaft zu beantworten. Trotz allem brachten wir das Briefing in fröhlicher und gelöster Atmosphäre über die Runden und gingen dann ebenso gelöst und fröhlich in Richtung Simulator. Nur Lewis wirkte ein wenig

blass um die Nase, und ich hatte die leise Befürchtung, dass Sam nur einmal laut husten oder »Buh« sagen müsste, damit unser Trainer schreiend davonrannte.
Sobald wir es uns im Simulator gemütlich gemacht hatten und Lewis sein Pult mit den Steuerelementen zu bedienen begann, strahlte er auf einmal eine beeindruckende Souveränität aus und gab uns klare Anweisungen. Und so verlief das Training im Grunde reibungslos – bis auf die wirklich irritierende Tatsache, dass mein Kollege erhebliche Schwierigkeiten hatte, unser Flugzeug zu fliegen, und jedes zweite Verfahren im Handbuch nachschaute, weil er sich nicht ganz sicher war.
»Echt? So machen wir das? Wartet mal kurz, das guck ich mir noch mal schnell an«, sagte er häufiger, und ich musste wirklich grinsen.
In der Pause fragte er mich, ob ich ihn auslachen würde, und ich verneinte ernst.
»Nein, aber ich schmunzele über deine Defizite, alle denken immer, du kannst und weißt alles«, gab ich offen zu.
Sam grinste. »Du hast echt Mumm, Mädchen, du nimmst kein Blatt vor den Mund. Stimmt, ich fliege nicht so oft, mir kann aber trotzdem nix passieren. Lewis hier zum Beispiel, der ist ja in Ehrfurcht erstarrt.«
Nach unserer Pause übten wir noch ein paar Verfahren, und mehrmals musste ich einschreiten, wenn mein Simulatorpartner drauf und dran war, wirklichen Unsinn anzustellen. Da ich aber freundlich und bestimmt blieb, reagierte er sehr entspannt und offen auf meine Anmerkungen. Ein paarmal half er umgekehrt mir aus der Patsche, und obwohl unsere Herangehensweise bisweilen unkonventionell war, war es insgesamt einer der angenehmsten Trainingstage, die ich je erlebt hatte.
Irgendwie mochte ich diesen dicken Mann mit seinem Ledermantel und seiner Arroganz, der offenbar Humor hatte und genug Selbstironie, um mit der Kritik anderer umzugehen.
Am Ende des Trainingstages bekam er natürlich nur die allerbesten Bewertungen, und auch ich war mit meiner Beurteilung zufrieden.

STRIPE HUNTER

Auch wenn ich mich zuweilen über meinen männlichen Kollegen lustig mache, kann ich nicht leugnen, dass der Pilot tatsächlich ein sehr begehrtes Objekt der weiblichen Begierde ist.

Ich habe viele neue Mitarbeiterinnen der Kabinencrews kennengelernt, die nach kürzester Zeit fragten, ob ich mich mit dem Beziehungsstatus der Kollegen im Cockpit, bevorzugt der Kapitäne, auskennen würde.

Natürlich weiß ich oftmals aus Gesprächen, wer verheiratet ist, wer frisch verliebt, wer gerade eine Freundin hat, die keine Lust mehr verspürt, oder wessen Frau gerade hochschwanger durch die weit entfernte Wohnung kullert. Vermutlich wird bei einer ausschließlich männlichen Cockpitbesatzung noch weit mehr über Sex gesprochen, denn manchmal habe ich das Gefühl, die Kollegen beginnen mir gegenüber derartige Gespräche nur, um mich zu schocken. Mir sind diese kleinen Provokationen grundsätzlich egal. Ich bin offen und entspannt genug, um über Sex zu sprechen, solange das kein Vorwand ist, um sich mir unangemessen zu nähern. Ich plaudere dabei nie aus dem Nähkästchen, vertrete aber offen die Ansicht gegenüber meinen Kollegen, dass jeder nach seiner Fasson selig werden soll, solange dabei niemand zu Schaden kommt. Ich beantworte zur Not auch die Fragen meiner frustrierten Kollegen, wie oft ich so durchschnittlich Appetit auf Körperliches hätte, denn ihre Frauen und Freundinnen scheinen oft etwas lustlos – zumindest behaupten die Kollegen das.

Die Kolleginnen aus der Kabine also, die wir liebevoll *Stripe Hunter* nennen, haben sich in den Kopf gesetzt, einen Kollegen aus dem Cockpit auf ihre persönliche Beuteliste zu schreiben, was meist harmlos ist und allenfalls etwas beliebig werden kann. Zuweilen erinnern die hektischen Versuche an das alte Zitat »So many men, so

little time«. Grundsätzlich ist es aber sehr unterhaltsam, den Balztänzen zuzusehen.
Diese Mädels werden sich, egal ob der Kollege verheiratet ist oder nicht, aufbrezeln und um ihn herumschwirren bei der Arbeit, bis sie schließlich herumerzählen können, mit XY im Bett gewesen zu sein. Manche wollen unbedingt einen Kapitän, der sie auf Händen trägt und ihnen teure Geschenke macht, und obwohl es zu Hause noch eine Ehegattin gibt, sind sie schon relativ zufrieden.
Diese Konstellationen werden zuweilen mit sehr lustigen Geschenken am Leben erhalten: Einer meiner Kollegen fuhr einmal mit seiner Affäre nach Bulgarien, wo es eine Buy-One-Get-One-Free-Aktion für Brustimplantate gab und die beiden also eine Brust-OP für den halben Preis bekamen beziehungsweise zwei Implantate für den Preis eines einzelnen. Nachdem die Dame die gewünschte Brustvergrößerung erhalten hatte, war der Kapitän schnell uninteressant und sie verließ die Firma für einen reichen Mann, der ihr ein Leben unter der Sonne Mallorcas versprach.
Die aggressivste Sorte der *Stripe Hunter* ist die, die den Beruf erwählt hat, um einen Kapitän zu finden, der sich in sie verliebt und den sie eventuell aus seiner ach so unglücklichen Ehe erretten können. Diese Frauen wollen schnell schwanger werden und den Kapitän erneut mit einem Ring am Finger binden.
Diese Mädels sind mir gegenüber immer ausgesprochen zickig und affig, weil ich den lieben langen Tag mit ihrem Objekt der Begierde im Cockpit eingeschlossen bin und sie leider nur dann hineinkommen können, wenn wir für einen Kaffee kurz die Tür öffnen.
Eine nervte mich einmal so kolossal mit ihrer Unprofessionalität, dass ich sie bat, ihr Verhalten sofort zu ändern – oder aber ich würde mich mit ihrer Vorgesetzten unterhalten müssen. Danach war sie zwar weiterhin schnippisch, aber immerhin benahm sie sich nicht mehr wie ein pubertierender Teenager.
Meine Kollegen aus dem Cockpit versuchen umgekehrt nicht selten, eine Dame aus der Kabine abzuschleppen. Von denen werden sie dann angehimmelt, wohingegen sie an den freien Tagen artig bei

Frau und Kindern in der fernen Heimat sitzen. Wie im Falle des erwähnten Blowjobs können diese Affären durchaus nach hinten losgehen, meistens geht aber alles gut.

Die bizarrste Verbindung, die ich je mitbekommen habe, fand zwischen einem Kollegen im Cockpit und einem männlichen Mitarbeiter der Kabinencrew statt. Der Junge war zierlich und sah sehr jung aus, er hatte ein elfenhaftes Äußeres und wurde von sehr vielen Kolleginnen umschwärmt. Er wirkte ätherisch und knabenhaft und kokettierte gern und viel mit seiner Attraktivität. Er ging parallel mit einigen Kolleginnen aus, und sie schwärmten anschließend von seinen Händen und Fingern und den Fertigkeiten anderer Körperteile. Der Kapitän hingegen war groß, grobschlächtig und hegte eine geradezu verbotene Vorliebe für sehr junge und jung aussehende Männer. Ich mochte den Kollegen sehr gern, konnte immer hervorragend mit ihm arbeiten und schmunzelte stets, wenn er mir von dem Jungen in der Kabine vorschwärmte. Er begann seinen jungen Kollegen zu umwerben, machte ihm Geschenke, und schließlich wurde der Junge so etwas wie der Toyboy des alten Kapitäns.

Er ließ sich ausführen, teure Dinge schenken, ging aber trotzdem noch mit diversen Damen aus der Kabine aus, was den alten Kapitän sehr schmerzte. Irgendwann kündigte der Junge dann, verkaufte die teuren Geschenke, weil er akute Geldprobleme hatte, und wechselte anschließend zu einer anderen Airline. Mein Kollege war sehr traurig und fühlte sich betrogen und hintergangen.

Manchmal geschieht es auch, dass die Piloten den Stewardessen das Blaue vom Himmel vorlügen und es zu großen Dramen kommt. Eine Freundin von mir, die sich immer von Cockpitkollegen fernhielt, weil sie es schlicht zu klischeehaft fand, eine Kabine/Cockpit-Beziehung zu führen, wurde zunächst zum »Kummerkasten« für einen scheinbar unglücklichen Kapitän, der ihr das Herz ausschüttete über seine lieblos gewordene Ehe, die grauen, sexlosen Tage daheim und ein Leben, das geprägt war von Streit und Kälte. Sie wurde scheinbar zu seiner Vertrauten und verliebte sich in ihn, und er begann eine Affäre mit ihr.

Ich wusste aus seinen Erzählungen, dass es bei ihm zu Hause weder unglücklich noch sexlos zuging, da er mir gegenüber stets von seiner bezaubernden Gattin schwärmte (einer auf Fotos unglaublich schönen Frau), die ihm gerade seinen zweiten Sohn geboren hatte und auch kurz nach der Entbindung offenbar schon wieder Lust auf ihn hatte, was ihn sehr stolz machte.
Da er meiner Freundin verboten hatte, über sie beide zu sprechen, wusste ich offiziell von nichts, versuchte aber meiner Freundin zu erklären, dass sie leider einer großen Lüge aufsaß. Sie glaubte mir und einer weiteren Freundin lange nicht und meinte, wir würden ihr das Glück missgönnen. Schließlich erwischte sie bei einem Überraschungsbesuch ihren Liebsten mit der freudestrahlenden Gattin kuschelnd und innig küssend inmitten der Kinderschar im Garten und war danach sehr, sehr unglücklich.
Sie war so traurig, dass sie kündigte.
Immerhin fand sie den Mut, den Kontakt zu der unwissenden Ehefrau aufzunehmen und ihr mitzuteilen, was der Gatte ihr Trauriges über die Ehe erzählt und ungeschickterweise auch in langen E-Mails geschildert hatte.
Nachdem die Ehefrau die E-Mails gelesen hatte, war sie ebenso traurig und unglücklich wie meine Freundin. Ich weiß allerdings nicht, ob und welche Konsequenzen die Affäre für ihre Ehe hatte.
Einige Verbindungen sind allerdings auch sehr glücklich und funktionieren als gutes Beispiel für die Möglichkeit der Liebe am Arbeitsplatz. Ich habe einige sehr liebe Kollegen, die ihre Frau im Flugzeug kennengelernt haben und noch immer glücklich verheiratet sind und sogar eine Familie gegründet haben.

FRÜHLINGSGEFÜHLE

Wenn die Lüfte lauer werden und sich alles so beschwingt anfühlt, beginnt überall die Balz. So auch im fliegenden Gewerbe ...
Dann läuft die Kabinencrew wieder mit leuchtenden Augen und in dünnen Blusen zur Arbeit und himmelt unsere Piloten an, dass es eine wahre Wonne ist. Ich hatte diese Anwandlungen stets amüsant beobachtet und fühlte mich als kleine neutrale Insel in all diesem Geseufze und Geschmachte. Ich konnte tagelang begeistert zuschauen, wenn verstohlene Blicke ausgetauscht oder massive Flirtattacken begonnen wurden, ich hatte aber nie das Bedürfnis, selbst aktiv zu werden. Als jedoch die Flirtereien am Ende des Sommers langsam verebbten und die Paare, die sich gefunden hatten, bereits dabei waren, über alltägliche Dinge zu streiten oder die gemeinsame Wohnung zu planen, kam eine neue Ladung Kabinenpersonal an unsere Station, und plötzlich war ich mittendrin im Flirtdschungel.
Ich, die stets immun gegen alle Pilotenkollegen gewesen war und der die männlichen Kollegen innerhalb der Kabinencrew allenfalls dann auffielen, wenn sie besonders affektiert schwul waren und mehr Dramen verursachten als eine ganze Horde Mädels, rückte auf einmal deutlich in den Fokus eines der Neuen. Ich war in all den Jahren nur ein einziges Mal bei einem geradezu unglaublich maskulinen, aber sehr unattraktiven osteuropäischen Steward schwach geworden. Wir hatten nach dessen Abschiedsfeier ein bisschen herumgemacht, der Sache aber im richtigen Moment Einhalt geboten, und daraufhin hatte ich mir geschworen, niemals wieder irgendwelchen Anmachversuchen eines Kollegen zu erliegen. Schließlich galt ich als arrogante Eiskönigin, und mit diesem Ruf ließ es sich hervorragend leben, weil er alle artig auf Distanz hielt.
Es begann damit, dass mir überhaupt auffiel, dass dieser spezielle Kollege attraktiv war. Er lächelte mich stets sehr freundlich an und hatte immer einen lustigen Spruch auf den Lippen. Flog er in mei-

ner Crew, betonte er zu Arbeitsbeginn, wie wundervoll es sei, auf diesem Flieger eingeteilt worden zu sein, und dann warf er mir mit seinen unglaublichen dunkelbraunen Knopfaugen Blicke zu, denen ich mich kaum entziehen konnte. Nach etwa zwei Wochen lodernder Blicke begann ich zurückzuschauen und ihn ebenfalls mit längeren Blicken zu bedenken, wenn er im gleichen Raum war wie ich. Ich kam mir dabei ausgesprochen kindisch und albern vor und rechtfertigte mein Verhalten mit ebenso kindischer Logik: Er hat schließlich damit angefangen!

Ich befand mich zu der Zeit an einem Toten Punkt meiner Beziehung: Mein damaliger Freund beachtete mich kaum noch, und wenn er die Zeit fand, mich zu treffen, stritten wir ausgiebig. Ich steckte in einer längeren Durststrecke aus mangelnder Aufmerksamkeit, fehlender Zuneigung und gar keinem Sex, hatte aber den festen Willen, diese Krise ohne Blicke nach links und rechts zu durchschreiten und auf jedem Fall bei meinem Freund zu bleiben.

Die Blicke dieses Mannes, der Alvaro hieß, freuten mich jedoch trotzdem, und ich ging regelmäßig mit gemischten Gefühlen aus Schuld und freudiger Erwartung zum Dienst, um mich dort dann vor allen Kollegen von Alvaros Blicken förmlich ausziehen zu lassen. Professionell genug, um mir selbst nichts anmerken zu lassen, wenn andere Kollegen in der Nähe waren, war ich. Trotzdem begann mich dieser große, gut aussehende Mann mit seinen lang umwimperten Augen zunehmend für sich einzunehmen, und ich wurde immer unruhiger und ärgerlicher. Eines Abend schließlich, als ich schon im Bett lag und auf den Anruf einer Freundin wartete, bekam ich eine SMS.

»Hallo, schöne Pilotin. Ich weiß nicht, ob es erlaubt ist, dich anzuschreiben, aber ich würde so gern einen Kaffee mit dir trinken gehen. Wirst du mir diesen Wunsch gewähren? Viele Grüße und süße Träume, Alvaro.«

Die Sprache war schmalzig, aber ich musste lachen und textete ihm kurzerhand zurück. Ich schrieb, dass ich gern einen Kaffee mit ihm trinken würde, entweder ganz unschuldig im Flughafen, in Uniform,

als seien wir uns zufällig über den Weg gelaufen, oder aber in Zivil irgendwo in der Stadt.
Während ich die Nachricht tippte, schrie meine innere Stimme Zeter und Mordio und wies mich streng darauf hin, dass ich noch immer einen Freund hatte. Ja, dachte ich, einen Freund, der mich ständig ärgerte. Trotz der Rechtfertigung fühlte ich mich schlecht, denn genauso hatten Freundinnen von mir immer argumentiert, wenn sie ihre Freunde betrogen hatten, und ich hatte sie dafür stets schwer verurteilt.
»Ich habe übrigens einen Freund ...«, schrieb ich also an Alvaro, bevor mich mein schlechtes Gewissen aus dem Bett treiben konnte.
»Aha, okay«, schrieb er zurück. »Wohnt er bei dir?«
»Nein ...«, schrieb ich zurück.
»Na, dann ist doch alles gut ...«, tippte er als Antwort und schickte noch einen dicken und zwinkernden Smiley mit.
Wie wunderbar dreist und unverschämt, dachte ich und ging schlafen.
Die nächsten Tage hatte ich frei und nahm mir bewusst vor, viel Zeit mit meinem Freund zu verbringen. Weitere Nachrichten, die womöglich von Alvaro noch kommen würden, wollte ich erst zu Beginn meines Dienstes wieder beachten.
Da mein Freund offenbar in bester Laune war, vergingen die freien Tage wie im Fluge und ich stand ratzfatz wieder in Uniform zur Flugvorbereitung im Office. Ich ertappte mich dabei, dass ich nachschauen wollte, für welche Flüge Alvaro eingeteilt war, als er plötzlich hinter mir stand und mir ein leises »Hallo, schöne Frau« ins Ohr raunte. Noch bevor ich etwas entgegnen konnte, ging die Tür auf und der Raum füllte sich. Ich wandte mich meinen Pilotenkollegen zu, die laut lachend und scherzend zusammenstanden. Unsere Crew bestand an diesem Tag nur aus Damen, und mein Kollege im Cockpit freute sich wie ein Schneekönig, dass er der Hahn im Korb war. Auf dem Weg zum Flugzeug zwinkerte er mir plötzlich zu und meinte: »Da ist dieser Neue, der beobachtet dich immer ganz genau ... Ist dir schon aufgefallen, dass du einen Verehrer hast?«

Ich musterte meinen Kollegen möglichst abfällig: »Was für ein dummes Zeug!«
Er lachte kurz auf: »Ha, war ja klar, dass du das nicht mitbekommst. Mann! Entweder dein Freund ist ein Superheld, oder du bist eine unterkühlte ignorante Zicke. Oder du hast Dünkel, dich von einem Mitglied der Kabinencrew anhimmeln zu lassen.«
Ich antwortete nicht mehr und umschiffte das Thema den ganzen Tag. Und am Abend bekam ich eine SMS von Alvaro: »Hallo schöne Pilotin. Deine Blicke machen mich ganz rasend. Wann treffen wir uns?«
Ich ignorierte seine Nachricht und ging schlafen.
Am Morgen hatte ich drei weitere SMS.
»Schlaf gut. Viele Grüße.«
»Frau mit den schönsten Augen, wann erhörst du mich?«
»Hab einen schönen Tag, Pilotin.«
Ich fühlte mich geschmeichelt und umworben und rief meine beste Freundin an, um ihr von den Avancen zu erzählen. Sie meinte, ich solle nicht so spießig sein und mich ruhig mit dem Spanier treffen. Kaffee trinken sei doch harmlos.
Das Kaffeetrinken fand unerwartet ein paar Stunden später statt, als ich etwas zu früh am Flughafen war, um dort noch schnell zu Mittag zu essen, und Alvaro plötzlich an meinem Tisch auftauchte und zwei Kaffee bestellte.
»Na, du hast ja Nerven«, begrüßte ich ihn.
»Na wieso, dann haben wir das Kaffeetrinken schon mal hinter uns«, meinte er und grinste.
Wir tranken unseren Kaffee und plauderten über Gott und die Welt, und ich stellte fest, dass Alvaro witzig und nicht dumm war und ich seine Gesellschaft in diesem Moment ganz angenehm fand.
»So, und wann treffen wir uns wieder?«, fragte er nach dem letzten Schluck Kaffee und grinste mich spitzbübisch über seine Tasse hinweg an.
Ich grinste zurück und beschloss, es erst einmal gut sein zu lassen, schließlich wollte ich in der Firma keinen Grund für weiteren Klatsch

und Tratsch liefern, und außerdem hatte ich zu Hause gerade genug Baustellen.

»Im Flugzeug oder im Office, wenn wir gemeinsam fliegen«, sagte ich lächelnd und sah, wie er enttäuscht guckte.

»Wolltest du mich nicht in Zivil in der Stadt treffen?«

Ich schüttelte den Kopf. »Nein, wenn wir hier keinen Kaffee getrunken hätten, dann eventuell in der Stadt, aber da das ja nun hier schon geschehen ist ... Was willst du denn eigentlich von mir? So ein netter junger Mann wie du hat doch sicher eine Freundin.«

Ich hörte mich alt an und wirklich etwas spießig.

Alvaro lächelte wieder. »Gut, dann sehen wir uns bei der Arbeit. Aber früher oder später werden wir uns auch so treffen. Glaub mir. In sechs Wochen kommt meine Freundin nach Deutschland. So viel Zeit haben wir noch!«

Er zahlte unsere Kaffees und ging.

Ich schüttelte den Kopf. Ein dreistes Selbstbewusstsein hatte er, was mir irgendwie imponierte.

Und natürlich hatte ich abends nach dem Flug wieder eine SMS von ihm auf dem Telefon.

»Magst du Wein, schöne Pilotin?«

»Kommt darauf an, welchen«, schrieb ich zurück.

Dann rief ich meinen Freund an und fragte, ob es ihn stören würde, wenn ein Mann aus unserer Kabinencrew mit mir einen Wein trinken würde.

Er gab sich sehr gleichgültig und meinte, die Kabinencrew sei nicht meine Kragenweite, und ich könnte mit dem Typen machen, was immer ich wollte. Es sei ihm egal, außerdem könne ihm sowieso niemand das Wasser reichen.

Diese Antwort, der ich ein paar Jahre zuvor begeistert zugestimmt hätte, machte mich jetzt ärgerlich. Ich hätte mir zumindest ein kleines bisschen Eifersucht gewünscht.

Wieder musste meine arme beste Freundin dran glauben und mir zu nachtschlafender Zeit erläutern, ob und wie ich mich mit Alvaro zum Weintrinken treffen sollte.

»Mach kein Drama draus, du willst den Typen nicht heiraten. Sei doch nicht so moralisch! Trink was mit ihm, schlepp ihn ab, aber sei dir bewusst, dass es anschließend hundertprozentig Klatsch und Tratsch vom Allerfeinsten geben wird. Die unnahbare Pilotin und der heißblütige Spanier ... Mach, was du willst, aber der Spaß kann auch nach hinten losgehen.«

Wirklich schlauer war ich nach den beiden Telefonaten nicht, und deshalb beschloss ich, einfach abzuwarten.

Die nächsten beiden Wochen sah ich Alavaro nicht. Die Kollegen erzählten, dass er Urlaub genommen habe und nach Hause geflogen sei, um den Umzug seiner Freundin vorzubereiten.

»Na, damit hat sich die Sache zum Glück ja erledigt«, freute ich mich und war zugleich etwas enttäuscht.

Irgendwie hatte ich mich fast an die schmeichelnden Blicke und die ständigen Nachrichten gewöhnt, trotzdem beschloss ich, dieser Albernheit ein für alle Mal einen Riegel vorzuschieben, denn das Gerede über mich in der Firma wollte ich mit aller Gewalt vermeiden.

Nach zwei Wochen stand Alvaro wieder lächelnd und schmachtend im Office, und ich fühlte mich zum ersten Mal genervt davon. Ich nickte ihm nur kurz zur Begrüßung zu, bevor ich mit meiner Crew zu unserem langen Kanarenflug aufbrach. Ich ging nicht davon aus, dass ich noch einmal von ihm hören würde.

Weit gefehlt.

Nach meiner Rückkehr saß ich zu Hause auf dem Sofa und war gerade dabei, mir gleichzeitig ein Glas Rotwein einzuschenken und meine Krawatte abzumachen. Meine Arbeitswoche war getan, und vor mir lagen freie Tage, die ich mit mir, meiner Wohnung und einigen guten Büchern verbringen wollte. Mein Telefon piepste.

Wieder einmal war es nicht mein viel beschäftigter Freund, sondern natürlich Alvaro, der wissen wollte, was ich gerade machte.

»Sofa«, schrieb ich knapp und zog mein Uniformhemd aus.

»Was hast du an?«, fragte er per SMS, und ich dachte zuerst, ich hätte mich verlesen.

»Was geht dich das an?«, schrieb ich zurück.

»Spielverderberin«, piepste mein Handy.
»Was willst du genau?«, schrieb ich zurück.
»Wein aus meiner Heimat mit dir trinken.«
»Aha«, schrieb ich zurück. »Woher genau? Rioja, Priorat, Ribera del Duero …?«
»Angeberin!«
Ich antwortete nicht und ging stattdessen meinen Pyjama anziehen. Als ich zurückkam, war auf meinem Handy eine weitere Nachricht eingetroffen.
»Ich würde dich gerne treffen und Wein mit dir trinken, und dann möchte ich, dass du mich verführst. Mir zeigst, was du magst, und alles mit mir machst, was du willst …«
Oha, dachte ich. Und dann merkte ich, dass ich die Vorstellung, diesen Spanier nach meinen persönlichen Spielregeln zu bespaßen und zu benutzen, ziemlich reizvoll fand und mir trotz des eher dünnen Pyjamas heiß wurde.
Ich trank einen Schluck meines Weins und schickte ihm einen zwinkernden Smiley.
»Ha, was sagt deine Freundin dazu?«, fragte ich und nahm an, dass das die Stimmung vermutlich wieder auf ein normaleres Level bringen würde.
»Was sie nicht weiß …«, schrieb Alvaro.
»Ich träume davon, dass du ein Uniformhemd anhast und streng zu mir bist«, meldete mein Telefon.
Ach herrje, der war aber ganz schön mutig.
»Du bist ganz schön offen, keine Angst, dass ich dich verrate?«, schrieb ich ihm.
»Nein …«
Ich überlegte. Ich fand die Vorstellung, dass mich dieser unglaublich attraktive Spanier geradezu anbetete und sich mir als willenloses Spielzeug im Bett anbot, schon irgendwie spannend und sehr sexy. Aber der Gedanke an das Gerede, an seine Freundin und daran, dass jemand nicht von mir, sondern von meiner Uniform angetörnt sein könnte, brachte alle heißen Fantasien wieder in ge-

ordnete und sehr rationale Bahnen. Ich fand das alles auf einmal furchtbar.

»Ähm … Ich mag meine Uniform so lala und spiele keine Spiele im Kostüm. Es ist eine verlockende Vorstellung, dich zu verführen, aber meinst du, dass das eine gute Idee ist, wo die Anreise deiner Freundin unmittelbar bevorsteht?«

Einen Moment lang war Stille.

»Mm. Also eigentlich ist sie meine Verlobte und wir heiraten in zwei Monaten. Sie ist süß und lieb, aber du bist unglaublich und schön und stark. So jemanden wie dich hab ich noch nie getroffen …«

Ich griff zum Telefon und rief ihn an, denn auf einmal tat er mir leid.

»Hör mal, Alvaro, dieses Hin und Her ist mir gerade zu anstrengend. Ich fühle mich sehr geschmeichelt und finde, du bist ein supernetter und unglaublich attraktiver Kollege und Mann. Aber willst du wirklich das Gerede an unserer Station riskieren und die Beziehung zu deiner süßen Verlobten aufs Spiel setzen? Vermutlich hast du Torschlusspanik, weil ihr demnächst heiratet, und das ist kein guter Grund, um fremdzugehen. Wie wäre es, wenn du drüber nachdenkst und wir uns erst mal nur weiter schreiben? Ihr heiratet, deine Freundin kommt nach Deutschland, und wenn du mich dann wirklich noch mal zu etwas mehr treffen willst, dann leg mir einfach eine Flasche Wein in mein Fach und wir treffen uns. Okay?«

Er überlegte. Und dann stimmte er zu.

Seine Nachrichten wurden in den nächsten Wochen weniger und seine Blicke etwas zurückhaltender.

Als seine Verlobte kam, hörten sie ganz auf.

Alvaro blieb noch ein halbes Jahr an unserer Station, um dann gemeinsam mit seiner Frau Christina nach Spanien zurückzukehren.

Ich hatte frei, als Alvaro seinen letzten Tag hatte, aber als ich am Montag darauf zu meiner Schicht kam, fand ich in meinem Fach eine Flasche besseren spanischen Rotweins. Auf das Weinetikett war eine spanische Handynummer gemalt sowie ein kleines A mit einem Smiley.

MEINE FIRMA UND IHRE EIGENHEITEN

Bei meiner Einstellung wirkte die Airline im Vergleich zu den anderen Flugunternehmen wie ein rotziger Teenager inmitten von Champagner trinkenden Schönen und Reichen, der mit zerrissenen Jeans und ausgelatschten Turnschuhen seine Einstellung zum Establishment gut sichtbar auf seinem T-Shirt zur Schau trägt: »F*** all of you!«

Mit Anfang 20 wirkte das auf mich erfrischend unkonventionell. Ich fand das Image so lange noch irgendwie okay, bis ich eines Tages in unsere Hauptgeschäftsstelle kam und mich dort fast der Schlag traf: Hinter nicht mehr richtig schließenden Türen stapelte sich Toilettenpapier neben Faxrollen, in der Eingangshalle bettelten in einem Sandwichautomaten alte Thunfischbrötchen mehrsprachig um ihre Befreiung und die heruntergerissenen Vorhanglamellen wehten zwischen den Fenstern, die man weit geöffnet hatte, um den leichten Geruch von Schimmel zu überdecken. Das fand ich erschreckend, zumal meine Firma ja jedes Jahr Unsummen an Geld erwirtschaftete.

Mit Grauen erinnere ich mich auch noch an den Tag, als eine andere Airline ihre Bürostühle für den Sperrmüll bereitstellte und wir hurtig auf den Hof geschickt wurden, um die Stühle für unsere Klassenräume einzusammeln, da diese ja noch gut seien – bis auf die kaputten Armlehnen, mit denen man sich locker die Finger amputieren konnte. Von den messerscharfen Kanten der zerfetzten Stuhlkissen mal ganz abgesehen.

Meine Firma ist ein großer Moloch, der in den letzten Jahren massiv gewachsen ist und dessen Attitüde derartig arrogant ist, dass man nur staunen kann. Verhandlungen mit Geschäftspartnern werden mit größtem Zynismus geführt. Ich kenne Geschichten von Mitarbeitern, die in Meetings mit Aschenbechern und Flaschen beworfen wurden, wenn irgendeine Nachricht nicht so ausfiel, wie man es an der Konzernspitze gern gehört hätte.

Wir haben mittlerweile eine Flotte von circa 300 neuen Flugzeugen und haben es geschafft, einen Teppich aus Flugzielen und fest angestellten Mitarbeitern quer über Europa zu legen. Die Verhandlungen um diese Stationen sind dabei ganz sicher nicht von Fairness oder Altruismus geprägt, sondern sorgen für das gut gefüllte Scheckbuch – unserer Firma natürlich.
Die Planung der neuen Stationen gestaltet sich ähnlich wie die Rekrutierung der Kabinencrew: Dort, wo es wirtschaftlich gerade etwas haarig ist, werden die Verantwortlichen darum betteln, dass wir zahlungsfreudige Urlauber in die strukturschwachen Gebiete pumpen und irgendwelche Fördertöpfe der EU, des Landes oder eines Großinvestors anzapfen, um uns für unser Kommen bezahlen zu lassen. Diese Fördergelder sind zum Teil so hoch, dass wir zu Beginn unsere Flugstrecken mit fast leeren Flugzeugen bedienen können. Es gab eine Region in Sizilien, die den Tourismus mit aller Gewalt benötigte, um sich gegen die mafiösen Strukturen vor Ort zu behaupten, sodass wir dreimal pro Woche einen leeren Flieger (mit einem alten Herrn als Passagier) hin- und herschickten.
Werden die Förderungen im Laufe der Jahre eingestellt, sind wir so schnell wieder weg, wie wir gekommen sind, und nach uns ist dann alles wie zuvor.
Schamgefühl oder Manieren sind Charaktereigenschaften, die unter den Mitarbeitern meiner Firma ab spätestens dem mittleren Management abgeschafft werden. Dementsprechend interessant ist bei uns der interne Umgangston. Sätze wie »Der Ton macht die Musik« und »Wie es in den Wald hineinschallt…« waren Standardsprüche meiner Eltern, wenn ich als Kind im Gespräch ein wenig zu polterig wurde. Den Versuch, diese Weisheiten in mein Berufsleben zu integrieren und stets höflich und freundlich zu sein, damit man diese Herangehensweise dann womöglich erwidern würde, möchte ich hiermit als gescheitert erklären.
Unsere Crewplanung ist sicher ein gutes Beispiel, wie man mit Kollegen grundsätzlich nicht kommunizieren sollte. Man könnte fast meinen, dass die Damen und Herren, die dort Dienst tun, angehal-

ten wären, doch bitte keine Zeit mit Freundlichkeiten zu vergeuden. Unsere Crewplanung kümmert sich darum, dass auf jedem Flugzeug pünktlich eine komplette Crew erscheint und ihren Dienst so tut, dass die von unserer Dienstplanung erstellten Flugpläne auch eingehalten werden. Die Crewplanung fungiert als Kontaktstelle, wenn man im Bereitschaftsdienst arbeitet und aktiviert wird, sie ist der Ansprechpartner, wenn man krank ist und sich leider abmelden muss.

Wenn man morgens früh um fünf also noch selig schlummert, weil man für einen Bereitschaftsdienst eingeteilt wurde, deshalb erst einmal zu Hause geblieben ist, um zu warten, ob man gebraucht wird, dann sind es diese freundlichen Damen und Herren, die einen mit unterdrückter Rufnummer aus dem Schlaf läuten:

»Hier ist die Crewplanung! Beweg deinen Arsch zum Flughafen, du hast noch 35 Minuten bis zum Abflug nach XY ...«

Besser kann ein Tag eigentlich gar nicht beginnen. Offiziell hat man ab Aktivierung 60 Minuten Zeit, um zum Flughafen zu gelangen, eine Tatsache, die man den Leuten von der Crewplanung am Telefon jedes Mal aufs Neue erklären muss.

Da unsere Planung oft etwas chaotisch ist, ist es auch schon vorgekommen, dass ich per Flugzeug an eine fremde Station zum Arbeiten geschickt wurde und dort dann herumstand und feststellen musste, dass es leider keine Arbeit gab. Der Rückflug nach Hause ging dann natürlich erst am späten Abend. Gern klingelt das Telefon auch frühmorgens an einem freien Tag, und wieder heißt es: »Beweg deinen Arsch zum Flughafen!« Ich frage mich dann, welchen Teil der höflichen Anfrage, ob ich eventuell aushelfen und an einem freien Tag arbeiten möchte, ich gerade überhört habe.

Erst kürzlich passierte es mir, dass ich zu meiner Frühschicht erschien, mein Kollege und ich unsere Papiere durchgegangen waren und mit unserer Kabinencrew über das Wetter und über eventuelle besondere Vorkommnisse gesprochen hatten und ich dann mit unseren Ramp-Agenten telefonierte, um die gewünschte Flugbenzinmenge und alles andere für den Beladungsplan durchzugeben. Als ich dem freundlichen Herrn am anderen Ende der Leitung dann die »Zahlen« für unseren Flug nach Portugal diktieren wollte, begann er zu lachen. Ich fragte etwas verwirrt, was denn so witzig sei, und er erwiderte: »Euer Flug ist doch gecancelt, ihr habt doch gar keinen Flieger. Das wissen wir schon seit gestern Abend. Eure Firma ist echt putzig! Wieso werdet ihr Piloten denn nicht informiert?«

Das fragten mein Kollege und ich uns dann auch und riefen bei der Crewplanung an. Dort sagte man: »Sorry, da haben wir wohl vergessen, euch Bescheid zu geben. Na ja, dann habt ihr jetzt eben Bereitschaft.« Also gingen wir wieder nach Hause, ohne etwas verdient zu haben.

Einen meiner Kollegen rief man morgens um vier Uhr an und teilte ihm mit, er müsse nach Mallorca fliegen. Nach dem ersten Wachwerden erwiderte er, dass er das wisse, sein Dienstplan sähe diesen Flug bereits seit einer Woche für ihn vor.

»Oh, dann weißt du schon Bescheid? Prima!«, sagte die fröhliche Dame am Telefon und legte auf. Mein Kollege wälzte sich noch eineinhalb Stunden schlaflos im Bett herum, bis sein Wecker für den geplanten Mallorcaflug klingelte.

Ein Kollege geriet einmal in einen Verkehrsunfall, bei dem der Airbag ihm den Brustkorb schmerzhaft prellte. Er rief daraufhin bei der Crewplanung an, um den anstehenden Dienst abzusagen und zum Check-up ins Krankenhaus zu fahren. Die Antwort war, wenn sein Auto kaputt sei und er verunfallt, dann solle er halt mit dem Taxi zum Dienst fahren, Herrgott noch mal, und sich nicht so anstellen wegen des Airbags!

Die Crewplanung ist in den seltsamsten Situationen ein Garant für kuriose Anekdoten. So saß eine Kollegin von mir gerade bei der Kosmetikerin, um sich das Make-up für ihre in ein paar Stunden anstehende Trauung machen zu lassen, als ihr Telefon klingelte und man anfragte, ob sie trotz ihres Urlaubs nicht einen Flug machen könnte, es fehle ein Pilot. Als sie erwiderte, sie habe den Urlaub genommen, um zu heiraten, fragte man sie allen Ernstes, wann genau die Hochzeit stattfinde, sie könne doch noch einen kleinen Vier-Stunden-Flug nach Litauen übernehmen, sie werde auch garantiert dafür bezahlt. Ebenso schwierig ist es offenbar zu akzeptieren, dass auch bei Pilotinnen die Schwangerschaften neun Monate dauern und das Kind nicht aus Liebe zur Firma innerhalb von nur ein paar Wochen ausgebrütet werden kann. Es passiert immer wieder, dass schwangere Kolleginnen, denen der Arzt aufgrund ihrer Schwangerschaft eine Fluguntauglichkeit bescheinigt hat, wieder und wieder angerufen werden und sie beinahe wöchentlich erklären müssen, dass sie schwanger sind.

Ähnlich geschult worden wie die freundlichen Kollegen von der Crewplanung sind unsere *Operations Officer*. Sie kümmern sich um den reibungslosen operativen Ablauf und planen, welche Flugzeuge wohin eingesetzt werden und wann es auf dem Flughafen einen freien Slot für den Abflug beziehungsweise die Landung gibt. Wenn man diese stets latent gestressten Damen und Herren an die Strippe bekommen will, weil es ein Problem mit dem Flugzeug oder einen freien Slot erst in vier Stunden gibt, vielleicht auch weil man wegen des schlechten Wetters irgendwo anders landen musste, als ursprünglich geplant, dann kann man sich im Vorfeld nur Durchhalteparolen und Toi-toi-toi-Rufe aussprechen.

Oft geht niemand ans Telefon, meist wird abgenommen und sofort wieder eingehängt, manchmal gibt es ein »Keine Zeit, ruf später an« oder ein sehr charmantes »Fuck off« zu hören. Ich habe schon Stunden irgendwo im Nirwana verbracht, und es war niemand von der Firma erreichbar, um mir irgendwie zu kommunizieren, wie und wann es weitergehen sollte. Es gab Tage, an denen unser Flugzeug einen Defekt hatte und sich Operations mit unseren Mechanikern gegenseitig die Verantwortung hin- und herschob. Niemand wollte entscheiden, wie es weitergehen könnte, vermutlich aus Angst, dass unsere Konzernspitze das Verfahren nicht goutieren würde. An solchen Tagen schüttelt man besser selbst eine findige und kreative Lösung aus dem Ärmel und hat ein sehr dickes Fell, wenn man hinterher Rede und Antwort stehen muss.

Außerdem gab es Tage, an denen man mir am Telefon mitteilte, man rede grundsätzlich nicht mit Stewardessen. Und es gab Tage, an denen ich die geografische Lage eines Alternativflughafens diskutieren musste und von Operations dann Antworten wie diese erhielt: »Hä? Sieben Stunden Busfahrt für die Passagiere und euch zurück zum Zielort? Das kann ja gar nicht sein, so groß ist doch das Land gar nicht!«

Eines Tages kamen ein Kollege und ich in ein Flugzeug und mussten feststellen, dass wir weder Trolleys mit Essen und Trinken noch Frischwasser, Toilettenpapier oder Becher für die Getränke an Bord hatten. Unser Ramp-Agent, der den Flug abfertigen sollte, entschuldigte sich und versprach, sich zu kümmern. Er kam kurze Zeit später wieder und teilte uns mit, das mit den Trolleys würde schwierig, da niemand bei der Catering-Firma zu erreichen sei, das Frischwasser für die Toilette und zum Abkochen (und somit dann als Trinkwasser verwendbar) sei bestellt, und die erforderlichen Becher, Tücher und Toilettenpapierrollen kämen ebenfalls. Wir begannen, unsere Passagiere einsteigen zu lassen, und telefonierten währenddessen mit den Herren bei Operations, die uns mitteilten, Essen und Trinken sei nicht so wichtig, der pünktliche Abflug hingegen sehr.

Wir diskutierten eine Weile, da wir eigentlich auch Becher mit Deckeln an Bord haben müssen, um das heiße Wasser auszugeben, außerdem noch Eis zum Abkühlen des brühend heißen Frischwassers, aber die Antwort blieb dieselbe: Wenn wir nicht pünktlich abflögen, würde das Konsequenzen für uns haben, wir würden zu einem Gespräch einbestellt, Disziplinarmaßnahmen seien nicht ausgeschlossen. Wir müssten nur das Frischwasser an Bord haben, sonst nichts. Becher und Toilettenpapier ließen weiterhin auf sich warten, und schließlich teilte uns unser Ramp-Agent mit, es sei an der Zeit, um loszufliegen, man habe ihm gefaxt, wir hätten alles an Bord.

Wir flogen los, aber ein schales Gefühl blieb den ganzen Tag über. Wir hatten nur brühend heißes Wasser, keine Chance, es zu den Passagieren zu bringen, da keine vorgeschriebenen Behältnisse mit Deckeln an Bord zu finden waren, wir hatten weder Milch noch Zucker

für eventuelle Diabetespatienten und ganze vier Rollen Toilettenpapier ...
Gottlob hatten sich die meisten Gäste Essen und Trinken mitgebracht, und der Flug verlief ohne Probleme. Eine minimale Verspätung hatten wir am Ende allerdings doch – trotz der Drohungen der freundlichen Kollegen im Operations-Büro.
Ein weiteres großes Thema neben der Pünktlichkeitsstatistik ist der Krankenstand. Nachdem sich jeder Kranke peinlichst genau über sein Befinden am Telefon hat ausfragen lassen, dann ein Attest vom Arzt eingereicht und ein Formular ausgefüllt hat, in dem er noch einmal schriftlich und detailliert ausbreiten muss, was er den interessierten Damen und Herren von der Crewplanung bereits am Telefon geschildert hat (einfach nur »krank« oder »Grippe« gilt nicht als Erklärung), kann es vorkommen, dass der zuständige Herr aus dem mittleren Management schriftlich um weitere Auskünfte zum persönlichen Befinden bittet und sich eventuell darüber mokiert, dass man trotz hohen Fiebers, abgerissener Gliedmaßen oder einer Vollnarkose keine Gelegenheit hatte, die erforderlichen Formulare an die Firma zu faxen.
Auf die höfliche Anfrage des Managements wird dann ein ebenso höflicher Antwortbrief erwartet, der auch gern per E-Mail eingesandt werden darf, jedoch selbstverständlich mit einer Auflistung aller bereits fünfmal beschriebenen und erzählten Krankheitsdetails und bitte gern auch mit einer Entschuldigung für die Unannehmlichkeiten und durch das Kranksein entstandenen Umstände. Sollte man diese Antwortbriefe nicht höflich oder detailliert genug gestaltet haben, dann kann es sein, dass man eine Einladung zu einem Krankenstandsmeeting erhält. Selbstredend findet dieses Treffen während der Arbeitszeit statt, allerdings nicht an der Station, an der man Dienst tut, sondern in irgendeinem der beiden Hauptquartiere. Der freundlichen Einladung sind sogleich ein paar Dokumente beigefügt, in denen die Disziplinarmaßnahmen für grobes Fehlverhalten erläutert werden, damit man schon einmal in die passende gemütliche Grundstimmung für das Meeting gerät.

Als ich eines Tages das Vergnügen hatte, zu einem solchen Treffen eingeladen zu werden, durfte ich mit dem erstmöglichen Flug am frühen Morgen zum Ort des Gesprächs anreisen und dort bis zum Mittag warten. Dann rief man mich an, um mir mitzuteilen, dass das Gespräch leider um eine halbe Stunde verschoben worden sei.
Als ich schließlich in das Büro gebeten wurde, ließ man mich wieder warten, dann wechselten wir dreimal das Büro, in dem das Gespräch stattfinden sollte, bis ich schließlich in einer winzigen Kammer warten durfte, die vollgepackt war mit Klopierpapier und Ablageordnern.
In dieser Besenkammeratmosphäre fand dann mein Gespräch statt. Das ganze Hin und Her sollte vermutlich dazu dienen, mich einzuschüchtern und mir bewusst zu machen, dass ich etwas sehr Schlimmes getan hatte. Ich ließ mich davon aber nicht sonderlich beeindrucken und wartete höflich und geduldig auf mein Gespräch.
Die eigentliche Unterhaltung begann mit Höflichkeitsbekundungen und der Frage nach meinem Befinden, die ich zunächst freundlich beantwortete. Der mittlere Manager, der mit meinem Vergehen betraut war, hatte einen herausgerissenen Papierzettel in der Hand, auf dem offenbar meine Fehltage notiert waren. Er bat mich, ausführlich über jeden Krankentag Auskunft zu geben, den er aufzählen würde. Ich begann mit den Erläuterung des ersten Datums (obwohl ich das alles ja schon mindestens fünfmal vorher hatte aufschreiben beziehungsweise am Telefon hatte darlegen müssen) und wurde jäh unterbrochen: »Stopp, stopp, das interessiert mich doch gar nicht!«
Ich war verwirrt, zuckte mit den Schultern und ging auf das nächste Datum ein, welches der Mann mir an den Kopf warf.
Wieder wurde ich in der Erläuterung meines Krankheitsbildes und den plastischen Beschreibungen meines Arztbesuchs unterbrochen.
»Interessiert mich auch nicht. Darum geht es hier gar nicht.«
Wieder war ich verwirrt und begann mich langsam ein wenig über dieses unverschämte Spiel zu ärgern.

Beim nächsten und übernächsten Datum wieder das Gleiche. Ich wurde gebeten, ausführlich über mein Kranksein zu sprechen, und dann jäh unterbrochen.
Schließlich wurde mir das zu bunt. Ich fand die ganze Situation dort in der Abstellkammer ausgesprochen lächerlich und unangemessen. Ich fragte, was genau er denn eigentlich hören wollte, und bekam ein kurzes Schnappen an den Kopf geworfen: »Hör zukünftig einfach auf, krank zu sein.«
Beinahe belustigt blickte ich meinen Gesprächspartner an, wie er da in seinem rot karierten Holzfällerhemd saß, dann fragte ich, wie genau er sich das denn vorstellte.
Gebetsmühlenartig wiederholte er nun sein »Hör auf, krank zu sein«, immer wieder denselben Satz, wie ein Mantra, in etwa einminütigen Abständen. Und langsam begann mir das Holzfällerhemd ganz gehörig auf die Nerven zu gehen. Ich nahm mich zusammen und fragte höflich, ob ich ihn so verstehen dürfe, dass ich künftig krank im Flugzeug erscheinen und meinen Kollegen im Cockpit und meinen Passagieren eine durch Krankheit getrübte Arbeit anbieten müsste – ein Vorgehen, das unter Sicherheitsaspekten ganz sicher kritisch sei. Zumal das gesamte Cockpitpersonal dann die gleiche Erkrankung bekommen würde, so eng, wie wir vorn im Flugzeug zusammensitzen.
»Weißt du, Julia, wir hassen Leute, die montags mit Schnupfen zu Hause bleiben«, erklärte mir das Flanellhemd.
Ich lächelte spitz und gab zu bedenken, dass ich keineswegs an einem Montag krank gewesen sei. Außerdem sei ein Schnupfen beim Fliegen zwar ein ernst zu nehmendes Problem für das Trommelfell und den Druckausgleich, ich hätte aber keinen einzigen Tag wegen Schnupfens gefehlt.
»Ja, ja, weiß ich«, sagte der Mann. »Hör einfach auf, krank zu sein.«
Zum Abschied brachte er mich zur Tür der Abstellkammer und erklärte mir mit einem freundlichen Grinsen und einem Schulterzucken, ich könne gern schwanger werden, dann sei ein längerer Ausfall akzeptabel. Ich könne auch schwer krank werden und für längere Zeit arbeitsunfähig werden. Aber bei allem anderen, nun ja, da kön-

ne man eben nicht viel tun. Ich war sprachlos, lächelte nur ein letztes Mal möglichst charmant und verließ dann die chaotischen Büroräume ...
Am nächsten Tag hatte ich einen weiteren freundlichen Brief des Flanellhemdmannes im Postfach. Er bedankte sich für das Gespräch, und da ich ihm ja versichert hätte, nie wieder krank zu werden, und mich auch sonst einsichtig und vernünftig gezeigt hätte, werde keine Disziplinarmaßnahme gegen mich eingeleitet.
An eine derartige Versicherung meinerseits konnte ich mich nicht erinnern. Da hätte ich ihm auch sechs Richtige im Lotto oder das Wetter für 2020 prognostizieren können. Ich bat deshalb ebenso freundlich und ebenso schriftlich um Richtigstellung – und habe seitdem nie wieder etwas gehört.
Diese Treffen finden regelmäßig statt und besonders oft, wenn die Mitarbeiter der Airline um Weihnachten herum erkranken. Ein Kollege von mir hatte ein derartig vereitertes Trommelfell, dass es ihm Heiligabend von einer nikolausmützigen Krankenschwester beim Notarzt durchstochen werden und er die nächsten Tage ganz unweihnachtlich im Bett verbringen musste. Eine andere Kollegin erlitt am 25. Dezember einen Blinddarmdurchbruch und wurde mit Alarm ins Krankenhaus gefahren. Beide Kollegen wurden drei Tage später zunächst telefonisch befragt und beschimpft und dann zu einem Meeting in die Besenkammer vorgeladen, denn Weihnachten krank zu werden, das ist einfach nicht erlaubt.
Es gibt einige Kollegen, die es sich mehrmals überlegen, ob sie wirklich krank genug sind, um sich durch dieses perverse Mahlwerk zu quälen. Viele lassen sich von den Drohungen und Briefen einschüchtern und kommen mit der dicksten Erkältung, mit verbundenen Füßen oder höllischen Kopfschmerzen und Fieber zur Arbeit. Das ist nicht nur unschön für die Kollegen, mit denen sie arbeiten, sondern letztlich auch ein großes Sicherheitsrisiko. Wir sind dafür da, unsere Passagiere und die Crew heil und gesund von A nach B zu bringen, und wenn man sich selbst dabei krank fühlt, ist man dazu irgendwann womöglich nicht mehr in der Lage.

DAS TRAININGSDEPARTMENT

Wie jede Fluggesellschaft verfügt mein Arbeitgeber über ein sogenanntes Trainingsdepartment, in dem die Sicherheitstrainings der Kabinencrew und des Cockpitpersonals geplant und durchgeführt werden. Unser Trainingsdepartment ist ansässig in einem Gebäude, welches das Ambiente unseres Headquarters an Prunk und Gemütlichkeit noch deutlich übertrifft. Vermutlich wurde es in den frühen 70er-Jahren erbaut und seitdem in seinem Urzustand konserviert. Der Eingangsbereich ist mit Kaffeeautomaten und anderen münzfressenden Geräten bestückt, in denen ähnlich wie im Hauptsitz alte Sandwiches und kleine Fertiggerichte in der Runde fahren und entfernt an Tiernahrung erinnern. Sollte der Besucher nicht hier schon an einer akuten Lebensmittelvergiftung verstorben sein, könnte er womöglich am welligen Linoleumfußboden festkleben und bis in alle Ewigkeit verdammt sein, den Chipstüten, Schokoriegeln und Sandwiches dabei zuzuschauen, wie sie in ihren Fächern im Kreis herumzuckeln.

Diejenigen, die es hinter die alte Holztür und ins Treppenhaus schaffen, werden die vergilbten Tapeten bemerken und mit Skepsis den zertretenen Fußboden beäugen, denn der verströmt einen leichten Geruch von Moder und Schimmel. An den Wänden hängen alte Fotos von Flugzeugen, die heute auf amerikanischen Flugzeug-Friedhöfen stehen und deren Porträts ähnlich vergilbt wirken wie die Tapeten.

Der Aufenthaltsraum ist bestückt mit kaputten Stühlen: Die bordeauxroten Polster sind zerfetzt und aufgequollen und mit undefinierbaren Flecken übersät, die Armlehnen sind abgesplittert. An der Wand hängen die Speisekarten eines indischen Lieferdienstes sowie einer Kneipe in der Nähe, die Sandwichs liefert und abends 10 Prozent Rabatt auf jedes Bier anbietet.

In diesem Gebäude befinden sich außerdem ein paar Klassenräume, die ebenfalls mit kaputten und bunt durcheinandergewürfelten

Stühlen bestückt sind. Die Möbel sehen aus, als seien sie vom Flohmarkt oder vom Sperrmüll einer anderen Fluggesellschaft geholt worden – was in diesem Fall durchaus zutreffend ist.
Die Klassenräume haben schlecht oder gar nicht zu öffnende Fenster, einige Fenster sind mit Pappe verklebt. Luxuriöserweise gibt es immer einen Beamer der neuesten Generation, denn meine Firma liebt PowerPoint-Präsentationen bei jeglicher Form von Schulung. Ebenfalls hier untergebracht sind die vier Flugsimulatoren sowie zwei angeschlossene Briefing-Räume und zwei Büros.
Im kleineren der beiden Büros sitzen die fünf Angestellten, die das gesamte Training aller Piloten und Stewardessen planen. Sie sitzen an Schreibtischen, die zwischen Unmengen von Papier aufgestellt sind. Der Raum ist so klein, dass neben dem Fotokopierer nur noch Platz ist für eine Tafel mit unleserlichen Daten und Notizen sowie für zwei Faxgeräte. In der Luft vermischt sich der Geruch des Kopierers, der Moder des alten Gebäudes und der abgestandene Schweiß der Damen und Herren, die hier sitzen und auf Hochtouren die Trainingsabläufe planen. Man wundert sich kaum, dass in diesem Ambiente kein freundliches Wort gesprochen wird, schon gar nicht mit einem Außenstehenden, der sich womöglich Hilfe suchend in das Trainingsbüro verirrt.
Noch chaotischer sieht es nur im Büro des Trainingschefs aus, der meist nicht anzutreffen ist. Wenn er anwesend ist, dann ist er kompromisslos übel gelaunt, weshalb man sein Büro lieber weiträumig umgeht. »Mach die Tür zu – von außen!«, so lautet sein Standardspruch.
Nur die Techniker sind immer zu Späßen aufgelegt, obwohl sie die Simulatoren warten und oft in Nachtschicht arbeiten müssen, da nachts die einzige Zeit ist, während der die Simulatoren nicht im Dauerbetrieb sind. In ihrem mit Schrauben und Öldosen und Unmengen von Großcomputern und Kabelbäumen vollgestopften Büro gibt es immer einen schlechten Kaffee zu ergattern. Trotz der *Playboy*-Kalender an den Wänden und den Pornoheftchen auf den Schreibtischen sind die Techniker eine zwar raue, aber sehr freund-

liche und charmante Männerbande, und wann immer ich im Trainingszentrum bin, freue ich mich, bei ihnen vorbeizuschauen.
Draußen auf dem Parkplatz befindet sich einer unserer Feuertrainer. Der andere steht an unserem neuen Hightech-Simulatorzentrum, wo ein weiterer Teil des Trainings stattfindet. Diesen Feuertrainer betreten sowohl die Piloten als auch das Kabinenpersonal einmal im Jahr, um wortwörtlich mit dem Feuer zu spielen. Nach einer Schulung über Brandklassen, Gefahrgüter und den theoretischen Umgang mit verschiedenen Feuerarten und Löschmitteln dürfen wir uns umziehen. Die flaschengrünen Overalls sind mir jedes Mal zu groß, ich muss Arme und Beine umkrempeln und stolpere dann meist immer noch wenig elegant zur Feuerlöschung.
Der Feuertrainer an unserem Trainingszentrum ist ein Container aus Metall, der innen aussieht wie eine aus Eisen gegossene Flugzeugkabine. Es gibt stilisierte Sitze und einen Ofen, und ich brauche in der Regel etwa sechs bis sieben stolpernde Schritte, um einmal durch den Container zu gehen. Dann wird der Raum komplett mit Rauch gefüllt. Man bekommt Feuerschutzhandschuhe, eine Schutzmaske, die aussieht, als sei man Mitglied im Ku-Klux-Klan, eine Axt und einen Feuerlöscher mit Wasser, und damit beginnt man dann durch den Rauch zu irren.
Im Container wird entweder ein Sitz brennen oder ein Ofen, und man muss die Feuer löschen, bevor man den Container am anderen Ende wieder verlassen darf. Dieses Training ist sinnvoll und trotz der ernsten Situation tatsächlich unterhaltsam. Der andere, kleinere Feuertrainer ist nur ein kleiner Schrank, der offen bleibt und in den man nur kurz Wasser sprühen muss, das war es dann schon. Richtig bedrängt und heiß wird es mir nie, wenn ich alternativ zum großen Container dort die Feuerwehrfrau spielen muss. Leider ist der kleine Schrank meist der Ort des Trainings, vermutlich weil sein Einsatz preisgünstiger ist als der des tollen Containers, und vermutlich genügt dem Gesetzgeber auch die alljährliche Übung am Schrank, um den entsprechenden Trainingsschein aufzufrischen.

Dass die Wahl der Trainingsmittel oder Orte etwas seltsam anmutet, schlecht koordiniert ist und bisweilen nur den Minimalstandards entspricht, bin ich mittlerweile gewöhnt. Als ich neu in der Firma war, haben mich diese Dinge noch schockiert. Vor meinem ersten Flug waren einige Schulungen angesetzt, die in den schon beschriebenen muffigen Trainingsräumen stattfinden sollten. Der Termin wurde ein paarmal ziemlich unkoordiniert hin und her geschoben, zum siebten Mal war ich bereits im Auto auf dem Weg vom Flughafen wieder zurück nach Hause, als man mich anrief, ich müsse sofort den nächsten Flieger nehmen, das Training gehe nun los. Ich wendete mein Auto, fuhr zum Flughafen und erwischte haarscharf den Flug.

Am nächsten Morgen kam ich zum Trainingszentrum, setzte mich erwartungsfroh mit den Kollegen in den gruseligen Klassenraum und hatte beim Versuch, das Fenster zu öffnen, sofort eine der Vorhanglamellen in der Hand. Der Kurs lachte so lange, bis sich jemand an einem der kaputten Stühle die Hand einklemmte und mit blutendem Finger fluchend den Raum verließ. Kurz darauf kam einer der Angestellten, um uns mitzuteilen, dass der Kurs noch einmal verschoben sei und wir uns vorerst in unseren Hotelzimmern bereithalten sollten.

Am darauffolgenden Tag hingen wir alle in der Lobby herum, als unsere Telefone plötzlich Sturm klingelten und es hieß: Badesachen packen. Es stand allerdings kein Ausflug zum Schwimmen an, sondern das Notwasserungstraining. Wieder stiegen wir in ein Flugzeug und kamen nach einem kurzen Flug und einer kurzen Busfahrt an einem öffentlichen Schwimmbad an.

Und dieses Schwimmbad war das schmutzigste und fieseste Schwimmbad, das ich jemals gesehen habe. Ich sehnte sofort ein Sondereinsatzkommando des deutschen Gesundheitsamtes herbei, das hier jedoch leider keine Befugnisse hatte. Die Umkleide war feucht, der Putz blätterte großflächig von den Wänden und in der Dusche wuchsen schwarze Teppiche von Schimmel die Wände hinauf.

Ich bin sehr unempfindlich und es dauert unglaublich lange, bis ich etwas eklig finde, aber diese Umkleide und Dusche waren auch mir zu viel. Alte Haare und Staubflocken schwammen in den Pfützen auf dem Fußboden und die gesprungenen Bodenfliesen waren scharfkantig. Der Beckenbereich im Inneren schließlich stank nach Chlor und Desinfektionsmitteln, was zusammen mit dem Geruch des Schimmels eine unbeschreibliche Mischung ergab, die mir noch lange in der Nase hing.

Das Wasser im Pool war eiskalt. Grüne Algenfetzen waberten am Beckenrand. Langsam fragte ich mich, ob das Schwimmbad stillgelegt war und meine Firma es einfach weiter benutzte, und ich war gespannt, welche mir bis dato unbekannten Krankheiten ich mir hier einfangen würde.

Wir bekamen quietschgelbe Schwimmwesten ausgehändigt und mussten sie zunächst aufpusten. Es sah seltsam aus, wie wir alle in Badehosen (beziehungsweise ich im Bikini) und mit gelben Schwimmwesten am Beckenrand standen. Wir mussten Paare bilden und unseren jeweiligen Partner, der bewusstlos im Wasser treiben sollte, durch das komplette Becken abschleppen. An der anderen Seite sollte getauscht werden.

Die ersten beiden Herren, die sich ins Wasser begaben, wurden sich nicht einig, wer zunächst tot in seiner Schwimmweste hängen sollte. Sie diskutierten, bis die Trainerin die Geduld verlor. Mich hatte ein unglaublich großer und übergewichtiger Kollege als Partnerin auserkoren, und wir mussten als Nächstes ins Wasser. Ich stellte mich bewusstlos, und der Kollege schleppte mich mit raschen Schwimmzügen an das andere Ende des Beckens.

Nun war ich an der Reihe.

Ich zog den »ohnmächtigen« und schweren Kollegen in den Rettungsgriff und begann zu schwimmen. Nach den ersten Zügen stellte ich fest, dass ich offenbar doppelt Pech hatte. Mein Kollege war ein Koloss, der schlapp im Wasser hing wie ein ertrunkenes Walross, und meine Rettungsweste war undicht. Mit jedem Meter strömte mehr und mehr Luft aus meiner Weste und ich hatte das Gefühl, dass ich absoff. Ich begann nach jedem zweiten Schwimmzug in das kleine rote Röhrchen zu pusten, um den Luftverlust auszugleichen. Leider wurde dadurch mein eigener Luftverlust immer größer, und ich war trotz aller Sportlichkeit ziemlich außer Atem, als ich endlich mit meinem Kollegen am Ende des Beckens ankam.

Unter dem Johlen meiner Kollegen stieg ich aus dem Becken.

Leider war der kleine Badespaß damit noch immer nicht zu Ende. Wir simulierten nun, wie man die Gruppe zusammenhielt und »die Moral bewahrte«.

Also gingen wir wieder alle in das kalte Wasser, in dem die Algenfetzen inzwischen hektisch auf der aufgewühlten Wasseroberfläche tanzten.

Wärmer ist das Meer sicher auch nicht, dachte ich, und weniger ekliges Zeug schwimmt da sicher auch nicht herum. Trotzdem versuchte ich, keine Algen zu verschlucken.

Wir mussten einen Kreis bilden, uns unterhaken und dann weiterpaddeln wie eine Entenfamilie auf Ausflugstour. Diese Übung, bei der die Körperwärme konserviert und die Gruppe geschlossen gehalten werden sollte, wurde noch damit gekrönt, dass die Trainerin uns vom Beckenrand aus bat, mittels eines Liedes die Moral hochzuhalten.

Wir schauten alle irritiert, bis sie lauthals den Beatles-Klassiker *Yellow Submarine* anstimmte.

Ich war mir längst nicht mehr sicher, ob man uns in diesem Becken nicht vielleicht veralbern wollte, stimmte aber artig mit ein. Zehn halb nackte Piloten mit gelben Rettungswesten, zu einem eher eiförmigen Kreis zusammengehakt, paddelten nun also in einem schmutzigen Pool und sangen schief, aber mit Inbrunst: »We all live in a yellow submarine, yellow submarine!«

Ich habe das Lied schon vorher nicht gemocht, aber seitdem rollen sich mir die Fußnägel auf, wenn ich nur die ersten Takte höre.

UNSERE PASSAGIERE

Wir haben eine große Bandbreite unterschiedlichster Gäste an Bord. Die soziale Herkunft reicht von ganz unten bis ganz oben, die Altersspanne von frisch geschlüpft bis kurz vor wieder eingebuddelt. Die älteste Passagierin, die ich je an Bord hatte, war stolze 93 Jahre alt und flog zum ersten Mal in ihrem Leben. Sie war sehr charmant und ein kleines bisschen aufgeregt.

Nachdem sich unsere Passagiere zu Hause den Weg durch die Onlinebuchung gebahnt haben und dabei unzählige versteckte Häkchen im Zusammenhang mit dem Kauf von Reisegepäck und Co. umschifft haben (oder auch nicht, dann klingelt der freundliche Paketbote kurze Zeit später und bringt zum Beispiel einen Rollkoffer), wird es irgendwann nach dem Druck der Bordkarte Zeit für die Abfahrt zum Flughafen. Im Terminal selbst wird dann die spannende Frage geklärt, ob der Koffer tatsächlich unter dem erlaubten Gewichtslimit geblieben ist oder ob einem die Waage zu Hause eventuell einen kleinen Streich gespielt hat. Kleine Ungenauigkeiten beim Wiegen können den Ticketpreis in ungeahnte Höhen treiben: Ein einzelnes Extrakilo kostet etwa 30 Euro zusätzlich – und um 2 bis 3 Kilo kann sich eine analoge Badezimmerwaage schon mal vertun, wenn man mit einem Koffer in der Hand schwankend versucht, das Ergebnis unter dem Hosenbund abzulesen.

Einen Streich kann einem auch das vermeintlich kleine Handgepäck spielen, denn dieses darf ebenfalls ein bestimmtes Gewichtslimit und gewisse Maße nicht überschreiten. Hat man den Striptease an der Flughafensicherheit überstanden und Schuhe und Gürtel wieder angezogen, hat man zudem mit ein bisschen Glück keine oder nur geringe Verluste an Parfum, Haargel oder Getränken erlitten, die allesamt eine Gesamtmenge von 100 Milliliter pro Einheit nicht überschreiten dürfen, und hat man die Kosmetikflaschen auch ordnungsgemäß in einem kleinen durchsichtigen Beutelchen mit Zippverschluss transportiert, dann muss man jetzt nur noch warten, bis die eigentliche Reise beginnen kann. Man steht eingepfercht in mehreren Reihen zwischen den Spannbändern. In Kürze beginnt das Boarding, wobei hier das Handgepäck noch einmal besonders begutachtet wird.

Das Gepäck muss in einen vorgefertigten Metallständer passen, was bei formbaren Reisetaschen oft dazu führt, das sie zwar hineingehen, aber nicht wieder heraus. Die armen Passagiere müssen vor den Augen aller nun ziehen und zerren, wobei ihnen niemals vom Personal geholfen wird, egal wie alt oder gebrechlich sie auch sein mögen. Sollte das Gepäck nicht in den Metallständer passen, wird es mit einer Markierung versehen und muss für einen kleinen Obolus von etwa 40 Euro eingecheckt werden. Sollte man mit einer zusätzlichen Handtasche und einem zweiten Gepäckstück oder gar Duty-Free-Einkäufen am Gate erscheinen, passiert das Gleiche.

Nach diesem ersten Teil des Boarding-Prozesses kommt nun der zweite Teil, der sich in den meisten Fällen witterungsunabhängig im Freien abspielt. Durch Viehgitter geführt, beginnt ein kleiner Spaziergang über den Flughafen, an dessen Ende sich alle Passagiere vor dem Flugzeug aufgereiht haben und einsteigen dürfen. Sollte es vorher gestürmt, geschneit, gehagelt oder gar geregnet haben, wird die Laune derer, die endlich das Flugzeug betreten und von unseren Kollegen mit einem fröhlichen »Die Bordkarte bitte« begrüßt werden, nicht die beste sein. So entwickelt sich von Beginn des Fluges an eine warmherzige Stimmung zwischen Gästen und Crew, die vermutlich den ganzen Flug über bestehen bleiben wird.

Die meisten unserer Passagiere sind großartig und charmant. Nur einige wenige haben eine etwas diffuse Vorstellung in Bezug auf den zu erwartenden Service, die nicht immer mit dem sehr günstigen Ticketpreis und der Realität korreliert. Kissen und Decken gehören leider nicht zum Repertoire. Überhaupt wird es, wie bereits erwähnt, kaum etwas umsonst geben. Allen Gerüchten zum Trotz ist aber noch immer die Benutzung der Toilette gratis, korpulentere Gäste werden nicht gewogen und müssen noch nichts extra zahlen,

es gibt keine Stehplätze, und noch wird weder Bingo noch Strippoker an Bord unserer Flieger gespielt.
Dennoch ist es laut an Bord und sehr eng. Das bunt gestrichene Innere wirkt mit seinen psychedelischen Farben nicht auf alle Gäste beruhigend. Besonders aggressiv scheint unsere Farbwahl auf Gruppenreisende zu wirken, vor allem Junggesellenabschiede und Fußballklubs reagieren heftig auf die Optik. Prinzipiell finde ich Fangesänge, die man bis nach vorn zu uns ins Cockpit hören kann, eine ausgesprochen erfrischende Alternative zu dem üblichen Babygeschrei oder den Würgegeräuschen aus der Toilette direkt hinter uns. Wenn diese Gesänge aber irgendwann aggressiv werden und sich die Anhänger verschiedener Klubs mit ihren Liedern zu duellieren beginnen, hält sich meine Begeisterung in Grenzen.
Einmal hatten wir eine Gruppe Fans, die trotz mehrfacher Ermahnung der Kabinenbesatzung weiterhin den von ihnen mitgebrachten Alkohol konsumierten. Es schien eine geheime Quelle zu geben, die trotz wiederholter Konfiszierung nicht versiegen wollte. Irgendwann war dann ein gewisser Pegelstand erreicht, und zwei der Herren begannen im Mittelgang zu strippen, bis sie untenherum splitterfasernackt waren und es naheliegenderweise zu einem kleinen Größenvergleich kam.
Die Chefstewardess Ludovica war ein streng katholisches italienisches Mädchen, das vor jedem Start ein kurzes Stoßgebet sprach und offen Keuschheit und Jungfräulichkeit bis zur Ehe predigte. Sie forderte die beiden Herren aus sicherer Entfernung per Lautsprecher auf, sich bitte unverzüglich zu bekleiden. Dann gab sie ihren drei untergebenen Crewmitgliedern die Anweisung, die Jungs zu besänftigen.
Einige Passagiere waren geschockt, andere belustigt, wieder andere peinlich berührt. Es war wie bei einem Verkehrsunfall – keiner wollte wirklich zwei sturzbetrunkene Mittzwanziger sehen, die nun heftig an sich herumrieben, um einen aussagekräftigen Größenvergleich zu ermöglichen, aber wegsehen oder eingreifen wollte auch niemand. Die restlichen Fußballfans waren ohnehin damit beschäftigt, ihre Kollegen anzufeuern.

Während die beiden Männer unserer Crew höflich auf die beiden Trunkenbolde einredeten und die Situation zu deeskalieren versuchten, rief die Chefstewardess panisch bei uns im Cockpit an und berichtete von dem Sodom und Gomorrha in der Kabine. Sie war geradezu hysterisch und wiederholte mehrmals, dass sie dort weder hinsehen noch hingehen könne. Sie sei sehr peinlich berührt und finde die ganze Vorführung skandalös, gottlos und ausgesprochen sündig. Sie schäme sich in Grund und Boden.
Die jüngste Frau in der Crew hatte sich bis zu diesem Zeitpunkt im Hintergrund gehalten, als sie jedoch sah, dass auch ihre männlichen Kollegen scheiterten, stürmte sie wutentbrannt – und ganz gegen das Lehrbuch – auf die beiden Jungs zu, zerrte an deren Boxershorts und fauchte sie an, sie sollten ihre Schwänze einpacken, die wolle ja nun wirklich keiner sehen. Und ob sie schon mal eine spanische Gefängniszelle von innen gesehen hätten? Dazu gebe es nach der Landung nun gewiss Gelegenheit. Die beiden Showstars wurden rot, schwankten etwas, zogen sich flugs wieder an und entschuldigten sich lallend bei der kleinen und kugelrunden Stewardess. Die Kollegin stemmte die Hände in die Hüfte, sagte: »Die Polizei kommt trotzdem«, drehte auf der Stelle um und eilte zu Ludovica, die vorn auf ihrem Platz zusammengesunken saß und vermutlich Salven von Stoßgebeten zum Himmel schickte.
Natürlich riefen wir – wie angedroht – die Polizei, die in solchen Fällen meist nur ein Formular ausfüllt, mit den Schultern zuckt und die Helden von dannen ziehen lässt. Die arme Kabinenchefin aber war völlig fertig, und die kleine resolute Kollegin bekam ein bisschen Ärger für ihr nicht vorschriftsmäßiges Vorgehen.
Andere Passagiere werden durch den Konsum von Alkohol und der guten Höhenluft im Flugzeug aggressiv und beginnen wahlweise Crew oder Mitreisende zu beschimpfen. Einmal eskalierte ein solcher alkoholgeschwängerter Streit, der eigentlich mit einer harmlosen Diskussion zweier Sitznachbarn begonnen hatte. Der eine zog dem anderen schließlich mit so viel Schwung, wie er in seiner engen Sitzreihe aufbringen konnte, eine mitgebrachte große Wodka-

flasche über den Schädel. Die bereits leere Flasche zerbrach auf dem Kopf des Nachbarn. Scherben und die Wucht des Aufpralls fügten dem Passagier tiefe Schnittwunden und eine große Platzwunde zu, und das Blut spritzte in die benachbarten Sitzreihen und an die Gepäckfächer. Es war ein grausiges Bild, das sich der Kabinencrew bot. Man informierte das Cockpit, wo umgehend mit dem Notsinkflug zum nächstgelegenen Flughafen begonnen wurde, und kümmerte sich dann um den verletzten Passagier und die aufgewühlten Mitreisenden. Nach der Landung kamen ein Arzt und die Polizei an Bord, und während man den einen Fluggast mit Verdacht auf eine Schädelfraktur und zur Wundbehandlung ins Krankenhaus fuhr, wurde sein Nachbar wegen gefährlicher Körperverletzung mit in das Flughafenpolizeirevier genommen.

Manchmal sind unsere Passagiere durch die lässige Billigflug-Atmosphäre an Bord so beflügelt, dass sie auf ganz merkwürdige Ideen kommen. Der freundliche Passagier, der eines Morgens die Stimmung an Bord fehlinterpretiert hatte und eine junge Stewardess zu überreden versuchte, ihm beim Onanieren auf der Toilette zur Hand zu gehen, war offenbar ebenso über den Begriff »billig« in Verwirrung geraten wie das jung gebliebende Pärchen in Reihe eins, das trotz eines Durchschnittsalters von über 60 nicht nur miteinander zu fummeln begann, sondern deren weiblicher Teil in Minirock und ohne Höschen (und mit deutlich sichtbarer grauer Schambehaarung) der gegenübersitzenden Kabinencrew unerwünschte Einblicke in ihren Intimbereich gewährte. Außerdem gibt es Gäste an Bord, die das Fliegen so romantisch finden, dass sie erst der Kabinencrew verschwörerisch zuzwinkern, dann der irritierten Stewardess hartnäckig nach vorn folgen und um das Mikrofon bitten, um einen Heiratsantrag an die mitreisende Angebetete zu machen.

Oftmals erreicht uns dann vorn im Cockpit ein lachender Anruf aus der Kabine, wir sollten uns »das Drama« doch live mit anhören. Manchmal bekommen wir auch ein Zettelchen des Passagiers, auf dem er uns Piloten bittet, per Passagieransprache ein paar warme Worte an seine zukünftige Gattin zu richten.

Ich finde es immer etwas beschämend, mir das nervöse Gestammel des werbenden Bräutigams anhören zu müssen. Mir tut die arme überfahrene Freundin leid, die sich zu Hause noch rausreden und um Bedenkzeit bitten oder fluchtartig den Raum verlassen könnte. Hier kann sie den durchaus intimen Moment nicht allein mit dem für sie womöglich wichtigsten Menschen genießen, sondern ist umringt von einer Horde sensationslüsterner Mitflieger und abgeklärter Crewmitglieder.

Aber nun ja, jeder nach seinem Geschmack ...

Es gibt sogar ein Pärchen, das sich in meinem ersten Jahr bei der Airline an Bord verlobt hat und seitdem jedes Jahr zu diesem Datum mit uns irgendwohin fliegt und inzwischen eine Art firmeninterne Berühmtheit erlangt hat.

Von den meisten Passagieren bekommen wir allerdings vorn nicht viel mit, es sei denn, die Gäste schauen vor dem Start oder nach der Landung mal ins Cockpit. Dabei gibt es dann die neugierigen Väter, die mit ihren frisch geschlüpften, winzigen Babys ins Cockpit kommen, weil »der/die/das Kleine sooo gern mal das Cockpit anschauen will« (und dabei selig an Papi gekuschelt schläft). Es gibt kleine Kinder, die starren und staunen, bevor sie plötzlich frech oder schüchtern »Hallo« schreien und flüchten oder aber Fragen stellen, für die man viel kindliche Fantasie benötigt, um sie zu verstehen:

»Bob, der Baumeister, kann das auch, oder?«

»Hat Barbie das Flugzeug gelandet?«

»Ist da auch ein Zauberer in dem Kasten versteckt? Das glaub ich nämlich schon ...«

Zuweilen werden mir Fragen gestellt, über die ich mir selbst als Kind schon den Kopf zerbrochen habe:

»Kann man auf Wolken sitzen? Die sehen so flauschig aus!«

»Habt ihr schon mal einen Engel gesehen nachts oder den Weihnachtsmann auf seinem fliegenden Schlitten?«

Manchmal besuchen uns auch alte Damen, die sich mulmig an Bord fühlen und erst nach einem kurzen Schwätzchen mit uns beruhigt Platz nehmen.

Es kommt auch vor, dass Männer mich als Frau im Cockpit anstarren wie ein seltenes Tier im Zoo und dann mit meinem Kollegen in meinem Beisein über mich in der dritten Person reden, als wäre ich taub. Einmal hatte ich tatsächlich einen Gast, der mich nach der Landung anstarrte und dann grinsend meinem Kollegen zuzwinkerte: »Na? Viel Hilfe durch die Kollegin hatten Sie ja heute nicht, oder? Aber immerhin haben Sie den ganzen Tag was richtig Hübsches zum Anschauen. Das ist doch auch mal was. So nett in der Uniform!«
Es kommt nicht oft vor, dass ich sprachlos bin, aber da fiel mir nichts ein, außer dass ich sehr gern spontan zugeschlagen hätte.
Zum Glück war mein Kollege so charmant und schlagfertig, dass er höflich fragte, wie denn dem Passagier die Landung und der Anflug gefallen hätten, wo draußen doch ein derartiges Sturmtief tobe. Der Passagier erwiderte, dass so ein Winterwetter sicher eine ziemliche Herausforderung darstelle und er froh sei, wieder heil am Boden zu sein. Er dankte meinem Kollegen für die gute Arbeit, der daraufhin nur grinste und sagte: »Da müssen Sie meiner bezaubernden Kollegin danken, die Sturmflüge mit deutlich mehr Gefühl und Geschick durchführt als ich, und das, obwohl sie in der Tat sehr hübsch ist!«
Der verdutzte Passagier verließ fluchtartig das Cockpit, und ich bedankte mich bei meinem Kollegen.
Wirklich die Worte fehlten uns angesichts des verwirrten Vaters, dem unsere Crew nach dem letzten Flug des Tages quer über das Vorfeld hinterherschrie: Sie hatten beim Gang durch die Kabine ein etwa dreijähriges Mädchen schlafend auf einem Fensterplatz gefunden. Der Mann kehrte zurück und wurde gefragt, ob er vielleicht seine Tochter vergessen hätte (denn die beiden hatten nebeneinandergesessen im Flug und sie hatte »Papi« zu ihm gesagt). Er wirkte peinlich berührt, nahm eilig seine schlafende Kleine entgegen und erklärte dann, die Strecke sonst nur geschäftlich und allein zu fliegen. Er sei immer so aufgeregt beim Fliegen. Mit hochrotem Kopf entschuldigte er sich mehrfach und sagte kleinlaut, er hätte sicher sehr viel Ärger mit seiner Frau bekommen, die draußen zum Abholen bereitstünde und aus gesundheitlichen Gründen nicht habe mitfliegen können.

Wir entließen die beiden in den Abend und wunderten uns über die Kopf- und Verantwortungslosigkeit des Mannes. Jacken und Handtaschen werden oft vergessen, Gepäckstücke, Geschenke und Regenschirme. Manchmal reisen Paare plötzlich getrennt oder vergessen im Stress, aufeinander zu warten. Aber ein Vater, der sein Kind vergisst, das ist uns bisher nur einmal begegnet.

UNSERE KLEINEN GÄSTE

Um in den Urlaub zu fliegen, muss man weder besonders groß noch besonders selbstständig sein – zumindest wenn man jemanden dabeihat, der selbst ebendiese Kriterien halbwegs erfüllt. Deshalb dürfen auch winzige, ganz frisch geborene Wesen mit uns in Urlaube fliegen, an die sie sich selbst wohl kaum erinnern werden.

Ich habe ein etwas gespaltenes Verhältnis zu winzig kleinen Babys im Flugzeug, und viele meiner Kollegen sind sogar vehement dagegen, dass Säuglinge fliegen: Die Luft ist trocken und sicherlich nicht die beste, die Höhenstrahlung ist auf Dauer nicht sonderlich gut und die Druckunterschiede können so einem kleinen Würmchen böse Bauch- und Ohrenschmerzen bereiten, was dann in großem Geschrei endet und zu wenig Begeisterung bei den Mitreisenden führt. Unsere Kabinencrew weist Mütter mit ganz kleinen Kindern immer darauf hin, dass sie diese im Steig- und Sinkflug wecken, weil im Schlaf der Schluckreflex nicht funktioniert und so der Druck im Ohr zur großen Tortur für die armen Mäuse wird.

Es ist aber sehr niedlich, wenn die Kleinen auf dem Arm in den Flieger kommen und sich von all dem Gewusel und Lärm nicht aus dem Schlaf reißen lassen, sondern als Einzige während des Boardings ein bisschen Ruhe bewahren. Die Mütter lassen sich von dieser kleinen Ruheinsel auf ihrem Arm nicht immer entspannen, und so hat schon manche Mutter beim Suchen der Bordkarte ihr kleines Kind der bereitstehenden Kabinencrew in die Arme gedrückt: »Hier, können Sie das mal kurz halten!« Ich hatte einmal das zweifelhafte Glück, ein frisch gefüttertes Baby in den Arm gelegt zu bekommen, weil ich gerade in der vorderen Galley herumstand und mir die Beine vertrat. Kaum hatte ich das Kleine auf dem Arm, erinnerte es sich offensichtlich daran, dass noch ein Bäuerchen auf dem Programm stand, und – schwupps! – hatte ich einen großen Schwall warmer Muttermilch auf meiner Uniform.

Die Mutter entschuldigte sich wortreich und nahm mir rasch ihr Baby wieder ab, welches belustigt gluckste. Ich für meinen Teil eilte auf die Toilette, um den Geruch und die Milch halbwegs wieder abzuwaschen. Hatte ich bis dahin noch gedacht, wie niedlich und irgendwie frisch und rein kleine Babys dufteten, wurde ich mit dem kläglichen Reinigungsversuch eines Besseren belehrt. Mein Uniformhemd und das darunterliegende T-Shirt hätte ich sehr gern ausgezogen, um den säuerlichen Geruch erkalteter und ausgespuckter Muttermilch nicht mehr auf Schulter und Rücken tragen zu müssen. Ich konnte mich aber zur großen Enttäuschung meines Kollegen nicht dazu durchringen, und so beschwerten wir uns beide abwechselnd über den unangenehmen Geruch, der für den Rest des Tages von mir ausging.

Die Kinder, die bereits laufen können, werden oft als Ausrede vorgeschoben, damit sich Papi mal das Cockpit angucken und ein bisschen mit uns quatschen kann. Die Kleinen stehen dann an den Vater geklammert und völlig verschüchtert im Grau des Cockpits, und ihnen ist oft anzusehen, dass sie das Ganze doch eher mäßig spannend finden und lieber zurück auf ihren Platz möchten. Sobald diese Kinder etwas älter sind, biegen sie oft und gern schon beim Betreten des Flugzeugs falsch ab und stehen dann winkend und grinsend bei uns, bis die Eltern sie einsammeln kommen.

In diesem Alter sind Geschenke an uns Piloten keine Seltenheit. Während wir es sehr bedauerlich finden, dass seitens der erwachsenen Gäste keinerlei Bereitschaft besteht, gekaufte Duty-Free-Waren wie große Tafeln Schokolade, hochwertige Pralinen, Whiskys oder Champagner als Opfergaben vorn ins Cockpit zu bringen, ist wenigstens auf die kleinen Gäste Verlass. Uns werden Flugzeuge gebastelt und glitzernde Wolken, Vögel, Schmetterlinge und andere fliegende Papierkunstwerke voller Stolz ins Cockpit getragen, meist mit einer krakeligen Unterschrift des Künstlers darauf. Die Geschenke werden je nach Gemüt und vermutlich auch Nervenstärke des Kindes vor dem Start oder nach der Landung bei uns abgegeben. Die Kinder, die vor dem Flug bereits bei uns vorbeikommen, haben liebevoll zu

Hause oder auf der Autofahrt zum Flughafen gemalt oder gebastelt und kommen mit diesen Geschenken zu uns, weil sie sich und uns von ganzem Herzen einen ruhigen und entspannten Flug wünschen. Ihr kleines bisschen Unbehagen vor der großen aufregenden Flugreise verpacken sie geschickt in glitzernde Vögel oder Papierflieger, die sie uns zu ihrer eigenen Beruhigung schenken. Interessanterweise weicht auch der abgebrühteste Kollege nach solchen Geschenken selbst mikroskopischen Turbulenzchen sofort aus und richtet während des Fluges eine detailreiche Ansprache ganz besonders herzlich an alle Kinder. Die bezaubernden Manipulationsversuche der kleinen Fluggäste entfalten nicht selten also tatsächlich ihre Wirkung.
Die Bilder und Faltwerke, die wir nach der Landung gebracht bekommen, sind oft weniger glitzernd und meist mit Kugelschreiber oder Bleistift auf die Bordkartenausdrucke gemalt. In der Regel sind diese liebevollen Kunstwerke zu gleichen Teilen motiviert aus dem tatsächlichen Bedürfnis, uns etwas zu schenken, und dem sanften Nachdruck der Eltern, die nach dem 15. »Wie lange dauert der Flug noch, mir ist sooo langweilig« gern antworten: »Nicht mehr so lange, mal den netten Piloten doch mal ein Bild, dann geht der Flug schneller rum und die freuen sich bestimmt sehr.« Und schon werden enthusiastisch Flugzeuge, Wolken, Airline-Logos und Kinder gemalt, dazu Namen geschrieben und viele liebe Grüße. Und das Ganze wird dann nach der Landung bei einem kleinen Besuch bei uns im Cockpit abgegeben.
Bei diesen Cockpitbesuchen muss man als Erwachsener in Uniform auf so ziemlich alles gefasst sein. Es gibt Kinder, die erst ganz schüchtern scheinen, sich lange im Cockpit umsehen und hin und her drehen, zuckersüß lächeln und dann plötzlich mit einem »Ist aber ganz schön schmutzig hier!« flüchten.
Andere kommen herein, starren vor sich hin und lächeln nicht einmal, wenn wir die ganz große Charme-Offensive fahren. Und dann plötzlich reden sie wie ein Wasserfall: »Das ist aber hübsch hier, und so viele Knöpfe und Schalter, und ich hab ein Playmobilflugzeug, das ist auch ganz groß, aber da passen ja keine richtigen Menschen rein,

nur Playmo-Männchen, und der Pilot hat einen Hut, habt ihr auch einen Hut?, und man kann da das Dach abmachen und reinfassen, und so ein Klo vorn hat es auch und ganz viele Scheiben, die sind richtig grün, und mein Papa, der hat ein Modellflugzeug, das ist auch groß, aber nicht so groß wie das Flugzeug hier, und wenn ich groß, bin werde ich vielleicht auch mal Pilot oder Feuerwehrmann, aber jetzt muss ich zu Mama und Papa, weil die warten, tschüss!« Und – schwupps! – sitzt man wieder zu zweit vorn im Cockpit und weiß noch nicht so ganz, was das gerade für ein verbaler Wirbelwind war.

Einmal kam ein ungefähr Vierjähriger zu uns und hatte seinen Vater an der Hand.

Er stellte sich artig vor und meinte, er sei der Paul. Als mein Kollege sagte, es freue ihn sehr, er sei der Frank, und ich sagte, ich freue mich ebenso und heiße Julia, schüttelte er seinen kleinen Kopf und meinte: »Nein, nein ihr seid der Pilot und die Pilotin.«

Okay, dachte ich, ich bin also nur Julia, wenn ich keine Uniform anhabe, aber mit: die Pilotin. Das merke ich mir.

Dann sagte der Kleine, er habe ein Buch über den kleinen König, und da könne der kleine König auch fliegen und allerlei Gestalten annehmen, ob denn der kleine König bei uns auch schon mal mitgeflogen sei.

Mein Kollege begann zu erklären, dass wir einen Autopiloten dabeihätten, der uns im Flug die Arbeit abnehme, aber einen kleinen König hätten wir noch nicht gesehen.

Doch, meinte der kleine Paul, doch doch. Wenn man ihn nicht sehen könne und sich da was bewegt habe, dann sei das der kleine König gewesen. Erwachsene könnten außerdem den kleinen König sowieso nicht sehen.

Wir bedankten uns bei Paul, dass er uns das erklärt hatte, und sein Vater schmunzelte sehr und bedankte sich für den netten Besuch bei uns.

Eine andere Form kindlicher Fantasie begegnete uns auf einem Flug im tiefsten Winter. Wir waren von Großbritannien zu unserem Zielflughafen geflogen, wo es stürmte und schneite. Dieses kleine bri-

tische Mädchen kam mit nackten Beinen und Flipflops ins Cockpit geschlappt und hatte zwei Barbiepuppen in der einen Hand, die sie an deren verfilzten Zöpfen festhielt. Ihr Vater trug ebenfalls nur ein T-Shirt und schmutzige Jeans und hatte neben einem pinkfarbenen Einhorn eine Dose Bier in der Hand, die er offenbar während des gesamten Flugs umklammert gehalten hatte.
»Hey Jungs, meine Süße hier wollte den netten Herren im Cockpit mal Guten Tag sagen«, brummte der Vater, als er seine Tochter ins Cockpit schob.
Er erblickte dann mich und konnte sich ein *»Holy shit«* nicht verkneifen.
Seine Tochter drehte sich unwirsch zu ihm um und quietschte empört: »Daddy!«
Offenbar gehörte *»Holy shit!«* nicht zu dem Vokabular, das in ihrer Gegenwart verwendet werden durfte. Dann sah sie mich und begann zu kreischen: »Iiiiiihhhh ... Daddy, eine Barbie, eine Barbie ...«
Mein Kollege wollte erst laut lachen, als er jedoch meinen strafenden Blick sah, bemühte er sich um ein ernstes Gesicht.
»Barbies können nicht fliegen, das kann nur der Ken ...«, quietschte die Kleine weiter und zeigte mit ihrem speckigen Finger auf mich. Dann legte sie ihren Kopf schief und schrie: »Hat Barbie das Flugzeug gelandet, Daddy?«
Und als der ein vehementes Nein zur Antwort geben wollte, sagte ich streng: »Nein, die Pilotin hat das Flugzeug gelandet, nicht die Barbie, und nun müssen wir hier leider weiterarbeiten. Hat uns aber sehr gefreut.«
Damit ließen wir die beiden von der Kabinenchefin aus dem Cockpit holen.
»Barbie ...«, grinste mein Kollege, und ich meinte nur: »Ich bin weder blond noch habe ich derartige Killerbrüste ... also vergiss es.«
Bisweilen werden die Besuche von kleinen Kindern auch zu philosophischen Diskussionen über Gott und die Welt. Besonders auf Flügen durch die Dunkelheit scheinen den Kindern eine Fülle von Gedanken durch den Kopf zu gehen, die dann im scheinbar festlich

beleuchteten Cockpit vor dem Aussteigen noch einmal zur Sprache kommen. Denn wer könnte diese Fragen besser beantworten als die Piloten, die tagein, tagaus die Welt dort draußen im Blick haben? Warum leuchten die Wolken nachts manchmal und sehen immer so kuschelig weich aus? Sind Regentropfen so hart, dass sie wehtun? Und warum verwandeln sie sich im Vorbeifliegen in Schneeflocken? Sind wir im Flugzeug schon mal von einem Schutzengel überholt worden? Und sieht die Erde aus dem Cockpit wirklich rund aus?

Ein einziges Mal war ich von einer Frage so sehr überrascht, dass ich wirklich nicht wusste, was ich antworten sollte. Es waren zwei ausgesprochen höfliche Jungs, die beide mit einem ganzen Arm voller Stofftiere ins Cockpit kamen, während ihr Vater auf sie wartete. Sie stellten sich artig vor, gaben mir die Hand und meinten, sie hätten ja so viele Fragen.

Ich stellte mich ebenfalls vor und sagte, dass ich hoffte, ich könnte ihre Fragen beantworten.

Die beiden waren Geschwister, und der jüngere, der etwa fünf war, wollte von mir wissen, was wir tun würden, sollte es im Cockpit einmal brennen, und ob das schon einmal passiert sei. Dabei siezte er mich, was bei Kindern ausgesprochen selten vorkommt, auch weil wir uns der Einfachheit halber immer mit Vornamen vorstellen.

Ich antwortete, ich hätte noch keinen Brand erlebt, außerdem hätten wir ja einen Feuerlöscher im Cockpit, er müsse sich keine Sorgen machen.

Die Antwort schien ihn zu beruhigen, und nun fragte sein größerer Bruder nach der Höchstgeschwindigkeit und der maximalen Flughöhe und wie wir steuern und Gas geben würden und ob wir eine Handbremse hätten wie im Auto.

Ich gab mir wieder große Mühe, die Fragen genau und kindgerecht zu erläutern, und auch der größere Bruder schien so weit ganz zufrieden zu sein.

Wir unterhielten uns noch darüber, dass sie sich auf den Urlaub freuten, es seien Herbstferien in der Schule, er sei schon in der vierten Klasse und komme bald aufs Gymnasium, und dass es bestimmt

nicht schön sei, als Pilot immer direkt zurückfliegen zu müssen und nicht auch ein bisschen mit Urlaub machen zu können, bis schließlich der Vater von hinten zum Aufbruch mahnte.
»Ich hab noch eine Frage«, sagte da der kleinere Junge zu mir und lächelte entschuldigend.
»Na, aber sicher, was möchtest du denn noch wissen, bevor euch der Bus zum Terminal bringt?«, fragte ich.
»Was ist denn eigentlich Ihr Lieblingsknopf hier im Cockpit?«
Und – zack! – hatte er mich.
Fieberhaft überlegte ich, was ich antworten könnte, was denn nun mein liebster Knopf war – und musste auf die Schnelle passen.
»Puh«, sagte ich, »das ist eine ganz tolle und wirklich schlaue Frage, aber da fällt mir gerade nichts zu ein ... wir haben hier so viele schöne Knöpfe!«
Ich fand meine eigene Antwort sehr lahm. »Was wäre denn dein Lieblingsknopf?«, wollte ich wissen.
»Och, ich finde diesen hier ganz hübsch«, meinte der Kleine und zeigte auf einen unbelegten Schalter an der Mittelkonsole.
Ich wollte dem armen Jungen nicht die Illusion rauben, dass er einen wirklich tollen und wichtigen Schalter gefunden hätte, deshalb lächelte ich ihn einfach an.
»Das ist ein prima Knopf! Ich werde über deine Frage gut nachdenken und gleich auch meinen Kollegen mal fragen, der gerade unser Flugzeug von außen überprüft. Und falls ich euch aus dem Urlaub wieder abhole, habe ich eine Antwort auf die Frage nach dem Lieblingsknopf. Versprochen!«
Ich verabschiedete mich von den beiden Jungen, und später fragte ich meinen Kollegen nach seinem Lieblingsknopf, als der nass geregnet von draußen wieder hereinkam. Der Kollege schüttelte verständnislos den Kopf.
»Was willst du denn? Den Fönknopf vielleicht, das wäre mal 'ne tolle Idee ... nach so einem Regen.«
Ich erklärte ihm die Frage des kleinen Jungen, und auch er musste erst einmal passen.

Als ich die gleiche Frage meinem Lebensgefährten stellte, der selbst kein Pilot ist, fielen ihm sofort mindestens vier Schalter im Cockpit ein, die seine persönlichen Lieblingsschalter wären. Unsere Antwortlosigkeit kommentierte er mit einem trockenen »betriebsblind«.

RESPEKTVOLLER UMGANG

Was den bereits erwähnten Stress beim Fliegen betrifft, so möchte ich an dieser Stelle eine Lanze für unsere Passagiere brechen, die so einiges auf sich nehmen, wenn sie mit uns reisen. Nicht selten ist ihr seltsames Verhalten, die Vergesslichkeit und gelegentliche Unhöflichkeit dem guten alten Ursache-Wirkungs-Prinzip geschuldet.
Wer regelmäßig als Passagier mit uns reist, wird in Situationen geraten, die sich nur schwer mit freundlichen Worten kommentieren lassen. Und wer nun glaubt, ich meinte die langen Fußmärsche zum Flugzeug bei Wind, Regen, Hagel oder Schneetreiben oder das Warten zwischen den Viehgattern vor dem Einstieg, der hatte bislang offenbar viel Glück beim Boarding.
Wie bereits erwähnt, ist der Umgangston in meiner Firma rau. Herzlichkeiten werden selten ausgesprochen, ein freundliches Wort an uns Angestellte gibt es von der Unternehmensführung nur dann, wenn wir irgendeine Leistung ohne Bezahlung erbringen oder an einem freien Tag arbeiten sollen. Dieses mangelnde Interesse am freundlichen Umgang setzt sich bis in die unteren Reihen fort und erreicht kurz oder lang auch die Damen und Herren, die an den Flughäfen arbeiten und den Check-in betreuen. Wenn diese Angestellten für uns zu arbeiten beginnen, sind sie noch ganz normal und benehmen sich anderen Menschen gegenüber charmant und höflich. Spätestens nach der ersten Überprüfung durch unsere Firma wird ihnen die Freundlichkeit und Hilfsbereitschaft mittels diverser Schulungen und Ermahnungen dann aber ausgetrieben. Natürlich gibt es den einen oder anderen Widerständigen, der trotz allem freundlich und hilfsbereit bleibt, in der Regel muss man an unseren Flughäfen derartiges Personal aber mit einer Lupe suchen – und entdeckt dann vermutlich alles Mögliche, nur ebensolches Personal nicht.
Von den Dramen beim Boarding bekommen wir im Cockpit nur etwas mit, wenn die Gäste aufgelöst im Flugzeug erscheinen oder uns

lapidar mitgeteilt wird, dass Familie XY leider nicht mitreisen wird, weil sie sich »unangemessen« verhalten habe. Unangemessenes Verhalten einer ganzen Familie – das klingt ein wenig so, als würde eine Horde kleiner Kinder wie winzige Teufelchen auf die armen Damen am Gate einstürmen, während der Vater sich gefährlich vor dem Personal aufbaut und die Mutter mit einer schmutzigen Windel droht, bevor dann alle zusammen unflätig schimpfend und gewaltbereit das Flugzeug stürmen. Im realen Leben liegt unangemessenes Verhalten nach Ansicht des gut geschulten Abfertigungspersonals dann vor, wenn mehrere Handgepäckstücke in mutwilliger Absicht an Bord gebracht werden wollen, diese Gepäckstücke eventuell von den erlaubten Maßen ein mikroskopisches Zentimeterchen abweichen und der Passagier womöglich noch uneinsichtig über diese Regeln diskutieren will. Ein Fehlverhalten liegt auch dann vor, wenn kein Wille erkennbar ist, das überschüssige Gepäckstück gegen eine horrende Extragebühr nachträglich aufzugeben. Ein schweres Vergehen ist es zudem, wenn der Passagier eine Minute zu spät erscheint. Es gibt Flughäfen, an denen die Damen und Herren am Gate beschließen, dass ein solcher Zuspätkommer gerade das Recht auf seinen Flug verwirkt hat, auch wenn die anderen Passagiere noch gar nicht alle ihren Sitz eingenommen haben und der Flieger noch längst nicht abflugbereit ist.

In all meinen Jahren als Pilotin für die beliebteste Fluggesellschaft der Welt habe ich unzählige Dramen erlebt, und oftmals hat mich ein großes Gefühl der Fremdscham befallen, wenn ich das unbarmherzige Verhalten des Boardingpersonals mit ansehen musste. Gelegentlich reisen wir selbst als Passagiere, weil wir zu einem Trainingstag in den Simulator oder zu einem Meeting müssen oder weil wir ein leeres Flugzeug irgendwo abgeliefert haben und nun zum Ausgangsflughafen zurückwollen. Diese Situationen, in denen man in Uniform und für jeden erkennbar als Angestellter der Airline am Gate herumsitzt, sind mir immer ganz besonders unangenehm.

Bisweilen ist dieses Herumsitzen in Uniform aber auch so bizarr, dass es schon wieder Spaß macht. So scheint es zum Beispiel un-

glaublich interessant zu sein scheint, wenn jemand in Uniform herumsitzt und etwas isst. Ich weiß nicht, ob man überhaupt sonderlich formvollendet und elegant essen kann, wenn man auf einer Flughafenbank hockt und links auf dem Knie den randvollen und heißen Kaffeebecher balanciert und rechts wahlweise ein weiches und zu dick belegtes Sandwich oder eine Pappschachtel mit Salat. Spätestens unter Beobachtung fange ich in diesen Situationen sofort an zu kleckern. Entweder kippt mein Kaffeebecher in eine gefährliche Schieflage, ein Rucolablatt will und will nicht in meinen Mund oder mir rutscht eine Tomatenscheibe mitsamt Käse in den Schoß und ich sehe aus wie der letzte Banause – und das alles in Uniform.
Es gibt Passagiere, die vorher intensiv gestarrt haben und sich nun abwenden. Andere schauen erst recht interessiert zu. Und von manchen hört man sogar eine intelligente Bemerkung: »Ey, guck mal, die Pilotin isst einen Sandwich!«
Ich fühle mich dann wie ein seltenes Tier in einem Reservat und warte nur auf die näselnd lispelnde Stimme des Geistes von Herrn Brehm aus dem Off: »Diese seltene Art ist ausgesprochen scheu und versteckt sich für gewöhnlich im Dickicht seines Cockpits. Nur ganz selten sieht man es wie hier friedlich und in Ruhe bei der Nahrungsaufnahme.«
Gern werden Piloten, die sich unter die Passagiere gemischt haben, auch als Auskunftei benutzt. Ob es um das richtige Gate für einen Flug geht, mit dem ich nichts zu tun habe, oder um die Richtungsbeschreibung zur nächsten Toilette, in Uniform muss man auf alles eine Antwort parat haben. Zu Beginn war ich manchmal so ehrlich und habe gesagt, ich hätte leider selbst keine Ahnung. Mittlerweile schicke ich die sympathisch fragenden Passagiere zum Infoschalter oder bitte rasch einen Flughafenmitarbeiter um Hilfe. Die unhöflich Fragenden lüge ich freundlich und aus tiefstem Herzen an und sage: »Sie müssen dort entlang.« Und dann schicke ich sie in irgendeine Richtung.
Ab und zu geschieht es außerdem, dass Passagiere eine ausgesprochen geistreiche Konversation mit mir betreiben wollen. So kam ein-

mal ein etwas älterer Herr auf mich zu, der mit einem konservativen zweireihigen Anzug und grauem Haar durchaus seriös wirkte. Er musterte mich eine Weile, wie ich da ein Buch lesend am Gate saß, und fragte dann: »Entschuldigen Sie, junges Fräulein, darf ich Ihnen kurz eine Frage stellen?«

Ich legte mein Buch zur Seite und lächelte den älteren Herrn freundlich an: »Aber bitte, das tun Sie ja bereits.«

»Wissen Sie, meine Frau und ich haben Sie beobachtet, und wir haben uns gefragt, warum Sie diese Uniform tragen. Das ist doch korrekt, es handelt sich um eine Uniform, richtig?«

Ich nickte: »Ja, das ist eine Uniform.«

»Aha, gut, dann haben wir ja doch richtig geschaut.«

Ich griff schon nach meinem Buch und wollte weiterlesen, merkte jedoch, dass die Fragestunde offenbar noch nicht beendet war.

»Ja, aber diese Uniform, um noch einmal kurz darauf zurückzukommen ... Was soll denn das für eine Uniform sein?«

Mhmm, dachte ich, schlaue Frage. Wir befinden uns an einem Flughafen, ich trage eine Uniform mit Streifen, einem Airline-Logo und stilisierten Schwingen. Was kann denn das bloß sein?

Ich sagte nichts.

»Tja«, sagte ich. »Was meinen Sie und Ihre Frau denn dazu?«

»Also, meine Frau meint ja – das ist mir etwas unangenehm und ich gehe ja auch davon aus, das sie unrecht hat –, also sie meint, Sie seien eine Pilotin. Unglaublich, oder?«

Ich musterte den alten Mann und fragte mich, ob er mich gerade veralberte. Er wirkte aber aufrichtig und sehr ernsthaft und nicht wie ein als alter Mann verkleideter Verrückter, der sich gleich die Maske abreißen und »Versteckte Kamera!« rufen würde.

Er trippelte etwas nervös vor mir hin und her und wartete auf meine Antwort.

»Ja, völlig unglaublich«, bestätigte ich und sah, wie er sich rechthaberisch die Hände zu reiben begann. »Aber Ihre kluge Frau hat trotzdem recht gehabt, ich arbeite als Pilotin.«

Das Händereiben stoppte abrupt, und der ältere Herr runzelte seine weißen Augenbrauen.
»Ach wirklich? Pilotin?«
Ich nickte.
»Eine richtige Pilotin?«, fragte er noch einmal.
Ich nickte abermals.
»Eine ganz wirkliche Pilotin, so eine, die ein Flugzeug fliegt?«
»Ja«, sagte ich. »Piloten fliegen für gewöhnlich Flugzeuge. Bisweilen auch Hubschrauber. Aber da wir hier an einem Verkehrsflughafen sind, fliege ich ausschließlich Flugzeuge.«
Er schien kurz zu überlegen und nickte dann.
Ich atmete innerlich tief durch und hoffte, dass ich auch weiterhin höflich und ernst bleiben würde.
»Also Sie sagen, Sie sind wirklich Pilotin, und meine Frau hat Ihnen nicht vielleicht heimlich ein wenig Geld zugesteckt, damit sie recht behält?«
Auweia, dachte ich. Der ist ja noch hartnäckiger und seltsamer, als ich gedacht habe.
»Nein«, gab ich zurück, und mein Ton wurde langsam frostig und ungeduldig.
»Ihre Frau hat mir kein Geld gegeben. Ich trage diese Uniform auch nicht aus Spaß oder als Fetisch, sondern weil es meine Arbeitskleidung ist. Und ich fliege diese Flugzeuge, die da draußen vor dem Fenster stehen.«
»Oh, na ja, fein ... gut.« Der ältere Herr setzte sich in Bewegung. »Wenn Sie das behaupten, dann will ich das meiner Frau wohl sagen. Was es nicht alles so gibt ... ist sie Pilotin, behauptet sie zumindest ...« Und damit überließ er mich wieder meinem Buch.
Er war schon nicht mehr zu sehen, als ich mich schließlich fragte, was er wohl gedacht hatte, was ich in meiner Uniform mit Krawatte und flachen Schuhen so darstellte. Ich war letztendlich aber ganz froh, es nicht zu wissen, da ich mich sonst über seine Ignoranz vermutlich nur unnötig geärgert hätte ...

Ein anderes Mal saß ich im Terminal und hoffte wie viele Flugreisende auf besseres Wetter, da ich unbedingt nach Hause wollte, draußen aber eine dicke Nebelwand jedes Fliegen unmöglich machte. Aus den Fenstern des Flughafens konnte man nur ein einheitlich dunkles Grau erspähen, und sämtliche Flüge waren auf unbestimmte Zeit verspätet, was ausgesprochen selten vorkommt. Nicht einmal die unmittelbar am Gebäude stehenden Flugzeuge waren durch die dicke Suppe draußen zu erkennen.

Ich hatte gesehen, dass das Wetter laut Vorhersage in ein paar Stunden besser werden sollte, und stellte mich auf eine längere Wartezeit ein. Wieder einmal hatte ich meine Nase in einem dicken Wälzer, als sich vor mir zwei Passagiere aufbauten.

»He, Sie da!«, sprach mich der Größere an.

Ich blickte hoch.

»Was soll denn das?«, fragte der Mann.

Ich war verwirrt. »Was meinen Sie?«

»Sie sitzen hier rum und lesen!«

»Und?«, fragte ich.

»Wissen Sie, andere Leute zahlen viel Geld dafür, dass sie heute noch hier weg und an ihr Ziel zu kommen. Da finde ich Rumsitzen und Lesen echt dreist.«

Ich schüttelte den Kopf und fragte, wo genau denn da der Zusammenhang sei.

»Sie sitzen rum und lesen, und alle Flieger sind verspätet, auf wann auch immer. Das ist doch Scheiße. Das Ticket kostet bei Ihnen ja nicht viel, aber so geht es auch wieder nicht!«

Die beiden Männer nickten unisono und verschränkten synchron die Arme vor der Brust.

Ich klappte mein Buch zu.

»Hören Sie, ich kann verstehen, dass Sie verärgert sind …«

»Ach was, Sie kapieren ja wohl mal gar nichts«, fuhr mich nun der andere Mann an.

Puh, dachte ich und sah mich Hilfe suchend nach Flughafenpersonal oder anderen Piloten um.

»Wenn Sie mich freundlicherweise ausreden ließen, dann könnte ich Ihnen weiterhelfen«, versuchte ich es noch einmal und bemühte mich um ein entwaffnendes Strahlelächeln. Das wirkte sogar.
»Zuallererst, es tut mir leid, nein, es befremdet mich, dass Sie mein Buchlesen mit der Flugzeugverspätung hier insgesamt in Verbindung bringen. Ich bin zwar in Uniform, aber ich stecke genau wie alle anderen in einer Ich-will-nach-Hause-Situation. Heute ist mein erster freier Tag, meine Mutter hat Geburtstag und wartet mit Kaffee und Kuchen im fernen Deutschland.«
Ich lächelte wieder. Die beiden nickten sogar.
»Schauen Sie mal raus«, sagte ich dann.
»Ja, ich seh nix!«, sagte der eine wieder mürrisch. Aha, dachte ich. Sein Sehvermögen funktionierte offenbar, war vermutlich aber schlecht mit dem Gehirn verdrahtet.
»Eben!«, meinte ich.
»Häh? Kapiere ich nicht, wollen Sie jetzt witzig sein?«, die beiden wurden wieder unentspannt.
»Nein, aber schauen Sie doch mal raus. Sehen Sie irgendetwas?«
»Nee«, erwiderte der Große, »ist ja voll neblig.«
Wow, dachte ich, das Kabel war wieder verbunden, es schien allerdings eine sehr lose Steckverbindung zu sein.
»Ach!«, machte ich. »Genau deshalb sitze ich hier und lese, und Sie stehen hier vor mir und warten, und meine Kollegen sitzen dort drüben und warten ebenfalls. Es ist so neblig, dass wir alle noch nicht einmal die Flugzeuge sehen können, die dort in eineinhalb Metern Entfernung vor dem Fenster stehen. Und Sie erwarten, dass wir bei dem Wetter fliegen? Würden Sie bei dem Wetter Auto fahren?«
Die beiden sahen mich an, als sei ich verrückt geworden.
»Ey, nee, ist doch viel zu gefährlich, da sieht man ja nix.«
Ich nickte noch einmal und griff nach meinem Buch. »Vollkommen richtig. Und deshalb warten wir nun, bis der Nebel etwas lichter wird. Haben Sie etwas Geduld und etwas Verständnis. Wir wollen doch schließlich alle den Tag überleben.«

Die beiden nickten und trollten sich, und ich fragte mich, ob der Nebel vielleicht auf das Gehirn mancher Passagiere übergegriffen hatte. Den Passagieren, die am Gate schlecht behandelt oder als Familie mit Kindern einfach nicht mitgenommen werden, gehe ich meist aus dem Weg, denn sie suchen zu Recht ein Ventil für ihre Wut und Verzweiflung. Ein paarmal ist es allerdings vorgekommen, dass ich, obwohl es mir eigentlich untersagt ist, doch das Gespräch mit den Fluggästen gesucht und mich für all die unsägliche Behandlung entschuldigt habe.

Ich kam vom Simulator und wartete auf meinen Heimflug, als eine sechsköpfige Familie zum Nachbargate gerannt kam. Eines der Kinder hatte etwas Falsches gegessen, sie hatten eine ganze Weile auf der Toilette mit ihm zugebracht und kamen nun auf den letzten Drücker zum Gate. Der *Last Call* war verklungen, die letzten Passagiere verschwanden in dem dunklen Schlund zum Flieger. Die Familie wurde gestoppt und sehr laut und vorwurfsvoll angemeckert, warum sie zu spät sei, man habe sie schon ausgerufen. Es müssten nun erst einmal die Pässe kontrolliert werden, dann müsse das Handgepäck in das Metallgestänge gesteckt und die Größe überprüft werden, und, ach, nun sei es leider schon zu spät, um noch mitzufliegen. Die Eltern waren fassungslos. Sie bettelten und erklärten den Zustand ihres Kindes, sie wiesen darauf hin, dass das Flugzeug noch dort unten stand und die Türen noch nicht verschlossen seien. Sie hätten doch so lange auf diesen Flug gespart!

Die Damen am Gate verzogen keine Miene. Als eines der kleineren Kinder zu weinen begann, schnauzte die eine Frau los, das Kind solle gefälligst aufhören, so laut zu sein, das sei ja unerträglich.

Ich wand mich beim Zuhören wie ein Aal.

Der Flug sei nun geschlossen, sie müssten halt umbuchen, und wenn sie so wenig Geld hätten, sollten sie eben rechtzeitig am Gate sein und nicht noch rumtrödeln. Das sei alles nicht das Problem des Personals und die Diskussion hiermit beendet.

Ich stand auf und ging zu den Damen.

»Und Sie mischen sich hier gefälligst mal überhaupt nicht ein. Ich beschwere mich sonst bei Ihrer Firma über Sie! Ich weiß genau, dass Sie dann nicht mehr fliegen dürfen!«, fauchte mich die eine an, noch bevor ich den Mund aufgemacht hatte. Ich schüttelte den Kopf und meinte nur, sie solle aufpassen, dass ich meinerseits nicht ihr schlechtes Benehmen meldete. Ich fragte die Familie, ob ich ihnen behilflich sein könnte, aber sie schüttelten nur traurig die Köpfe und gingen fort.

Ein anderes Mal wurde ich Zeuge, wie das Personal beim Boarding offenbar einen rabenschwarzen Tag hatte. Die Kolleginnen scherzten miteinander, sobald aber ein Passagier artig seine Bordkarte vorzeigte, verwandelten sich die fröhlich tratschenden Frauen in eine Horde bissiger Vipern. Die Gäste wurden angemotzt, schikaniert und herumgeschubst, sie mussten sich Sprüche und Kommentare über ihre Gepäckstücke anhören, und eine alte Dame, die ihren kleinen Rollkoffer selbst nicht in das Stahlrohrgestell hieven konnte und um Hilfe bat, wurde frech gefragt, wie sie denn überhaupt reisen wolle, so unselbstständig und hilfsbedürftig, wie sie sei.

Am schlimmsten traf es eine junge Mutter, die ein kleines Kind in einem Tragetuch auf ihrem Rücken trug. Sie hatte einen Koffer dabei und eine etwas ungewöhnlich geformte Tasche mit zwei Beuteln und wurde deshalb direkt gestoppt.

»Haha, Sie haben ja eine, nein, sogar zwei Taschen zu viel! Das geht ja so nicht!«, wurde sie sofort angegangen. »Geben Sie mir mal Ihre Bordkarte, ha, das kostet extra, die Taschen jetzt noch einzuchecken!«

Die ältere Angestellte guckte verschlagen und riss der Mutter ihre Bordkarten aus der Hand.

»Wieso haben Sie denn eine Kinderbordkarte und eine Erwachsenenbordkarte? Sehr geschickt! Damit Ihr Säugling auch einen eigenen Koffer bekommt, den dann aber Sie mit sich herumschleppen, was? So geht das absolut nicht!«

Die Mutter erklärte, das Kind auf ihrem Rücken sei ein Kind und kein Säugling mehr und darum habe sie zwei Taschen. Die Dame vom Gate gab aber so leicht nicht auf und motzte die junge Mutter, der bereits die Tränen in den Augen standen, weiter an: »Was soll denn das für eine Tasche sein, mit diesen zwei Beuteln dran, für mich sind das zwei Taschen, also, Sie zahlen so oder so!«

Eine Kollegin von ihr mischte sich ein, verwies auf den gemeinsamen Griff der Tasche und sagte, für sie sei das insgesamt nur eine Tasche. Eine Diskussion entbrannte, und die junge Mutter begann nun wirklich zu weinen, weil sie immer weiter beschimpft wurde und es zwischendurch immer wieder hieß, sie müsse dann eben dableiben und dürfte nicht mitfliegen.

Irgendwann ließ sich die Ältere von der Jüngeren überreden, die Frau an Bord zu lassen und auch ihre Tasche zu akzeptieren. Aufgelöst machte diese sich auf den Weg, als die Ältere noch einmal nachtrat.

»Warum haben Sie auch eine so völlig bescheuerte Tasche dabei und lassen Ihr Kind nicht laufen?«

Die Mutter drehte sich tränenüberströmt noch einmal um und sagte nur: »Weil mein Kind behindert ist.«

Ich bekam eine Gänsehaut, die Frau tat mir wirklich leid. Die Damen am Gate lachten und gingen einfach über die Erwiderung der Frau hinweg. Sie fertigten in gewohnt unfreundlicher Manier ihre Fluggäste ab.

Wer übrigens denkt, uns Piloten würde es besser gehen und wir könnten total entspannt von Punkt A nach Punkt B kommen, der irrt. Als Angestellte der Airline haben wir drei Möglichkeiten, um als Passagier zu reisen.

Zum einen gibt es für den Urlaubsflug mit der Familie die Variante A: Wir buchen eine Reise mit einer anderen Airline. Diese Variante ist gemütlich und empfehlenswert.

Die Variante B ist etwas weniger gemütlich und beinhaltet die Buchung des Urlaubsfluges als normale Buchung im Internet auf dem Portal meiner Firma, wobei ich hier wie alle Gäste viele Häkchen und Kästchen umschiffen muss, um kein fünfteiliges Kofferset mitzubestellen oder ganz Deutschland für einen Reiserücktritt zu versichern.

Dann bietet sich noch die Variante C, für die ich mich beinahe niemals entscheide, weil sie mir einfach zu viel Dramapotenzial bietet. Als Mitarbeiter bekommen wir zu Beginn unseres Geschäftsjahres Reisegutscheine, die wir verschenken oder selbst nutzen können. Diese Gutscheine sind allerdings keine bestätigten Buchungen, sondern lediglich Buchungen auf Abruf, soll heißen: Sollte der Flug ausgebucht sein, bleibt man leider am Boden und schaut dem abfliegenden Flugzeug hinterher. So eine Buchung auf Abruf hat den lustigen Nebeneffekt, dass man seine Bordkarte selbstverständlich erst dann erhält, wenn der Check-in-Schalter weiß, wie viele der gemeldeten Passagiere für den Flug tatsächlich auftauchen und ob genügend Platz für eine weitere Person ist. Da sich dieser Vorgang zuweilen etwas hinzieht, handelt es sich oftmals um eine Last-Minute-Entscheidung, die einen Dauerlauf durch die Security und einen Sprint zum Gate zur Folge hat, da das Flugzeug ja schon fast abflugbereit ist. Ein solches Unterfangen mit mehreren Reisenden, eventuell älteren Familienmitgliedern oder gar Kindern und dann auch noch in der Hauptreisezeit während der Sommerferien wagen nur ganz Abgebrühte. Zumal der nervenaufreibende Spaß nicht einmal umsonst ist, sondern meine Firma sich pro genutztem Ticket eine Buchungsgebühr sowie Flughafen- und Kreditkartengebühren vom Angestellten bezahlen lässt. Das Gesamtpaket ist oftmals teurer als das normale Ticket auf der Website, bei dem man dann aber die Buchungsbestätigung bekommt.
Eine weitere Möglichkeit, die uns intern als Privileg verkauft wird, besteht darin, dass wir in Uniform am Flughafen erscheinen und darum bitten, mitgenommen zu werden. Diese Reiseoption ist ausdrücklich nur gestattet, wenn man an eine andere Station zum Arbeiten befohlen wird oder zu einem Meeting reisen muss. Bei dieser Reisevariante werden wir nicht etwa herzlich durch unsere Kollegen willkommen geheißen, sondern uns droht eine ähnlich charmante Behandlung wie den geplagten Gästen am Gate. Zunächst müssen wir den zuständigen Ramp-Agenten ausfindig machen, uns vorstellen und bitten, dass man uns mitnimmt. Anschließend muss man

am Gate ausharren, wo man dann Zeuge all der freundlichen Begrüßungszeremonien durch das liebevolle und psychologisch versierte Gate-Personal wird. Man wartet, bis der letzte Gast Richtung Flugzeug verschwunden ist, und darf dann hinterherlaufen, allerdings auf keinen Fall einsteigen, bis nicht auch der letzte Passagier an Bord gegangen ist.

Alternativ könnte man auch auf dem Vorfeld vor dem Flugzeug herumstehen. Nur eines darf man nicht: an Bord auf die letzten Passagiere warten. Die fliegende Crew könnte einen sonst beim Management anschwärzen und man müsste in der Folge künftig ein Ticket auf der Website kaufen.

Es gibt einige Kollegen, die vernünftig sind und einen in die Wärme und Trockenheit hinauflassen. Andere legen eine Ignoranz an den Tag, die unglaublich ist. Es ist mir schon oft passiert, dass mich meine eigenen Kollegen bei Eis, Schnee oder starkem Regen auf dem Vorfeld vor dem Flugzeug haben ausharren lassen, bis ich nass und durchgefroren endlich an Bord durfte und mir mit ein bisschen Glück auch noch einen Spruch zu meinem Ausweis anhören durfte, den die Chefstewardess an dem fremden Flughafen nicht akzeptieren wollte. Ich muss gestehen, dass ich diese Regel jedes Mal aufs Neue mit der Crew meines »Taxis« ausdiskutiere, schließlich sind wir alle Kollegen, und ich selbst würde niemanden bei Hagel und Schneesturm vor dem Flugzeug warten lassen, auch dann nicht, wenn mir die Mitreisenden zum Trocknen im Cockpit schon fast auf dem Schoß sitzen.

Vielleicht beruhigt es ja unsere Fluggäste zu wissen, dass wir alle gleich behandelt werden und es keine Rolle spielt, ob jemand Angestellter ist oder Gast.

Sollten Sie also zwischendurch einen bibbernden Piloten tropfnass vor dem Flieger stehen sehen, dann wissen Sie, dass der arme Kerl vermutlich frei hat und als Gast leider noch etwas weniger willkommen ist als Sie selbst.

CATERING

Ebenso gewöhnungsbedürftig wie die speziellen Umgangsformen ist sicherlich auch die Verpflegung an Bord. Natürlich werden die Flugzeuge bei uns wie auch bei anderen Airlines becatert: An den jeweiligen Stationen werden Verträge mit den örtlichen Flughafen-Caterings ausgehandelt, die unsere Flugzeuge dann mit allen Standardprodukten bestücken. Wie überall auf der Welt gibt es auch beim Catering unterschiedliche Preiskategorien, und es wird wohl niemanden verwundern, dass unsere Produkte nicht aus dem Premiumsegment stammen ...

Um ein kleines bisschen auf die jeweils regionalen Naschgewohnheiten einzugehen, werden beispielsweise in den aus Spanien startenden Maschinen kleine Tütchen mit grünen Oliven serviert. Der Rest kommt aus unserem Standardsortiment, das von Flug zu Flug nur minimal variiert. Die Sandwiches und Aufbackbaguettes, die neudeutsch und sehr italophil als Panini verkauft werden, müssen nebst Hamburgern, Fertiglasagne, Steakbrötchen, Pommes und Ähnlichem morgens zu den Flugzeugen gebracht werden. Dort verbleibt das Essen bis zum Verkauf – oder bis nachts die Trolleys von der Cateringfirma wieder von Bord geholt werden.

Optik und Geschmack der überteuert angebotenen Waren sind nichts für den Hobbygourmet, sondern eher etwas für hartgesottene Mägen und für Menschen, denen der eine oder andere künstliche Zusatzstoff keine großen Sorgen bereitet. Immerhin findet sich auf den Sandwichpackungen genau erklärt, was tatsächlich drinsteckt, sollte doch einmal jemand Näheres zu seinem Snack erfahren wollen. Ich habe unlängst einen Käse-Sandwich bei uns in der Bar entdeckt, den der Aufdruck »Käse Sandwich – enthält Käse« zierte. Im Kleingedruckten wurde dann ausdrücklich auf das »Roggenmischbroterzeugnis« hingewiesen, welches den »Käse Gouda Art« einbettete, außerdem auf unzählige Konservierungsmittel, für deren Zuordnung man vermutlich ein Chemiediplom besitzen muss.

Als ich die Crew fragte, ob sie das Roggenmischbroterzeugnis mit dem Käse schon einmal probiert hätten, nickten alle und meinten, es sei das einzige halbwegs essbare Sandwich überhaupt. Einige waren ganz begeistert und ergänzten, es sei sogar etwas drauf, was so schmecke und sich im Mund so anfühle wie eine unreife Tomate.

Ich schaute etwas skeptisch, worauf mir die Kollegen von ihrer Produktschulung erzählten, wo man sie aufgefordert habe, sich einmal durch unser Sortiment zu futtern, um anschließend den »fantastischen Geschmack« unserer Snacks dem Kunden beschreiben zu können.

Ich fragte noch etwas skeptischer, was man denn essen könne, wenn man Dienst bei uns im Flugzeug habe, aber unter einem empfindlichen Magen leide.

Meine Kollegen zuckten mit den Schultern.

»Na ja«, meinte der eine schließlich, wenn man an Bord regelmäßig Essen aus dem Ofen zu sich nehme und Tee oder Kaffee aus dem Frischwasser zubereite, dann würde das den Magen auf Dauer vermutlich abhärten.

Daran hatte ich so meine leisen Zweifel. Ich habe einen empfindlichen Magen, und jeden Schluck Tee, den ich an Bord zu mir nehme, kann ich noch tagelang in meinem Magen-Darm-Trakt spüren.

»Na, und die ganz Empfindlichen oder die Neuen, die essen halt nur die Chips, die wir im Sortiment haben«, sagte mein Kollege. »Das sind wirklich nur frittierte Kartoffeln mit Salz und Pfeffer, also alles okay, bis auf den Preis.«

Wenn ich daran denke, was man besser nicht essen sollte, fällt mir das legendäre Steak-Baguette ein, das mittlerweile aus dem Sortiment genommen und durch ein anderes Produkt ersetzt worden ist. Auf diesem Baguette, das eigentlich eher ein längliches, im Ofen kross gebackenes Hamburger-Brötchen war, befanden sich ungefähr sieben mikroskopisch kleine, knorpelige Fleischstückchen. Ob es sich um Rind handelte oder ein anderes Tier, ob das Steak überhaupt tierischen Ursprungs war, ist nicht bekannt. In jedem Fall gab es jedoch viele Beschwerden zu diesem ominösen Baguette, und angeblich gab es sogar Fotos im Internet, die enttäuschte Steak-Baguette-Fans von ihrem Essen hochgeladen hatten.

Da unsere Trolleys und somit das Essen nicht wie bei anderen Firmen mit Trockeneis gekühlt werden, wird im Sommer jeder Sandwichkauf ohnehin zum russischen Roulette. Denn wenn Hühnchen-Sandwiches mit Majo, Eibrötchen oder Käse-Schinken-Croissants ungekühlt den Tag über bei circa 40 Grad in ihren Boxen vor sich hin schwitzen, muss man vermutlich sehr schnell essen, um den Salmonellen zu entkommen, die in jeder Packung lauern. Warum in all den Jahren noch kein Lebensmittelkontrolleur einen unserer Flieger gestürmt und die Notbremse gezogen hat, bleibt eines der vielen Mysterien der Airline.

Auf Nummer sicher konnte man bis vor Kurzem gehen, indem man auf den Nachmittagsflügen ein Stück Erdbeerkäsekuchen aß. Das mag paradox klingen, da so ein lockerer, cremiger und selbst gebackener Käsekuchen eigentlich ja schneller verdirbt, als man »Käsekuchen« sagen kann. Dieses unglaubliche Produkt hatte jedoch eine Haltbarkeit von sagenhaften fünf Monaten (wobei sich das vermutlich auf eine Lagertemperatur von 5 bis 7 Grad Celsius bezog und nicht auf die 40 Grad, denen unsere Lagerboxen für gewöhnlich ausgesetzt sind). Nach fünf Monaten sahen die Erdbeerscheibchen immer noch appetitlich aus, außen rot und innen zartrosa. Dass in diesem Kuchengebilde nicht allzu viele echte Erdbeeren oder gar Quark von glücklichen Kühen enthalten waren, hat hoffentlich nicht allzu viele Gäste ernsthaft enttäuscht.

Der Erdbeerkuchen verkaufte sich hervorragend, und ich gehe davon aus, dass die Esser dieses Kuchens, die vielleicht auch von unseren günstigen Schweine- oder Hähnchenfleisch-Angeboten genascht haben, zumindest ihr Immunsystem mit einer ordentlichen Ladung Chemikalien gegen die nächste Grippewelle haben mobilisieren können.

An Bord aller Flugzeuge dieser Welt gibt es ein Kultgetränk, das jedes Jahr in Unmengen konsumiert wird: Tomatensaft. Um ehrlich zu sein, mag ich das Getränk nicht. Nicht als Cocktail, nicht mit Selleriestängelchen darin und auch nicht mit Pfeffer und Salz oder Wodka. Ich finde, Tomatensaft schmeckt nach wässriger, kalter Pizza. Also scheußlich.

Warum in Flugzeugen so viel davon konsumiert wird, hat schon zu etlichen Studien geführt, die jedoch zu keinen nennenswerten Erkenntnissen gekommen sind. Es war die Rede vom Wunsch auf etwas Pikantes, da die Geschmacksnerven in der Höhenluft anders funktionieren als sonst, vom unbewussten Wunsch nach etwas Lebensbejahendem, dem der Tomatensaft mit seiner blutroten Farbe sinnbildlich entspräche, und es gab weitere Umfragen, die zu dem Ergebnis kamen, dass der Flugzeugtomatensafttrinker am Boden niemals auf die Idee käme, einen solchen Saft zu konsumieren. Die Sache ist und bleibt ein Rätsel (ebenso wie die Frage, warum zwei erwachsene Menschen unbedingt Sex auf einer engen, unbequemen, hellhörigen und furchtbar verdreckten Flugzeugtoilette haben müssen – vielleicht lässt sich auch das tiefenpsychologisch als lebensbejahend interpretieren?). Jedenfalls werden an Bord jährlich unzählige Liter Tomatensaft getrunken. Es steht gar zu befürchten, dass die Tomatensaftindustrie Konkurs anmelden muss, sollte noch einmal ein Vulkanausbruch den weltweiten Luftverkehr für längere Zeit stilllegen.

Weil ich selbst Tomatensaft so eklig finde, fiel mir lange Zeit gar nicht auf, dass wir vermutlich die einzige Airline sind, die den Saft nicht ständig im Sortiment hat. In meinen ersten Jahren in der Firma flog ich oft Strecken, auf denen Tomatensaft nicht einmal auf der Getränkeliste stand. Woran es genau lag, ob es logistisch schwierig war, die nötigen Salz- und Pfeffertütchen zu beschaffen, ob unser Chefeinkäufer so wie ich Tomatensaft furchtbar fand und aus reinem Egoismus nur auf gewissen Routen Tomatensaft anbot, ob Tomatensaft zu teuer war oder ob es andere Gründe für das fehlende Angebot gab, ich weiß es nicht.

Was der eingefleischte Tomatensaft-Fan ersatzweise bei uns im Flieger bestellt hat, kann ich leider auch nicht sagen. Ein warmes Bier vielleicht? Meine Frage an die Kabinencrew, was denn getrunken wurde, solange der geliebte Saft nicht im Programm war, konnte mir leider nicht zufriedenstellend beantwortet werden. Laut der Damen und Herren aus dem Service wurde nur äußerst selten nach Tomatensaft gefragt, weshalb man also davon ausgehen könnte, dass der Mangel gar nicht so sehr aufgefallen ist. Vielleicht hatte sich unser Tomatensaftmangel in der Tomatensaft-Fan-Community auch herumgesprochen, und die wirklich eingefleischten Anhänger flogen nur mit Airlines, bei denen sie ihren Stoff auch definitiv bekommen konnten. Oder die Tomatensaft-Junkies haben heimlich kleine Vorräte an Bord geschmuggelt, die sie dann unauffällig konsumierten. Mittlerweile scheint es von der Tomatensaft-Fangemeinde so viele empörte Briefe an unsere Einkäufer gegeben zu haben, dass die Fans nun die unglaubliche Auswahl zwischen Tomatensaft in Dosen, Tomatenpulvertütensuppe und Tomatenkonzentratfertigsuppe haben.
Da ich, wenn ich als Passagier reise, kein sonderlich großes Bedürfnis nach Essen habe, bleiben die Trolley-Inhalte der verschiedenen Airlines für mich eher eine unerforschte Welt. Es bleibt jedoch anzunehmen, dass Flugzeugessen im Allgemeinen – sofern es sich nicht gerade um das liebevoll handgekochte First-Class-Essen einer tollen Luxus-Airline handelt – eher in die Kategorie »Imbiss« fällt und die Qualität weit hinter dem Preis zurückbleibt. Insofern kann ich fast froh sein, dass wir Crewmitglieder nichts bekommen von unserer Firma. Die Öfen können wir benutzen, um unser eigenes Essen aufzuwärmen, und wenn wir Kaffee und Tee mitbringen, dürfen wir uns an Bord ein wenig heißes Wasser zubereiten. Ganz zu Beginn meiner Laufbahn gab es noch Mineralwasser und Tee, die Rationen wurden jedoch so weit verringert, dass man sich fast mit dem Kollegen um das Mineralwasser zu streiten begann, und irgendwann war es dann ganz verschwunden.
Einmal wurde ich von einem kleinen Mädchen gefragt, was ich so alles mit mir herumtragen würde in meinem Pilotenkoffer. Es erwar-

tete sicher spannende Navigationsgerätschaften, kiloschwere Handbücher und andere aufregende Dinge und war dann sehr enttäuscht, als ich von meinen Zwei-Liter-Flaschen Mineralwasser, selbst geschnittenen Apfelschiffchen, belegten Broten und Joghurt zu erzählen begann. Das kleine Mädchen schüttelte den Kopf und sagte: »Nee, so was hat doch kein richtiger Pilot in seiner Tasche.«

Ähnlich rätselhaft wie der Inhalt meines Pilotenkoffers ist auch, was wir Piloten eigentlich so treiben, wenn wir es uns erst mal in unseren Sitzen bequem gemacht haben – sofern das bei diesen Bandscheibenfoltergeräten überhaupt möglich ist. Aber davon verrate ich im folgenden Kapitel etwas mehr.

KLEINE GEHEIMNISSE

Wenn unsere Passagiere an Bord kommen, werden sie erbarmungslos mit den Klängen von Johann Sebastian Bach beschallt. Bis zum vergangenen Jahr war noch Bachs jüngerer Kollege Mozart an der Reihe. Obwohl Mozart sicher etwas leichter zugänglich ist als Bach in ohrenbetäubender Lautstärke, dudelt das Band auch heute, bis der letzte Passagier seinen Platz gefunden hat.

Unterbrochen wird die Musik nur von den Durchsagen der Kabinencrew und der Getränkewerbung. Im Gegensatz zur »Reise nach Jerusalem«, an die mich die Mischung aus Musik, Werbung und hektischer Platzsuche manchmal erinnert, werden aber nicht immer mehr Sitze weggenommen – obwohl das den nachströmenden Passagieren bei der freien Platzwahl durchaus so vorkommen mag.

Bevor die Passagiere zusteigen, ist es entweder relativ still bei uns im Flugzeug oder man kann die Klänge von Gloria Gaynors *I will survive* oder AC/DCs *Highway to Hell* vernehmen. Es kann schon sein, dass ein Crewmitglied seinen iPod vor die Lautsprecher hält und etwas aufmunternde Musik spielt, während das Kabinenpersonal den Flieger putzt, also den Müll der Passagiere grob aufsammelt, Zeitungen entsorgt (beziehungsweise die nicht ganz so zerpflückten Exemplare zu uns Piloten ins Cockpit legt), einmal schnell die Toiletten kontrolliert und eventuelle Essensreste aus den Sitzzwischenräumen klaubt – sofern die knappe Zeit dies zulässt. Dann ist auch schon der gute alte Johann Sebastian wieder an der Reihe, unsere neuen Gäste mit seinen opulenten Werken zu ihren Plätzen zu treiben.

Sollten Sie bis dato gedacht haben, professionelles Reinigungspersonal würde zwischen den Flügen durch den Flieger huschen, weil Ihnen alles andere nicht zumutbar erscheint, so empfehle ich Ihnen künftig die Buchung von ausschließlich Frühflügen. In der Nacht kommt tatsächlich ein Reinigungskommando, sodass man morgens um sechs dann in einem frisch geputzten Flieger sitzt.

Auch empfehle ich Ihnen, von mathematischen Spielen Abstand zu nehmen und hochzurechnen, wie viele Menschen auf durchschnittlich sechs bis acht Flügen pro Flugzeug und Tag und bei drei Toiletten und insgesamt 189 möglichen Passagieren plus Besatzung auf diese drei Toiletten (so denn alle funktionieren) ein- und ausgehen, sonst fahren Sie künftig wohl wieder mit dem Auto in den Urlaub (wenn Sie dann allerdings mit einer Berechnung der Nutzung der Rastplatztoiletten beginnen ... aber ich schweife vom Thema ab).

Sobald es sich unsere Passagiere bequem gemacht haben, sofern das auf unseren nicht verstellbaren Sitzen überhaupt möglich ist, die Türen geschlossen sind und unsere Kolleginnen vom Service mit ihrem Sicherheitsballett beginnen und eifrig auf die Notausgänge deuten und gespielt lasziv in die roten Rüsselchen an ihren Schwimmwesten hauchen, beenden wir Piloten vorn im Cockpit gerade den zweiten Teil unserer Flugvorbereitung. Der Bordcomputer ist bereits mit unserer Route handgefüttert worden, das Flugzeug ist betankt und wir haben alle Dokumente ausgefüllt, die wir ausfüllen müssen. Wir bitten den Lotsen im Tower um unsere Startfreigabe und die geplante Abflugroute, besprechen die Route und dann ein paar Checklisten, um sicherzugehen, dass alle Knöpfchen und Schalter in genau den Positionen stehen, die an dieser Stelle Sinn machen und für eine sichere Durchführung unseres Fluges nötig sind.

Nachdem uns dann das freundliche Bodenpersonal ausgeparkt und rückwärts auf das Vorfeld geschoben hat, nachdem wir unsere Triebwerke eingeschaltet und wieder ein paar Checklisten gelesen haben, um ein letztes Mal zu schauen, dass wir keinen Hebel und keinen Schalter vergessen haben, nachdem wir genug Auftrieb, genug Schub und genug Luft zum Atmen im Flug haben, rollen wir gemächlich mit vom Tower erteilter Erlaubnis zu unserer Startbahn.

Der Start wird trotz aller Technik an Bord noch immer von Hand geflogen. Dass wir Piloten alle Phasen haben, in denen der kleine Junge beziehungsweise das kleine Mädchen zum Vorschein kommt, wird manchmal während dieser Startphase deutlich. Es gibt Kollegen, die großen Spaß haben, so lange in den Bremsen zu stehen, bis sich der Startschub voll aufgebaut hat, und erst dann ihre Füße von den Bremsen rutschen zu lassen. Diese Vorgehensweise führt dazu, dass man in den Sitz gedrückt wird wie bei einer Achterbahnfahrt und das Flugzeug dann ordentlich nach vorn schnellt. Wir Piloten träumen in diesem Moment von den alten Zeiten, als es noch kleine, wendige Flugzeuge gab, und die Ex-Jagdgeschwader-Flieger bekommen ein großes Leuchten in den Augen.

Für unsere Passagiere ist es sicherlich nicht immer angenehm, wenn sie plötzlich in den Sitz gedrückt werden und der Magen schon am Boden Kapriolen schlägt, aber es sind diese kleinen, harmlosen Ventile, die uns vorn im Cockpit insgesamt verantwortungsvolle Piloten bleiben lassen.

Manche Kollegen behandeln unsere Boeing (die übrigens eine stolze Sie ist, wie alle Flugzeuge), als sei sie ein munteres Pferdchen, und rufen ein ermunterndes »Hüh«, wenn es losgeht, ein kampflustiges »Attacke« oder, als würden wir auf der Brücke des Raumschiffes Enterprise stehen, ein freudiges »Energie!«. Auch eine würdevolle Handbewegung à la »Sie möge sich in Bewegung setzen …« habe ich schon erlebt.

Ist nach dem Start der Autopilot erst einmal eingeschaltet, müssen wir nur noch unseren kleinen Kollegen in der Kiste überwachen und schauen, dass das funktionierende Gesamtsystem Flugzeug weiterhin schnurrt. Wir erhalten Anweisungen von den Fluglotsen, die unseren Weg über Kopfhörer begleiten, wir notieren ihre Anweisungen, überprüfen unseren Kerosinverbrauch und schauen dem Autopiloten bei der Arbeit zu. Dabei ist es laut und staubig im Cockpit und es gibt nicht sonderlich viel Platz, um es sich gemütlich zu machen. Gereinigt werden die Cockpits alle zwei Wochen, insofern finden sich unter unseren Sitzen Papierfetzchen, Kaffeeflecken, Brotkrumen, zu gelblichen Knorpeln verschrumpelte Apfelstückchen und bisweilen die eine oder andere Nuss aus einer Studentenfuttermischung für die akademische Note.

Während die Flugbegleiter in der Kabine zu rotieren beginnen, um die lange Liste der Dinge anzubieten, die unsere Airline an den Mann

beziehungsweise die Frau bringen will, verleben wir Piloten den eher gemütlichen Teil. Zumindest solange mit unserem Flugzeug alles in Ordnung ist, keine Gewitterfront oder Kamikaze fliegenden anderen Flugzeuge auf der Route zu finden sind und keine größeren Turbulenzen aus dem Flug einen Ritt auf einer Schlaglochpiste machen.
Bevor die Kabinencrew mit dem Service beginnt, ruft sie kurz bei uns an und fragt, ob alles gut ist, ob wir etwas heißes Wasser möchten und wann wir in etwa landen.
Danach beginnt im Cockpit die Phase der Privatgespräche.
Bei fremden Kollegen beginnt ein vorsichtiges Abtasten, ob das Gegenüber nett genug ist, wirklich etwas von sich zu erzählen, oder ob es bei ein paar Höflichkeiten bleibt und man besser aus dem Fenster schaut und verdrängt, dass man nun den ganzen Tag mit einem offenbar merkwürdigen Trottel gefangen ist.
Bei bekannten oder befreundeten Kollegen ist die Bandbreite der Gespräche etwas größer, und es wechseln sich Geschichten über die Kinder und Frauen mit Urlaubserzählungen, Berichten über die verschiedenen Hobbys und dem Austausch von Kochrezepten ab. Ab und zu driften unsere Gespräche auch in Regionen, bei denen ich nicht immer weiß, wo wir da hineingeraten sind und wie wir beide ohne allzu viel Peinlichkeiten den Rückzug antreten können.
So flog ich vor ein paar Jahren mit einem wirklich netten Kollegen, den ich nicht als befreundeten, aber immerhin als stets sympathischen Flugpartner bezeichnet hätte. Aus irgendeiner Laune heraus landeten wir morgens um Viertel nach sieben beim Thema Piercings und Sexualpraktiken. Mein Kollege berichtete, dass seine Frau sich gern ein Brustwarzenpiercing stechen lassen wolle und er dem Ganzen prinzipiell skeptisch gegenüberstehe, allerdings gehört habe, dass ein solches Piercing das Lustempfinden steigern könne. Offenbar hoffte er, dass ich irgendeinen Rat oder gar Erfahrungswerte beisteuern könnte. Ich fragte ihn, wie er darauf komme, dass ausgerechnet ich ihm helfen könnte, und er meinte, ich habe sicherlich schon viele Erfahrungen gemacht in meinem jungen Leben, da ich doch so harmlos und spießig wirken würde.

»Stille Wasser sind tief«, zwinkerte er.

Ich musste ihn enttäuschen und konnte lediglich empfehlen, die Sache unter ästhetischen Aspekten zu begutachten und zu überlegen, ob er ein Brustwarzenpiercing vielleicht hübsch anzuschauen fände. Dies führte dazu, dass er mich fragte, ob ich es denn ästhetisch fände, eine gepiercte weibliche Brust zu sehen, und ich erwiderte trocken, das käme ganz sicher auf die Brust an. Er begann, über Lustempfinden und den Schmerz beim Stechen zu philosophieren und redete und redete und hoffte offenbar noch immer, dass ich meine eigene Meinung zum Thema Piercing und einen Hinweis auf meine eigenen Vorlieben beim Sex durchblicken lassen würde. Ich ließ ihn so lange reden, bis er beim Thema Intimschmuck bei Männern angelangt war und rot wurde und abbrach. »Na, um Kopf und Kragen geredet?«, neckte ich ihn, und er war sehr dankbar, als unsere Chefstewardess bei uns läutete, um uns mitzuteilen, dass es in der Kabine etwas zu heiß sei.

Einige Gäste möchten nicht nur sicher von A nach B gebracht, sondern während des Fluges gern auch darüber informiert werden, wo wir uns gerade befinden. Die Erklärung »in der Luft und in einem Flugzeug« reicht den meisten Passagieren nicht aus, und so müssen wir uns manchmal mit Fragen beschäftigen, die wir selbst nicht so genau beantworten können. Einmal klingelte die Chefstewardess bei uns an, sie habe einen Passagier, der wissen wolle, wie denn der kleine blaue See links unten heiße und ob wir ihm sagen könnten, ob es sich bei dem kleinen Dorf unmittelbar daneben um jenes spanische Dörfchen handle, in dem es einen sehr berühmten Ziegenkäse gebe. Wir waren nicht ganz sicher, ob die Frage ernst gemeint war, aber da wir beide neugierig geworden waren, holten wir eine Karte heraus, um nachzusehen. Wir fanden jedoch weder den See noch war das Dörfchen auf der Karte eingezeichnet. Wir stellten zudem fest, dass es sich möglicherweise um einen portugiesischen See handelte, da irgendwo unter uns bereits die Grenze verlief.

Also riefen wir die Chefstewardess zurück und teilten ihr mit, sie möge dem Passagier ausrichten, wir seien bereits in Portugal, wes-

halb wir den Namen des Sees nicht so genau aussprechen könnten, die portugiesische Aussprache sei schwierig.
Gottlob war der Passagier mit der Erläuterung zufrieden.
Nicht alle Fluggäste sind geografisch so auf dem Laufenden wie dieser Ziegenkäseliebhaber. Als wir auf dem Rückweg von Spanien einmal an den Alpen entlangflogen, wurden wir allen Ernstes gefragt, ob unter uns die Anden seien. Ich war kurz davor, dem Passagier einen lieben Gruß auszurichten und über Bordlautsprecher seine herausragenden Erdkundekenntnisse zu loben.
Die Sprachqualität unseres Mikrofons ist oftmals schlecht, sodass wir in der Kabine entweder verrauscht und leise gehört werden oder aber die Passagiere in Grund und Boden brüllen. Wenn ich eine Passagieransprache halte, spare ich mir meist die Details. Mit welcher Geschwindigkeit wir gerade über den Himmel sausen und wie viel Grad die exakte Außentemperatur beträgt, interessiert mich selbst nicht allzu sehr. Keiner unserer Gäste wird vermutlich je in die Verlegenheit geraten, in 38 000 Fuß Höhe bei minus 72 Grad Celsius aussteigen zu müssen, und auch wird die Information nicht dazu beitragen, dass sich die eventuell zu kalt eingestellte Innentemperatur etwas wärmer anfühlt.
Einige der sich nach Schlaf und Ruhe sehnenden Passagiere sind tatsächlich dankbar für jedes Wort, das nicht gesprochen wird, da sie ohnehin von Verkaufsevent zu Verkaufsevent dauerbeschallt werden. Eine Passagierin wachte einmal total genervt auf, stürmte auf unsere Flugbegleiter zu und beschwerte sich über die Passagieransprache meines Kollegen, der gerade detailliert unsere fünfstündige Flugroute beschrieb. Sie sei so froh gewesen, dass endlich dieses nervige »Kaufen Sie dies, kaufen Sie das« aufgehört habe, und dann, als sie endlich eingeschlafen sei, habe diese laute, nervige männliche Stimme sie wieder aufgeweckt. Sie wolle doch einfach nur ein bisschen Ruhe!
Ein gewisses Bedürfnis nach Ruhe überkommt auch uns Piloten ab und an. Die Kollegen besprechen sich dann und machen eine Zeit aus, meist maximal 15 Minuten, in denen der Müdere der beiden

seine Verantwortung auf den Mitflieger übertragen und kurz die Augen schließen kann. Das monotone Starren auf unsere Instrumente kann sehr einschläfernd sein, ein kleiner Powernap ist da gar nicht verkehrt, meist ist man hinterher wesentlich konzentrierter und fitter.

Je länger der Tag dauert, umso häufiger wird es den einen oder anderen Anfall von Albernheit geben, bei dem wir kichernd irgendwelche anzüglichen Witzchen erzählen, summen, singen oder einfach nur nach Herzenslust über alles Mögliche herumblödeln. Es ist vermutlich gut, dass die Cockpittür geschlossen ist, sonst würden die Passagiere möglicherweise jegliches Vertrauen in unsere Fähigkeiten verlieren. Ein Pilot, der mit seinem Kopiloten lauthals »Wer hat an der Uhr gedreht?« singt, wirkt vermutlich etwas irre, und so verbergen wir unsere Anfälle akuter Höhenkrankheit so gut es geht, bis wir unsere Gäste verabschiedet haben.

In erster Linie wird man Pilot, weil man von der Vorstellung, ein Flugzeug zu fliegen, fasziniert und geradezu besessen ist. Ich kenne Kollegen, die in ihrer Freizeit Flugzeugmodelle sammeln, auf Luftfahrtshows fahren oder sich an Flughäfen herumdrücken, um startende und landende Maschinen zu fotografieren und die Bilder dann mit anderen Enthusiasten auszutauschen. Andere wiederum können jedes Flugzeugmodell der Welt an der Triebwerkstellung erkennen, selbst wenn es weit über sie hinwegfliegt, oder sie hören am Geräusch, um welchen Triebwerkshersteller es sich handelt. (Ich hingegen habe schon Schwierigkeiten, das von mir geflogene Flugzeug mit der Bemalung einer anderen Airline wiederzuerkennen.)

Unsere Passagiere wissen zum Glück nichts von der kindlichen Freude, mit der wir in eine Wolkendecke eintauchen oder nur knapp über sie hinweggleiten. Es ist ein Moment des reinen und unverfälschten Glücks, den kein Stress des Tages zerstören kann und der sich vermutlich nicht jedem erschließt. Die Wolkendecke wirkt wie eine Wasseroberfläche und es ist ein wenig wie Wellenreiten, wenn man darin eintaucht. Manchmal jagen wir dem Schatten unseres eigenen Flugzeugs nach, der neben uns in einen kleinen kreisrunden Halo

gehüllt in der Wolke verschwindet. Wir sind fasziniert von Sonnenuntergängen und gleichzeitigen Mondaufgängen. Von innen leuchtende Gewitterwolken sind ein Spektakel, das durch die kleinen Bullaugenfensterchen im Kabinenteil des Flugzeugs kaum erkennbar ist. Und auch der Abendhimmel hält Farbspiele bereit, die jeden Künstler neidisch machen und die gemalt so unfassbar kitschig wären, dass sie vermutlich niemand als Bild an einer Wand aufhängen würde.
Manchmal überkommt es uns, und wir zücken unsere Kameras und knipsen die Wolken oder ein anderes Flugzeug. Es würde mich nicht wundern, wenn jeder Pilot daheim eine große Sammlung von Wolkenfotos hat, die ihm beim Fotografieren unglaublich toll vorkamen und ein paar Monate später doch nur noch irgendwie ganz hübsch sind.
Vor den Landevorbereitungen schließlich muss das Wetter am Zielflughafen überprüft und der Anflug besprochen werden. Wir checken unsere Landedistanz, schauen, wie schwer wir sein werden und mit wie viel Kerosin wir voraussichtlich am Flughafen ankommen. Wenn alles besprochen ist, richten wir noch ein paar Abschiedsworte an unsere Passagiere, teilen ihnen das Wetter am Zielort mit und geben ihnen ein letztes Mal die geplante Landezeit durch. Dann beginnen wir mit unserem Abstieg in Richtung Erde.
Beim Landeanflug unterstützt uns noch unser kleiner Freund, der Autopilot, die Landung selbst übernimmt dann wieder einer der beiden Piloten. Nur wenn ganz dicke Nebelsuppe über einem Flughafen liegt und sogar die Vögel zu Fuß gehen, weil man die Hand nicht vor den Augen sehen kann, dann führen uns der Autopilot und das automatische Landesystem bis auf die Landebahn. Dann blitzen in 15 Metern über der Landebahn hoffentlich die grell aufgeblendeten Landebefeuerungen durch den Nebel und wir landen sicher.
Und nur wenn es ganz besonders doof läuft und der Nebel so dicht ist, dass auch mit den Befeuerungen keine Orientierung möglich ist, dann müssen wir noch einmal durchstarten, ein Warteschleifchen drehen und entweder warten, bis die Sichtverhältnisse besser werden, oder uns einen Ausweichflughafen suchen. Dann beginnt die

Landevorbereitung von Neuem und wir hören den Wetterbericht, planen den Anflug, überprüfen unsere Restkerosinmenge, checken noch einmal, wie schwer wir sind … Aus einem gemütlichen Tag wird dann plötzlich ein sehr arbeitsreicher, an dessen Ende wir meist sehr froh sind, wenn wir alles geschafft haben.

REDEKUNST

Wie bereits erwähnt, ertönt auf jedem Flug früher oder später der Pilot aus dem Off, der mit möglichst angenehmer Stimme ein »Herzlich willkommen« sowie den aktuellen Wetterstand, die Flugdaten und einige andere Informationen ins Mikrofon säuselt. Die Passagieransprache, so will es das Handbuch, soll die Fluggäste in der Kabine mit der Stimme des Piloten vertraut machen, damit sie im Notfall gut zuhören und sich ganz allgemein im Flugzeug wohl- und willkommen fühlen. Es gibt Airlines, die bieten ihren Stewardessen und Piloten ein gezieltes Training an, bei dem vermittelt wird, wie man mit dem Mikrofon umgeht und welche Stimmlage besonders eloquent, charmant, erotisch oder gar erschrocken klingt.

Es mag nicht sonderlich überraschen, dass diese Form der Schulung bei uns nicht stattfindet und wir alle stattdessen ins kalte Wasser geworfen werden und irgendwann nervös ins Mikrofon stammeln müssen. Ich kann mich noch sehr gut an meine allererste Passagieransprache erinnern und an meinen Puls, den man sicher als Hintergrundtrommeln während meiner sehr kurzen Ansprache durch den kompletten Flieger hat hören können.

Ich befand mich auf einem meiner Trainingsflüge und war froh, dass mich der Trainingskapitän gerade für einen winzigen Moment aus dem Fenster schauen ließ und mich nicht mit Fragen über Hydrauliksysteme, Gleichstrom und Wechselstrom oder über Schaltpläne quälte. Ich guckte auf die dunkelblaue Nordsee und bewunderte die sich spiegelnde Sonne, die kleinen weißen Schaumkrönchen, die nur als mikroskopisch kleine Fleckchen zu erkennen waren. Ich erstarrte, als ich plötzlich ein Mikrofon unter meiner Nase bemerkte.

»Hier, red mal mit deinen Gästen!«, forderte mich der Kapitän auf.

Ich muss in etwa so panisch geguckt haben, als hätte er mich aufgefordert, spontan das Fenster zu öffnen und ins Meer zu springen

oder todesmutig in 12 Kilometern Höhe über die Tragflächen zu balancieren – der Kapitän begann jedenfalls schallend zu lachen.
Ich schloss aus seinem Lachen, dass es sich bei der Aufforderung um einen Scherz gehandelt hatte und wandte mich wieder der Aussicht zu. Erneut nahm ich das Mikrofon in meinem Gesichtsfeld wahr.
»Los, trau dich, das Ding beißt nicht!«
Ich schluckte und nickte. Ich griff das Mikrofon und mein Trainer sagte: »Überleg dir kurz, was du sagen willst, stell dich vor, red langsam und deutlich, schnauf nicht in das Mikrofon und plaudere ein wenig über die Route.«
Haha, dachte ich, plaudern ... Ich nahm das Mikrofon so vorsichtig in die Hand, als könnte es vielleicht doch zubeißen, wenn ich fester zugreifen würde, und dann begann ich meine erste Ansprache.
»Hallo aus dem ... äh ... Cockpit. Meine sehr verehrten Damen und Herren, liebe Kinder und Fluggäste ... äh ... ich bin die Kopilotin, heiße Julia und ... äh ... tja ... also, ich ... puh ... ich fliege Sie gerade. Wir sind hoch ... also über dem Meer ... äh ... der Nordsee ... mhmm ... und wir landen bald. Danke, dass Sie unsere Gäste sind und ... ähm ... danke noch mal und tschüss!«
Ich befürchte, viele Gäste werden nach dieser hochprofessionellen Ansprache nicht mehr so sicher gewesen sein, ob die Buchung bei unsrer Airline wirklich eine so gute Idee war. Einige werden wohl gebetet haben, ich möge unser Flugzeug bitte nicht anfassen und schon gar nicht landen. Und einige haben sich vermutlich gefragt, seit wann kleine Mädchen mit süßen Stimmchen vorn im Cockpit sitzen dürfen und ob das schon als Kinderarbeit gilt.
Auch der Kapitän war nicht sonderlich beeindruckt und notierte auf einem Zettel, dass ich noch etwas mehr Übung bräuchte, um zu der nötigen Souveränität zu kommen. Ich war enttäuscht von mir selbst, da ich davon ausgegangen war, dass ich bei meiner ersten Passagieransprache so schlagfertig und cool sein würde wie sonst auch. Ich hatte gedacht, ich würde locker über unseren Flug plaudern und ganz lässig ein paar unnütze Details von mir geben: »Ach, und da unten links im Meer schwimmt übrigens gerade eine Robbenfamilie!« Aber

weit gefehlt. Offenbar schrumpfte meine große Klappe vor dem Mikrofon auf Mäuschengröße zusammen, und meine Schlagfertigkeit versteckte sich hinter meinen Beinen und zupfte nervös und ängstlich an meinem Rockzipfel.
Im Laufe der Zeit hat sich mein Lampenfieber natürlich gelegt, und inzwischen halte ich an motivierten Tagen Ansprachen auf Deutsch, Französisch, Englisch und Italienisch und scherze und schäkere mit dem kleinen Mikrofon, als wollte ich es umwerben. Ein Kollege fragte irgendwann, ob ich vielleicht mit Telefonsex nebenbei noch Geld verdiene, ich würde so ins Mikrofon hauchen und säuseln ...
Eine besondere Bedeutung bekommen unsere Passagieransprachen, wenn etwas vom geplanten Ablauf oder der technischen Norm abweicht und wir ruhig, zuvorkommend und souverän, jedoch ohne zu sehr auf die technischen Details einzugehen und ohne zu große Sensationslust oder Dramatik über die Abweichung vom Normalzustand berichten müssen. Da wir keine Schulungen erhalten und unsere Firma uns grundsätzlich die Fähigkeit abspricht, derartige Dinge spontan aus der Hüfte zu schießen, gibt es im Cockpit eine Checkliste mit Standardansprachen für alle Eventualitäten. Für das konkrete Drama des Tages sind Freifelder in der Liste eingelassen, sodass der faule und untalentierte Pilot den Rest nur abzulesen und den aktuellen Vorfall an entsprechender Stelle einzufügen braucht.
Für die etwas kreativeren Piloten, die frei sprechen wollen, wird im Handbuch ausdrücklich darauf hingewiesen, dass man keine kritischen Wörter wie »Sturm«, »Hagel«, »Nebel«, »Schneesturm«, »Gewitter«, »Blitz«, »Donner« oder »Systemausfall«, »Problem« oder »Notsituation« verwenden darf. Außerdem soll auf Fachausdrücke verzichtet und alles einfach gehalten werden, ohne dass der Passagier dabei belogen würde. Man soll präzise bleiben und nichts zu sehr beschönigen und in jedem Fall souverän und sicher auftreten.
Vor diese immensen Formulierungsauflagen gestellt, sind einige Piloten sehr geradeaus und lassen den »Alles wird gut«-Teil komplett weg. Es dürfte nicht weiter überraschen, dass übertrieben deutliche Ansagen zu tumultartigen Zuständen und Panikattacken unter den

Fluggästen führen und es nicht selten zu erheblichen Problemen im Flugablauf kommt. Da unser Kabinenpersonal oft noch sehr jung ist, kann es sein, dass sie nicht wie vorgesehen durch die Kabine gehen und aufmunternd auf die Passagiere einreden: »Keine Panik, gestorben wird heute nicht!«, sondern sich bei dem erstbesten Passagier auf den Schoß werfen und hysterisch zu kreischen beginnen.

Ausgesprochen ungünstig ist es auch, wenn man im Winter die Nebel- oder Schneefall-Problematik gänzlich zu verleugnen versucht und lediglich von ein paar tief hängenden Wolken spricht. Passagiere mögen bis zu einem gewissen Grad nicht mit Dingen belastet werden, die sie ohnehin nicht ändern können, aber sie sind durchaus in der Lage, sich einen Wetterbericht anzuschauen. Und dass jemand im Winter mit Schneefall in Skandinavien oder Österreich rechnet, zeugt deutlich von gesundem Menschenverstand. Und der muss selbst dann vorausgesetzt werden, wenn es sich um Billigflug-Reisende handelt.

Ebenfalls ist es unklug, bei einem Triebwerksausfall, an dem fünf hundegroße Zugvögel beteiligt waren, denen die gesamte Fensterplatzriege beim Harakiri zugeschaut hat und die formschön und mit mittelgroßer Stichflamme im Triebwerk verkokelt sind, von einem »kleineren technischen Problemchen mit einem unserer Triebwerke« zu sprechen. Je kleiner das Problem bei uns vorn im Cockpit gemacht wird, umso größer ist die Panik und das Misstrauen unter den Reisenden. Der Flugbegleiter sagt dann noch: »Ach, das ist völlig normal«, und die Situation eskaliert vollends.

Da dieses Wissen um den Passagier als misstrauisches und eher schreckhaftes Wesen relativ verbreitet ist, hat sich bei Passagieransprachen in unangenehmen Situationen die joviale »Mitgefangen, mitgehangen«-Technik durchgesetzt. So wird beispielsweise bei einer Verspätung aufgrund eines Abflug-Slots ohne Aussicht auf Verbesserung zunächst ein ganz freundliches Begrüßungszeremoniell in Englisch und Deutsch abgehalten. Die Gäste werden herzlich willkommen geheißen und auf den schönen Flug eingestimmt, indem man in diesem Fall die Flugroute besonders detailliert und farbenfroh beschreibt. Dann wird die Flugzeit verkündet und schon einmal vom Wetter am Ankunftsort geschwärmt.

Meist folgt dann eine kleine Kunstpause, und dann geht es zum Kern der Sache: »Bevor es nun aber mit unserem relativ kurzen Flug losgehen kann, sehr geehrte Fluggäste, müssen wir Ihnen an dieser Stelle leider die schlechte Nachricht weitergeben, die uns soeben erreicht hat. Wegen des erhöhten Verkehrsaufkommens über Spanien haben wir einen sogenannten Slot bekommen. Die Vielflieger unter Ihnen kennen die Problematik, allen anderen sei erklärt, dass es sich hierbei um ein vorgegebenes Abflugfenster handelt, in dem wir hier vom Hof dürfen. Dieses Fenster liegt für uns noch in etwas weiterer Ferne, und wir werden wohl noch warten müssen, sofern sich nichts verbessert. Da wir den freundlichen und sehr kompetenten Fluglotsen aber bereits signalisiert haben, das wir quasi jede Minute zum Abflug bereit sind, liebe Fluggäste, gehen wir davon aus, dass unsere Abflugzeit doch noch etwas vorrückt.«

Wenn der Slot in absehbarer Zeit liegt, ermuntern wir unsere Passagiere, noch mal die Mobiltelefone rauszukramen, unsere gemütlichen Toiletten aufzusuchen und sich gern auch abzuschnallen und etwas durch den Flieger zu spazieren. Kleinere Kinder und neugierige Väter nutzen diese Gelegenheiten oft, um uns im Cockpit einen kleinen Besuch abzustatten. Wenn die Abflugzeit sich um ein paar Stunden verzögert, dürfen die Passagiere zurück ans Gate, wo sie zumindest etwas Genießbares zu essen und zu trinken bekommen und sich ein bisschen bewegen können.

Oft schlägt nach Verlassen des Flugzeugs aber Murphys Gesetz zu. Der Slot verschwindet dann auf wundersame Weise, und wir müssen in Windeseile die durch das Terminal verteilten Gäste wieder einsammeln lassen.

Schwieriger wird die Ansprache, wenn alle Passagiere sich gerade halbwegs häuslich eingerichtet haben, unsere Kabinenbesatzung heilfroh ist, dass endlich alle sitzen und keine Handgepäckstücke mehr herumstehen, und wir dann die frohe Botschaft verkünden dürfen, dass der gerade zur heimischen Zone erklärte Flieger leider defekt ist und wir in ein anderes Flugzeug umziehen müssen. Hier ist dann das Gejammere und Gestöhne der Passagiere groß und es bedarf einigen Charmes, damit die Gäste noch gelassen und freundlich bleiben.

Natürlich ist das Totschlagargument unser aller Sicherheit und Komfort, wofür in der Regel jeder Verständnis hat. Leider sät man mit so einem Umzug aber das Misstrauen in den Zustand der Flotte und die Aufmerksamkeit der Techniker im Allgemeinen. Denn wenn das Flugzeug vorhin offenbar heil schien, war es das dann wirklich? Oder hat man eventuell versucht, den Fehler in letzter Sekunde noch zurechtzupfuschen? Haben die Piloten den Defekt am Ende nur durch puren Zufall bemerkt? Was wäre denn gewesen, wenn das alles im Flug passiert wäre?

Fragen über Fragen türmen sich dann hinter der Stirn vieler Passagiere zu einem kleinen Berg auf, der sich in Unwillen und gerunzelter Mimik äußert.

Ebenfalls ausgesprochen schwierig ist es, wenn wir bereits alle Gäste an Bord haben und ein Problem auftaucht, das sich zwar eventuell beheben lässt, aber ein kurzfristiges Ausschalten des kompletten Flugzeugs erfordert.

Bevor dies geschieht, wuselt oft ein Mechaniker wie eine emsige Biene bei der Nektarsuche mehrmals aus dem Cockpit hinaus und wieder hinein. Natürlich entgeht dieses Rein und Raus dem aufmerksamen Reisenden nicht, und so recken sich die Köpfe und neigen sich nach rechts und links, und einige besonders besorgte Gäste stehen sogar auf. Dieses Gerecke und Gestrecke geht so lange, bis schließlich jemand die Kabinencrew befragt, was denn da vorn wohl los sei. Wenig später werden dann wir vom Personal gebeten, vielleicht eine kurze Ansprache zu halten.

»Ja, meine sehr geehrten Damen und Herren, ein ganz herzliches Willkommen bei uns an Bord. Die aufmerksamen Gäste unter Ihnen haben sich sicher schon gefragt, warum es bei uns gerade ein wenig zugeht wie in einem Taubenschlag. Der Grund hierfür ist ein kleineres Problem, welches unsere Systeme hier vorn melden. Der freundliche Mann mit der gelben ölverschmierten Leuchtweste, das ist der Sam. Der liest gerade Daten aus unserem Elektronikspeicher ab. Dieser Speicher befindet sich quasi unter unseren Füßen hier vorn und ist nur von außen erreichbar. Deshalb rennt Sam eben immer hin und her, und wir werden das Problem gleich im Griff haben. Ja … und dann wird es auch schon losgehen. Wir erwarten ruhiges Flugwetter heute auf der Strecke und eine Flugzeit von nur …«

Und während wir noch erzählen und ablenken, kommt dann manchmal eben der Techniker und sagt: »Ähm, ich muss mal kurz den Strom ausmachen und das System runterfahren.«

Der Sermon über die tolle Flugroute wird daraufhin unterbrochen und den Gästen möglichst liebevoll erläutert, dass nun der Strom kurz ausgemacht wird. Das muss natürlich wieder so geschehen, dass niemand in Panik gerät, wenn es auf einmal dunkel und still wird im Flugzeug.

»So, liebe Fluggäste, wir haben gerade erfahren, dass nicht ganz eindeutig ist, ob das kleine technische Problem, das uns gerade aufhält, einfach nur eine falsche Fehlermeldung ist oder wirklich ein Problem vorliegt. Aus diesem Grund machen wir das jetzt mal so, wie Sie es vermutlich von zu Hause kennen. Wenn Ihr Computer sich mal wieder aufgehängt hat und ihr Betriebssystem eine mysteriöse Fehlermeldung liefert, dann fahren Sie das gute Stück doch auch einfach runter und starten die ganze Kiste neu.

Und insofern wird es gleich kurz dunkel. Bleiben Sie ganz ruhig und nehmen Sie bitte nur die Hand des Menschen, mit dem Sie den Urlaub verbringen wollen. Wir machen das hier nicht, um Eheprobleme zu schaffen.

Vielen Dank für Ihr Verständnis!«

Wenn man das Ganze so humorvoll verkauft, hat man immer ein paar Lacher auf seiner Seite. Andererseits gibt es auch Skeptiker, die den Vergleich mit dem Computer schockierend finden, da sie sich vorstellen, wie in vollem Flug auf dem Glasbildschirm des Piloten die altbekannte Nachricht auftaucht: »Das Programm reagiert nicht und

muss beendet werden. Wollen Sie einen Fehlerbericht senden?« Die meisten wollen dann doch lieber aussteigen.
Es ist also immer Abwägungssache, wie man das hochkomplexe System eines Flugzeugs seinen Passagieren erklärt. Man macht sich keine Freunde, wenn man wie ein abgehobener Physikprofessor mit technischen und fachspezifischen englischen Wörtern um sich wirft, auch wenn es immer einige Schlaumeier an Bord gibt, die daraufhin nicken und »Ach, ja klar« murmeln. Ebenso darf man die Dinge nicht zu sehr verallgemeinern oder herunterspielen, da sich die Passagiere sonst veräppelt fühlen. Die Erklärungsvariante à la *Sendung mit der Maus* funktioniert gut, wenn viele Familien reisen, löst bei einer Horde Geschäftsleute aber womöglich tumultartige Zustände aus, da sie zu niedlich und unprofessionell wirkt.

DAS KLEINE BISSCHEN WAHNSINN

Wir alle haben so unsere kleineren oder größeren Macken. Und ein kleines bisschen Verrücktheit ist sicherlich die Grundvoraussetzung, um überhaupt in der Luftfahrt tätig zu werden. Im Laufe der letzten Jahre hatte ich allerdings immer wieder das zweifelhafte Vergnügen, auf Menschen zu stoßen, die mir auch nach mehreren Jahren Berufsalltag noch als ausgesprochen seltsam erschienen sind.

So gab es eine Kollegin in der Kabine, die mit ihrer sehr speziellen Art nicht nur die Mitarbeiter hinten im Flugzeug, sondern auch uns vorn im Cockpit regelmäßig in Erstaunen versetzte. Sie hieß Manja, trug stets einen streng geflochtenen Zopf, den sie zu einer Schnecke um den Kopf wickelte, und nur die rötlichen Strähnchen in ihren sonst braunen Haaren zeigten einen kleinen extravaganten Bruch in ihrer sonst unscheinbaren und graumausigen Erscheinung.

Ihre Stimmlage war immer eine winzige Nuance zu hoch und zu kieksig, um noch angenehm zu klingen, sie sprach schnell und verschluckte oft ganze Silben beim Sprechen. Wenn alle Passagiere an Bord waren, zeichnete sie ein Kreuz in die Luft, und gab es auch nur ein kleines Geräusch im Flugzeug, zuckte sie ängstlich zusammen. Da unsere Flugzeuge eigentlich nur aus einer Ansammlung komischer Geräusche bestehen, zuckte sie also ausgesprochen oft zusammen und irritierte so nicht nur ihre Kolleginnen, sondern natürlich auch die Passagiere.

Schlimmer als ihre Zuckungen war allerdings ihre Angewohnheit, neben unseren Toiletten zu lauern und die Passagiere laut zu fragen: »Machen Sie klein oder groß? Groß nur zu Hause!«

Und wenn die bereits verwirrten Passagiere die Toilette wieder verließen, hakte sie nach: »Sie! Haben Sie auch Ihre Hände gewaschen? Mmm?«

Die Kollegen, die mit ihr arbeiteten, fanden diese Vorgehensweise nicht nur merkwürdig und unangemessen, sondern selbstverständ-

lich auch sehr peinlich, weshalb wir auf sie einredeten, sie solle die Passagiere doch einfach in Ruhe lassen.
Leider fühlte sie sich ganz deutlich im Recht und war tief beleidigt, wenn man sie und ihr Verhalten kritisierte. Unser Stationsleiter sprach mehrfach mit ihr, sie war jedoch weiterhin nicht einsichtig, sondern betonte nur trotzig, sie sei von ihren sonstigen Aufgaben eben unterfordert.
Daraufhin entschied sich meine Firma, Manja in einem Trainingskurs unterzubringen und sie so zum Springer zu machen. So müsste sie ab und an als Chefstewardess in der Kabine arbeiten, und man hoffte, sie werde ihre seltsamen Verhaltensweisen ablegen, da sie ja nun größere Verantwortung tragen und eine gewisse Vorbildfunktion erfüllen müsse. Als uns Piloten diese bizarre Logik zu Ohren kam, versuchten wir, unser Veto einzulegen, da wir uns nicht vorstellen konnten, dass Manja in der Lage sein würde, eine voll besetzte Kabine zu managen und in Krisensituationen ruhig und besonnen zu bleiben. Weil unser Management aber streng zwischen den Belangen der Piloten und denen der Kabinencrew unterscheidet und uns allen ein eigenes Urteilsvermögen abspricht (»Ihr seid doch nur Piloten, was wollt ihr denn da mitreden?«), wurden unsere Zweifel ignoriert – und es kam, wie es kommen musste.
Manja selbst war zunächst stolz und führte als Chefstewardess ein unerbittliches Regiment in der Kabine. Ihre Entscheidungen und Anweisungen waren nicht immer besonders logisch, ganz im Gegenteil handelte sie zwischendurch so, dass erfahrene Kollegen ihr Tun den jüngeren Kollegen übersetzen mussten, um den Irrsinn etwas im Zaum zu halten.
Einmal gerieten wir dann auf einem Flug in etwas unruhigere Luftschichten, unser Flugzeug wurde kurzfristig so gebeutelt und geschüttelt, dass wir unsere Flugbegleiter aufforderten, den Service einzustellen und sich erst einmal zu setzen und anzuschnallen. Manja war mit von der Partie, und als das Kommando aus dem Cockpit kam, sie solle den Service einstellen, rannte sie panisch über den Gang, raufte sich die Haare und rief immer wieder: »Oje,

oje, das Ende ist nah, wir werden alle sterben! Oh Gott, hilf uns, wir werden alle sterben!«

Einige Passagiere wurden etwas unruhig. Andere wurden blass. Wieder andere begannen zu kreischen und zu weinen. Eine Kollegin nahm Manja beiseite, zerrte sie auf ihren Platz und fuhr sie an, sie solle gefälligst ruhig sein. Eine zweite Kollegin beeilte sich, den Passagieren zu versichern, dass garantiert nicht gestorben, sondern nur ein paar lästige Turbulenzen durchflogen würden. Dann eilte sie zu uns ins Cockpit und erzählte von dem Vorfall, woraufhin wir zum Mikrofon griffen und auch von unserer Seite versicherten, dass die Turbulenzen unangenehm und nervig seien, aber weder die strukturellen Limits unseres Fliegers noch unser Leben bedrohten und wir bereits auf dem Weg in ruhigere Luftschichten seien.

Ein anderes Mal kam Manja ins Cockpit, weil einer von uns Piloten zur Toilette musste und wir aus Sicherheitsgründen nicht allein im Cockpit bleiben dürfen. Wieder einmal zuckte sie zusammen. Ich flog häufig mit ihr und wusste, dass sie oft und aus den unsinnigsten Gründen erschrak, deshalb legte ich meine Zeitung zur Seite und drehte mich zu ihr um, die schräg hinter mir im Cockpit stand und sich sichtlich unwohl fühlte.

»Was ist los?«, fragte ich, mehr aus Höflichkeit als aus Interesse.

»Ach, iiih, das ist so schrecklich, so schrecklich«, stieß sie aufgeregt mit ihrer kieksigen Stimme hervor.

»Mhm«, entgegnete ich und war gespannt, was jetzt wieder kommen würde.

»Oh, das ist so schrecklich, so schrecklich«, begann sie erneut.

Ich nickte ungeduldig. »Mag ja sein, aber was denn nur?«

»Da sind ganz viele Sicherungen hinter euren Sitzen!«

Ich runzelte die Stirn. Manja flog seit etwa sechs Jahren und hätte eigentlich wissen müssen, dass es in einem Flugzeug einige Sicherungen gab – dachte ich zumindest.

»Stimmt«, erwiderte ich, »da in einem Flugzeug viel Technik steckt, gibt's halt auch Sicherungen. Was ist denn da so schrecklich dran?

Außerdem habt ihr in der Kabine doch auch Sicherungen für eure Wasserkocher und Öfen, oder?«
Manja guckte mich panisch an und nickte: »Haha, ja, ja, die sind auch so schrecklich! Aber hier sind so viele, so viele!«
Ich beäugte sie aufmerksam und versuchte in ihrem Gesicht einen Hinweis auf einen versteckten Witz oder etwas Ironie zu erkennen, aber ich sah nur ihren starren und wirklich verängstigten Ausdruck.
Hoffentlich kommt der Kollege schnell vom Klo zurück, dachte ich.
Ich machte mir eine mentale Notiz, dass ich nach dem Flug mit unserem Stationsleiter sprechen und in Erfahrung bringen wollte, ob eigentlich zwischendurch überprüft wurde, ob unsere Mitarbeiter verrückt seien, über das normale Maß unserer Angestellten hinaus.
»Diese Sicherungen«, begann Manja noch einmal, »sind die eigentlich nur für die Techniker oder benutzt ihr die auch?«
Ich runzelte die Stirn. »Wir überprüfen die auch, aber wenn eine Sicherung rausfliegt, dann sollte natürlich schon ein Fachmann kommen. Wieso fragst du?«
»Ich fände das sehr schlimm, wenn ihr die anfassen müsstet.«
Manja lächelte schräg.
Ich sah auf die Uhr. Mein Kollege brauchte offenbar etwas länger oder hielt noch ein Schwätzchen mit einem der Mädels.
Als er dann endlich zurück ins Cockpit kam und sich gesetzt hatte, musterte uns Manja noch einmal im Rausgehen und fragte: »Und habt ihr schon mal ein Ufo gesehen? Ich glaube schon, dass es welche gibt. Aber die sind sooo gefährlich ... so so gefährlich ...«
Und damit ging sie.
Ich schüttelte den Kopf und sah das große Fragezeichen im Gesicht meines Kollegen.
»Manja eben«, sagte ich.
Ein anderer sehr spezieller Kollege vom Kabinenpersonal fiel dadurch auf, dass er stets mit Sonnenbrille herumlief, bei Tag und bei Nacht, und diese überhaupt nur während der Arbeit absetzte, weil es nicht anders gestattet war. Er war Italiener und sprach absichtlich mit einem besonders deutlichen italienischen Akzent, damit auch

niemandem entging, welche Nationalität er hatte. Er trällerte ständig italienische Schlager und sein Telefonino klingelte mit der Ouvertüre aus Verdis »Rigoletto«.
Er begann jeden Satz mit schwungvollen Gesten und einem so dermaßen übertriebenen »Eh«, dass ich schon grinsen musste, bevor er zu reden begann. Ludovico war eitel und sehr konservativ und so klischeehaft italienisch, dass es niemanden wunderte, wenn er nach jedem Flug seine Mamma anrief und sich zurück auf Gottes Erde meldete. Leider war er ausgesprochen abergläubisch und machte jedes Flugzeug zu einem fliegenden Orakel.
Vor dem Flug wird stets ein Codewort für Krisen und andere Situationen ausgemacht, und meist nehmen wir Dinge, die wir uns gut merken können. Das kann aus dem Tagesgeschehen kommen, aus einer Unterhaltung heraus oder einfach aus einem Witz. Selbstredend sind es stets Worte, die niemand von außerhalb spontan wählen würde, damit es nicht zufällig zu verwirrenden Situationen kommen kann.
Einmal machten wir mit unseren Flugbegleitern das Wort »Glücksrad« aus, da wir vor dem Briefing über die alte Sendung gesprochen hatten und das Wort in Ordnung fanden. Erst im Flugzeug kam dann unser Kabinenchef für den Tag und fragte, ob es uns sehr viel ausmache, aus dem Glücksrad ein Hamsterrad zu machen. Wir stimmten zu, fragten aber, was das denn solle, wir hätten doch über das Codewort abgestimmt und uns geeinigt.
»Tja, wisst ihr, Ludovico hat gerade völlig aufgelöst bei mir vorn angerufen und gesagt, wenn wir das Passwort behielten, habe er kein gutes Gefühl und werde wieder aussteigen und einen anderen Kollegen fliegen lassen.«
Wir schauten ungläubig und bekamen nur ein unartikuliertes »Häh?« heraus.
»Er ist so dermaßen abergläubisch, dass es auf gar keinen Fall geht, wenn das Wort »Glück« in Verbindung mit »Rad« in Verbindung mit einem fliegenden Flugzeug mit Rädern ... na ja ... ihr versteht die Problematik? Nicht? Na ja, ich auch nicht ... Also, Hamsterrad?«

Wir nickten. »Ja, ja, schon okay. Aber wie ist das denn jetzt: Ein Rad und ein ständig knabberndes Nagetier und ein Flugzeug mit Rädern und Kabeln, ist das denn nicht auch ein bisschen gefährlich?«
Markus, unser Chefsteward, winkte ab und grinste. »Fragt mich nicht, Kinder. Und vor allem fragt Ludovico nicht! Der bekommt sonst Schnappatmung … mindestens!«
Neben seiner Vorliebe für komische Passwörter hatte Ludovico auch eine Aversion gegen Bordkarten mit den Nummern 4, 13, 7 und 23. Einige Zahlen galten im asiatischen Raum als Unglückszahlen, an anderen haftete nach dem europäischen Aberglauben das Pech, wieder andere waren aus sonstigen Gründen zu gefährlich. Ludovico bekam Zustände bei 166 Passagieren und 6 Babys, weil dreimal hintereinander die 6 als Zahl der Apokalypse aufgeführt war, und er empfand wunderschöne blutrote Monde nicht als Hingucker am Abendhimmel, sondern als ein ganz schlechtes Zeichen. Einen Halo um die Sonne war der Vorbote für eine Verspätung oder Schlimmeres, und wollte einer von uns Piloten unter einer der Flugzeugtreppen entlanglaufen, hielt Ludovico uns am Ärmel und bat uns, vernünftig zu sein. Wir müssten schließlich noch fliegen und alle heil ans Ziel bringen.
Da er trotz aller Macken nur halb so gefährlich und verrückt wirkte wie seine Kollegin Manja, mochte ich den kleinen Italiener eigentlich ganz gern und ich war fast ein bisschen traurig, als er schließlich kündigte, um in der Trattoria seines Onkel auszuhelfen.
Die Kollegen im Cockpit stehen dem Kabinenpersonal in Sachen Seltsamkeit selbstverständlich in nichts nach. Ich weiß nicht, ob es an der nachlässigen Einstellungspolitik meiner Firma oder am Geschick meiner Kollegen liegt, dass es immer wieder jemandem gelingt, trotz derart eklatanter Macken seinen Weg ins Cockpit zu finden. Ich hege jedoch die leise Hoffnung, dass es bei anderen Airlines findige Psychologen gibt, die den einen oder anderen Piloten trotz seiner eventuellen Nähe zur jeweiligen Firmenphilosophie aufgrund seiner akuten Spinnerei nicht zur Einstellung empfehlen würden.

Ich habe schon mehrfach erwähnt, dass Piloten neurotisch, selbstverliebt und arrogant sind und sich für die nichtakademische Krone der Schöpfung halten. Aufgrund ihrer kindlichen Begeisterung für Kerosingestank, ölverschmierte Flugzeugmotoren und Propeller sind sie ohnehin sehr spezielle Charaktere, die auf die meisten Nichtflieger nicht ganz normal wirken. Damit man einen Piloten als »bekloppt« bezeichnen kann, muss es sich also sehr deutlich um einen Sonderfall handeln, er muss eine wirklich bedenkliche Macke mitbringen. In den vergangenen Jahren hatte ich auf meinen Flügen immer wieder Gelegenheit, einen Kandidaten für den aktuell beklopptesten Kollegen zu küren, dem dann bald von einem anderen Kollegen wieder der Rang abgelaufen wurde.
Ich hatte vor Jahren einen Kollegen, der einen nie direkt adressierte und von sich selbst in der dritten Person sprach, weshalb ich dann recht komische Aussagen zu hören bekam: »Er hätte nun gern von ihr das Fahrwerk ausgefahren.«
Da ich diesen Kollegen nun wirklich übertrieben seltsam fand, machte ich mir zunächst den Spaß, die Frage zu wiederholen: »Du möchtest, dass ich das Fahrwerk ausfahre? Okay, dann sag das doch, also *Gear down* ...« An seinem irritierten Blick bemerkte ich dann jedoch, dass er offenbar gar nicht merkte, dass er in der dritten Person sprach. Stattdessen hielt er nun mich im Umkehrschluss für schwerhörig und gab seine Kommandos in der dritten Person fortan mindestens zwei Tonstärken lauter von sich.
Er hatte zudem die Angewohnheit, in weißen Baumwollhandschuhen zu fliegen und sich jede halbe Stunde mit einem kleinen Taschenspiegel und einem Perlmuttkämmchen die Haare zu richten. Wegen seiner behandschuhten Hände dachte ich zunächst, er leide vielleicht kurzfristig an einer Allergie, weshalb ich ihn irgendwann danach fragte. »Oh, das ist sicher furchtbar schmerzhaft, ich kenne das aus der Verwandtschaft, wenn durch eine Allergie die Hände trocken und rissig werden. Hast du das schon lange?«
Wieder erntete ich einen sehr irritierten Blick: »Er ist auf gar nichts allergisch. Piloten haben keine Allergien.«

Ich verschwieg ihm, dass ich sowohl unter Heuschnupfen litt als auch unter einer Allergie auf Katzen- und Hundehaare und mich zudem übermäßiger Hausstaub geradezu in den Wahnsinn trieb und ich deshalb im Cockpit gelegentlich mit laufender Nase gegen den ganzen Schmutz dort ankämpfte.
Nach dem albernen kleinen Perlmuttkämmchen fragte ich dann lieber nicht mehr, da ich mir seine Antwort schon vorstellen konnte.
»Er kämmt sich doch gar nicht, er hat gar keine Haare ...«
Nachdem ich diesen Kollegen schon auf Platz eins der seltsamsten Kollegen gesetzt hatte und meine ganze Familie regelmäßig nach dem »Pluralis Majestatis mit Kämmchen« fragte, wechselte ich an eine andere Station und lernte einen Kollegen kennen, der innerhalb kürzester Zeit den Rang eins auf meiner Liste übernahm.
Dieser Kollege war sehr übergewichtig und ich fragte mich oft, wie er die Notabseilung durch das Cockpitfenster im Notfall durchführen würde. Ich sah ihn insgeheim schon als teigigen Pfropf das Fenster unseres in Flammen stehenden Flugzeugs verstopfen. Außerdem hatte er die abartige Angewohnheit, sich sämtliche Gesichtshaare auszureißen: Er hatte weder Wimpern noch Augenbrauen und rasierte sich seinen Kopf so, dass er ständig mit einer kahlen und blutig verschorften Haut herumlief. Optisch erinnerte er mich an eine dickliche weiße ramponierte Made oder an Uncle Fester aus der *Addams Family*.
Dieser Kollege fiel nun allerdings nicht nur aufgrund seiner Optik und aufgrund seiner Obszönitäten gegenüber dem Kabinenpersonal auf, sondern auch, weil er ungeniert rülpste, furzte und aus dem Fenster spuckte. Bei Stress begann er nicht nur stark zu schwitzen, sondern er weinte auch wie ein kleines Kind, sobald man ihn direkt kritisierte oder ansprach.
Wenn ich ihn nur fragte, ob er nicht dieses oder jenes machen wolle oder ihn an Vergessenes erinnerte, wurde er erst trotzig und bockig, und dann liefen die Tränen und er entschuldigte sich für sein Vergessen. Es sei ja alles nicht so gemeint gewesen, und »Menno«, er sei ja auch nur ein Mensch.

Bei meinen ersten Flügen mit diesem Kollegen war ich noch sehr direkt und sprach ihn immer ganz unverblümt an, wenn er etwas vergessen hatte – auch weil ich ihn insgesamt so eklig und in seiner ganzen Erscheinung abstoßend fand. Ich mühte mich sehr, professionell an unsere Zusammenarbeit heranzugehen und nicht sofort »Igitt!« zu denken, wenn ich seinen Namen auf dem Dienstplan sah. Ich musste dann aber einsehen, dass es so einfach mit diesem Menschen nicht ging und die direkte Konfrontation nichts brachte. Immerhin schaffte ich es im Laufe der Zeit, ihn nicht mehr zum Weinen zu bringen. Ich stieß ihn nicht mehr direkt mit der Nase auf seine Versäumnisse, sondern fragte um sieben Ecken, bis er schließlich von selbst darauf kam.

Ein weiterer Kandidat für den bekloppтesten Piloten war ein Kollege, der gleich mehrere höchst seltsame Eigenarten auf sich vereinte. Zum einen sprach er mit einer etwas zu hohen Stimme, die nicht im Geringsten variierte, sondern stets auf derselben Lage verharrte. Es war anstrengend, ihm zuzuhören, und er erinnerte mich entfernt an den kleinen Büroboten aus *Asterix erobert Rom*, der die beiden Gallier durch das verrückte Büro jagt, ohne seine Miene oder Tonlage zu verändern. Darüber hinaus verschmolzen seine Sätze zu einem langen Wortbandwurm, der es einem aufgrund der fehlenden Sprachmelodie wirklich schwer machte zu erkennen, wo ein Wort begann und wo ein anderes aufhörte:

»Sonunwollenwirmallosfliegen–ichhoffewirhabennichtsvergessen–ich hoffeeswirdallesganzentspanntheute–najawirdsicherschon.«

Der Kollege schaukelte im Sitzen stets vor und zurück wie ein eingesperrter Zirkuselefant oder ein gestörtes Kind, und ich fragte mich, ob ein in Ansätzen vorhandener Hospitalismus eigentlich fluguntauglich machte. Sein Vor und Zurück auf dem Sitz neben mir machte mich selbst aus dem Augenwinkel nervös, und ich war mir nicht ganz sicher, was der beste und diplomatischste Weg sein könnte, um meinen Kollegen auf seine Macke hinzuweisen.

Da mir keine wirklich höfliche Lösung einfiel, beschloss ich, lieber nichts zu sagen – und verbuchte dies bei mir unter zunehmender

Nachsicht und gesteigerter Toleranz. Abnehmende Skepsis konnte ich allerdings nicht verbuchen und beschloss, den Kollegen lieber genau im Auge zu behalten. Um mich dennoch abzulenken und ein wenig zu entspannen, schaute ich kurz aus dem Fenster und genoss den Blick auf die tief unter uns liegenden schneebedeckten Alpen.

»Wow, schau mal, das sieht ja toll aus, die Dolomiten da, die klare Sicht heute ist einfach traumhaft!«, sagte ich, um Interesse an einem Gespräch mit meinem vor- und zurückwiegenden Kollegen zu demonstrieren.

Er wiegte sich weiter. Ich versuchte das zu ignorieren und lächelte ihn tapfer interessiert an.

»Ochweißtdu–ichschauedanieraus–istmirzuhoch–ichhabeeinwenighöhenangst–ichguckeimmererst–wennwirambodensind«, antwortete Kollege Schaukelpferd.

»Ah – oh ... puh ... Höhenangst? Ha, na das ist ja mal ungewöhnlich für einen Piloten! Hast du das schon lange?«, fragte ich. »Jaschonimmereigentlich–aberdashatja–mitdemfliegennichtszutun–insgesamtbinichja–ineinemgeschlossenenraum–unddavorhabeichkeineangst–aberrausschauen–dasisthalteinfachnichtsomeins.«

Ich bereitete die Wortschlange in portionsgerechte Wörter auf und dachte kurz nach.

Seine Logik war ja in sich schon bestechend.

»Na ja, gut, dass die Landebahnen so tief unten sind«, versuchte ich ein Witzchen, aber der verständnislose Blick meines Kollegen ließ mich von weiteren Scherzen absehen.

Ich ließ ihn also weiter vor- und zurückschaukeln und hoffte, dass er bei der Landung von Hand das Flugzeug nicht allzu sehr aufschaukeln oder in den Boden rammen würde, was dann auch knapp funktionierte.

Viele Kollegen haben ihre kleinen Spleens und Marotten, ich selbst eingeschlossen, aber diese reichen bei Weitem nicht an die erwähnten Fälle heran. Und zur Beruhigung kann ich versichern, dass aufgrund von Verrücktheit sicher noch kein Flugzeug vom Himmel gefallen ist.

WEIHNACHTSFEIERN

Nach getaner Arbeit gibt es auch bei uns die eine oder andere Gelegenheit zum geselligen Beisammensein, und so beginnt auch wie bei jeder Firma irgendwann die Planung der Weihnachtsfeiern.

In den ersten Jahren gab es Mitte Oktober einen Anruf oder eine E-Mail aus unserem Hauptquartier, in dem uns das Budget für unsere jeweilige Station zugewiesen wurde. Mit dieser Summe konnte dann die Stationsleiterin losziehen und mit ein paar Damen der Kabinenbesatzung einen Ort aussuchen, Getränke und Essen festlegen und dann den Termin auf einem Poster in unserem Office aushängen. Oft wurde auf diesen bunten Postern ein Dresscode festgelegt, sodass die Mitarbeiter, die erst nach getaner Spätschicht dazustoßen konnten, sich erst einmal partyfein machen mussten.

Ich habe mich einige Male auf dem Vordersitz meines Autos eilig in Schale geschmissen und meine eher maskuline Uniform gegen ein kleines Schwarzes getauscht. In einem ausgekühlten Auto zu sitzen und zu versuchen, möglichst unauffällig aus einer Hose zu schlüpfen und ohne Unfälle und Laufmaschen eine Strumpfhose anzuziehen, ist eine Erfahrung, die Männern definitiv erspart bleibt und die ich je nach Witterung und Außentemperatur nur eingeschränkt empfehlen kann.

Die hereingetragenen Schneeklümpchen im Fußraum verwandeln sich gern in eine Mischung aus kalter Pfütze und Eisbröckchen, die im schlimmsten Fall sowohl das Kleid nass macht als auch ihren Weg in die Strumpfhose findet. Dies waren dann Momente, in denen ich mich fragte, warum ich nicht meine Wechselkleidung mit in das Office genommen und mich gemütlich und im Warmen auf der Toilette umgezogen hatte, anstatt so übertrieben streng zwischen Arbeit und Freizeit zu unterscheiden und mich nicht für alle nachvollziehbar von einem Piloten (hinein auf die Damentoilette) in eine Frau (heraus aus der Damentoilette) verwandeln zu wollen.

Nach und nach kamen diese Anrufe dann immer später, sodass die Suche nach der passenden Lokalität manchmal erst Anfang Dezember beginnen konnte und ich sogar eine Weihnachtsfeier erlebte, die erst Ende Januar stattfinden konnte.

Eine Weihnachtsfeier im Januar ist ausgesprochen merkwürdig, weil längst keine weihnachtliche Dekoration mehr hängt und es die Zeit im Jahr ist, in der einem der Abend sehr dunkel vorkommt. Nach dem wochenlangen Lichtüberschuss durch Tausende bunte Weihnachtslämpchen, Birnchen und Schleifchen, nach dem Verschwinden der vielen Rentiere, Weihnachtsmänner, blinkenden Engel und der Schneemänner, die im Vorgarten *Jingle Bells* grölen und mehr Licht abstrahlen als eine voll aufgedrehte Landebahnbefeuerung, hatte es fast etwas Trostloses, sich Ende Januar zu einer Weihnachtsfeier einzufinden. Das Restaurant war ungeschmückt, und auf dem Parkplatz lagen meterhoch zusammengeschobene graue Schneeberge, die mit ihren Streusplit-Stückchen aussahen wie schmutziges Stracciatella-Eis.

Wir hatten das gesamte Restaurant, welches Tex-Mex-Essen anbot, für uns allein gemietet. Die Wahl des Restaurants war im Vorfeld nicht unumstritten gewesen, da es einige Kollegen gab, die hier schon gegessen und hinterher krank und kotzend zu Hause gelegen hatten. Es gab Gerüchte, denen zufolge es in der Küche hundsgroße Ratten und sprechende Kakerlaken zu bestaunen gab. Da das Budget aber offenbar knapp gewesen war und im betreffenden Restaurant zumindest preisgünstige Cocktails und eine Tequila-Flatrate angeboten wurden, hatte man die problematische Küche als zweitrangig eingestuft.

Ich erinnere mich, dass ich mich damals erkundigte, warum das Ganze noch unter »Weihnachtsfeier« geführt wurde, da man die Veranstaltung auch schlicht hätte »Party der Station XYZ« nennen können. Die Begründung war, dass die Buchung des Restaurants für unsere Buchführung im fernen Firmensitz als »Weihnachtsfeier« deklariert sei und auf unseren Plakaten, die mit eingereicht wurden, auch so benannt werden musste, da wir sonst überhaupt kein Geld dafür be-

kämen. Da es eine der wenigen Gelegenheiten war, zu denen unsere Firma überhaupt etwas herausgab, war die Feier also definitiv weihnachtlicher Art, selbst wenn sie im Mai veranstaltet worden wäre. Und darum fanden wir uns alle unangemessen herausgeputzt in dieser pseudomexikanischen Kaschemme ein und hofften, dass aus der nachweihnachtlichen Januar-Kater-Stimmung noch einmal ein fulminant leuchtendes Weihnachtsgefühl aufsteigen könnte.
Ich kam mit ein paar Kollegen als Nachzügler von der sehr schneereichen und infolgedessen verspäteten Spätschicht und hatte mich mal wieder im Auto in Schale geschmissen. Stimmungsmäßig war mir eher nach einer großen Tasse Tee, dicken kuscheligen Socken und einer Wärmflasche im Bett als nach Kleidchen und High Heels, aber da ich versprochen hatte, dass ich vorbeischauen würde, tat ich das auch.
Im Eingangsbereich empfing mich ein lettisches Mädchen in einem Glitzerfummel, das ein passend zur Uniformfarbe der Airline gewähltes Rentiergeweih als Haarreif trug und mit seiner Zigarette bereits in gefährlicher Schieflage an der Wand lehnte.
»Heee Bella!«, schrie sie schrill und wollte mich umarmen, griff aber an mir vorbei. Ich konnte sie gerade noch an ihrem winzigen Kleid erwischen, bevor sie stumpf vornübergefallen wäre.
»Bleib mal da so an der Wand lehnen, ich hole deine Freundinnen«, befahl ich ihr und eilte ins Restaurant.
Der Duft nach verbranntem Käse schlug mir entgegen. Eine kräftige Note Chili con Carne mischte sich mit Fettgebackenem und abgestandenem Alkohol sowie einer Prise Schweiß darunter. Der Wunsch nach meinem Bett und etwas Ruhe wurde noch einmal stärker.
Einige Kollegen winkten, als sie mich sahen, und prosteten mir aus der Ferne zu, ich ging jedoch zunächst zu dem Grüppchen Kabinenpersonal, das an einer Ecke des Tresens stand und wild auf Englisch, Deutsch, Polnisch, Lettisch, Ungarisch, Spanisch und Italienisch durcheinanderredete und sich dabei offenbar sogar verstand.
»Hi«, sagte ich und unterbrach das Sprachwirrwarr. »Agata ist betrunken und mir gerade fast vor die Füße gefallen. Helft ihr der

Ärmsten mal?« Ich deutete zum Eingang, wo das bunt glitzernde, schwankende und sehr dünne Mädchen noch immer an der Wand lehnte und glasig vor sich hin starrte.
Ein paar Mädels machten sich auf und brachten Agata untergehakt aus dem Eingangsbereich an die frische Luft. Der Sauerstoff traf sie wie eine Keule, sie sackte in Sekundenbruchteilen in sich zusammen und begann, direkt vor die Tür zu kotzen.
Himmel, dachte ich, kaum fünf Minuten hier und schon so was. Ich winkte meinen mir unablässig winkenden Kollegen zurück und bat den gepiercten Typen hinter der Bar um einen Eimer Wasser.
»Häh, wieso willst du denn Wasser? Ey, gibt doch Tequila-Flatrate, voll geil«, sagte er und knallte ein Glas Tequila vor mich auf die Bar.
»Draußen ist jemandem schlecht geworden, und das direkt im Eingang.«
Der Typ zuckte mit den Schultern, holte aber immerhin einen Eimer und füllte heißes Wasser hinein.
»Split ist neben der Tür, sonst friert das über«, sagte er und drückte mir den Eimer in die Hand.
Ich eilte zurück vor die Tür, spülte die Stelle und sah nach dem Grüppchen der um Agata gescharten Kolleginnen.
»Hat sie nur getrunken und nichts gegessen?«, fragte ich.
Agata war dafür bekannt, dass sie eher trank als aß und oft auch im Flug nur von Kaffee lebte.
»Sie hat so Heimweh«, meinte eine.
Viele Angestellte aus dem Kabinenpersonal sind weit weg von zu Hause und kommen wegen ihres Dienstplans und der schlechten Flugverbindungen nur alle paar Monate zu ihrer Familie und ihren Freunden. Für einige werden die Kolleginnen dann zur Ersatzfamilie, aber Agata hatte immerzu Heimweh und Sehnsucht nach dem Baltikum. Es gibt viele Mädchen wie Agata in unserer Firma, die sich von Heimweh geplagt durch ihre Tage quälten und ihr kümmerliches Gehalt bis zum Letzten sparten, um ihren Familien Geld zu schicken, weshalb sie sich selbst die Reise nach Hause noch seltener leisten konnten. Meine Firma weiß um die Nöte des Kabinenpersonals,

aber sie presst das Letzte aus den Frauen heraus, und da sie auf das Geld angewiesen sind, lassen sie sich viel an Druck und Repressalien gefallen.
Meine Cockpitkollegen hatten derweil dem Tequila eifrig den Kampf angesagt. Ich gesellte mich zu dem Grüppchen und hoffte, der zunehmende Alkoholpegel würde nicht allzu viele Heldengeschichten aus dem Alltag der Piloten zutage fördern. Leider blieb mein Wunsch unerhört, und schon bald überboten sich die Herren mit Geschichten von Wind und Wetter, völlig unfähigen Fluglotsen, katastrophalen Notsituationen und heftigen Turbulenzen. Ich gähnte dezent.
Als dann tatsächlich zwei Kollegen begannen, über Passagen aus unseren Handbüchern zu diskutieren, drehte ich mich ab und wollte gehen. Wo ich denn hinwolle, meinte einer meiner Kollegen und legte seinen Arm um mich.
Ich gähnte abermals, befreite mich aus seinem Griff und meinte, es sei Zeit für mich, schlafen zu gehen. Die Themen seien ja ohnehin sehr unweihnachtlich, ich hätte nun Feierabend, keine Lust mehr auf Fluggeschichten, und über unsere Handbücher würde ich auf Partys generell nur selten sprechen.
Die beiden Manual-Experten guckten mich verständnislos an und diskutierten weiter. Einer der beiden holte sogar sein Smartphone aus der Tasche und begann, den betreffenden Part aus dem Handbuch aufzurufen, um ihm dem anderen zu zeigen.
»Habt ihr eigentlich keine Hobbys und kein Leben?«, fragte ich.
Ich wusste, dass die beiden zu den sehr firmen- und managementtreuen Kollegen gehörten, die unseren Stationsleiter gern umschwirrten und ihm ihre Hilfe anboten, ob es nun ums Müllhinaustragen oder ums Schuheputzen ging, nur um gut dazustehen. Da ich etwas kritischer war und kein Blatt vor den Mund nahm, wurde ich von den beiden stets skeptisch beäugt, und vermutlich wurde jeder meiner Kommentare ungefiltert direkt an höhere Stellen weitergeleitet.
»Julia, wir nehmen unsere Arbeit im Gegensatz zu anderen sehr ernst. Für die einen ist der Job eben Berufung. Und für die anderen,

nun ja …« Die beiden musterten mich abfällig und setzte ihr Gespräch dann fort.

Die anderen Kollegen grinsten, schnitten Grimassen und machten sich über die beiden lustig. »Hier, trink erst mal was und lass die beiden Trottel doch. Die haben gehört, dass der Chef gleich mit einem Vogel vom Management hier auftauchen soll, und da wollen sie glänzen.«

Dass unser Management die Partys der einzelnen Stationen nur abklapperte, um die freien Getränke abzugreifen und zu schauen, welche der besoffenen Kabinendamen willens war, ihre Karriere vermittels eines Quickies mit dem Personalleiter anzukurbeln, hatten die beiden offensichtlich noch nicht begriffen. Es kam meist ein Zweigespann aus Kabinencrew-Personalleitung und *Pilot-Human-Ressources-Departments*-Vorstand, und in der Regel waren diese Herren ausgesprochen trinkfest und man musste aufpassen, dass man nicht zu lange in ihrer Nähe verweilte.

Ich blieb schließlich doch noch einen Moment. Während die Kollegen sich weiter im Erzählen ihrer Heldentaten überboten beziehungsweise in ihren Flughandbüchern lasen, begannen in der anderen Ecke des Raumes einige Piloten und das Kabinenpersonal zu tanzen. Andere lagen bereits angetrunken in der Ecke. Ich lehnte mit zwei befreundeten Piloten an einer Säule, beobachtete den zunehmenden Verfall und wartete nur darauf, dass wieder ein verheirateter Kollege begann, mit einer Stewardess herumzuknutschen, was irgendwie zu den Weihnachtsfeiern dazugehörte.

Und dann geschah etwas sehr Lustiges.

Einer unserer neuen Kopiloten, der frisch aus irgendeiner Verkehrsfliegerschule zu uns gekommen war, stellte sich neben mich und musterte mich mit unverhohlenem Interesse. Ich war sein *Safety Pilot* gewesen und hatte ihn in seiner ersten Woche als Trainee bei uns begleitet, ihn aber seitdem nicht mehr gesehen.

»He, na, auch hier?«, fragte er, und meine Kollegen begannen zu grinsen.

Zwei Mädels aus der Kabinencrew gesellten sich zu unserer kleinen Säulenversammlung hinzu, als er fortfuhr: »Sag mal, sind wir denn schon mal zusammen geflogen? Ich hab dich noch nie gesehen.«
Das Grinsen meiner Kollegen wurde breiter.
»Weißt du, ich bin einer der neuen Piloten. Ich kann dich ja mal ein bisschen im Flugzeug rumführen.«
Nun begannen auch die Mädels zu grinsen und peinlich berührt die Augen zu verdrehen. Ich lächelte freundlich und sagte nichts, denn das hier sah nach einem Eins-a-Fettnapf für unseren jungen Kollegen aus.
»Wenn wir zusammen fliegen, dann besuchst du mich vielleicht mal im Cockpit, ist ja bestimmt langweilig immer ganz hinten im Flugzeug.«
Ich war allmählich genervt. Er dachte offenbar nicht bloß, dass er eine Mitarbeiterin aus dem Kabinenpersonal vor sich hätte, sondern zudem eine ganz neue Flugbegleiterin, die hinten im Flugzeug ihren Dienst tat und die wir vorn tatsächlich selten zu Gesicht bekamen. Mein Lächeln nahm eine eisige Note an, und ich sagte zuckersüß: »Aber natürlich sind wir schon mal zusammen geflogen. Dass du dich da so gar nicht dran erinnern kannst ...«
Ich schaute möglichst betrübt.
Die beiden Kolleginnen aus der Kabine begannen nun heftig zu gestikulieren, um den armen Jungen von weiteren Peinlichkeiten abzuhalten, was er aber leider übersah.
Der Neue setzte zur nächsten Charmeoffensive an und meinte: »Oh, das ist mir total unangenehm. Einen Drink mit mir vielleicht? Ich kann dich nachher ja nach Hause bringen, ihr Mädels habt doch alle kein Auto, dann sparst du das Geld fürs Taxi. Ihr verdient ja nicht sooo viel, hab ich gehört.«
Er zwinkerte aufdringlich. Und da seine Charmeoffensive auch die beiden Damen aus der Kabine zu verärgern begann und sein herablassendes Getue wirklich mehr als unangemessen war, ließ ich ihn auflaufen.
»Danke für das Angebot, aber siehst du das rote Auto auf dem Parkplatz direkt vor der Tür?«

Er schaute und nickte und stammelte dann: »Ja, ein schicker neuer Mercedes, oh sorry, ich wusste nicht, dass du einen Freund hast, der Pilot ist. Oh Mann ...«
Einer der Kollegen konnten sich nun nicht mehr halten und brach in lautes Gelächter aus. Ob er schon mal genau hingeschaut hätte, mit wem er da die ganze Zeit zu flirten versuche?
»Doch, doch«, erwiderte der Neue. Ich sei die Dings, der Name sei grade leider weg, ich sei dieses eine neue Mäuschen aus der Kabine.
Allein für das »Mäuschen« hätte ich ihm am liebsten eins auf die Nase gegeben, aber ich lächelte weiter eisig.
»Sag du's ihm, Julia, ich kann nicht mehr!«, prustete der Kollege.
»Wir sind schon ein paarmal miteinander geflogen. Ich war dein begleitender *Safety Pilot*, als du letztes Jahr bei uns Training geflogen bist. Da du offenbar nun hier stationiert bist: Willkommen an der Base. Aber wenn du in Zukunft folgende Fehler bitte unterlassen könntest: Ich mag es nicht, wenn man unsere Damen in der Kabine von oben herab anredet und so eine gönnerhafte Show abzieht wie du hier. Die halten unseren Laden zusammen da hinten, da wären wir Piloten gar nicht fähig zu, also hab gefälligst mal ein bisschen Respekt. Außerdem mag ich es nicht, wenn man mich, nur weil ich eine Frau in einem kurzen schwarzen Kleid bin, sofort anmacht und jemand seine »Ey, Baby, ich bin Pilot«-Show abzieht. Und drittens: Ich will keinen Piloten zum Partner. Denk also nie wieder, mein Lebensgefährte sei Pilot.«
Er nickte eifrig und war ganz rot im Gesicht und stammelte eine Entschuldigung nach der anderen. Meine Kollegen hatten sich halbwegs wieder beruhigt und halfen ihm: »Du hast der Dame doch gerade einen Drink versprochen, vielleicht holst du den jetzt mal.«
Ich bat um ein Mineralwasser und grinste.
Kurz darauf kam unser Chef mit den beiden feierwütigen Herren aus dem Headquarter.
Diese standen kaum an der Bar, als sich auch schon die beiden Handbuchvögel um sie herum gesellten. Offenbar waren die beiden Herren aus dem Management aber nicht sonderlich an Gesprächen über

unsere Manuals interessiert und scannten stattdessen mit geübtem Blick die um sie herum tanzenden und wuselnden Frauen, die sich in unterschiedlichen Stadien der Trunkenheit befanden.

Kurze Zeit später teilten sich die beiden auf. Einer begann ein Gespräch mit ein paar Piloten und schlenderte dann zu einer Gruppe Kabinenpersonal und machte etwas Small Talk. Hier ging es darum, allen zu zeigen, wie charmant und zugänglich unser Management war und wie viel ungezwungenen Spaß wir doch alle miteinander haben konnten: die große glückliche Airline-Familie ...

Der andere Typ stand kurz darauf bei mir und meinen Kollegen, die sich noch immer von der Lachattacke um meinen jungen Verehrer erholten.

»Scheint ja eine gute Stimmung zu sein hier«, begann der Managertyp das Gespräch.

Wir nickten und hatten eigentlich wenig Lust, uns mit ihm zu unterhalten. Wir kannten ihn von einigen unerfreulichen Meetings und wussten, dass der nach außen sehr freundliche und charmante Herr sehr gern mit forschen Schritten über Leichen ging und hintenherum ein ganz anderes Gesicht hatte.

Er begann mich in meinem Kleid zu mustern, nachdem ich irgendeinen pointierten Kommentar zu einem verzweifelt an der Theke klammernden Kollegen gemacht und meinen Gegenüber davon abgeraten hatte, hier etwas zu essen.

»In diesem Dreckslokal kann man nicht essen, das sollte das Gesundheitsamt dichtmachen!«, sagte ich, und der Herr begann zu grinsen. Ich sei ja sehr offen in meiner Wortwahl.

Dafür sei ich bekannt, meinte einer meiner Kollegen trocken und lächelte mich freundlich an.

Der Manager nickte und murmelte nur: »Aha.«

Gegenüber von uns hatte man begonnen, einen eingeschlafenen und betrunkenen Kapitän mit Lippenstift und Lametta zu dekorieren,

und einige Mädels posierten für sehr fragwürdige Fotos auf seinem Schoß.
Ich hoffte inständig für ihn, dass die Bilder nicht auf Facebook landen würden, denn der arme Kollege hatte einen wahren Hausdrachen zur Frau. Wir waren schon überrascht gewesen, dass er überhaupt Ausgang bekommen hatte. Sollte sie diese Fotos zu sehen bekommen oder ihr Mann mit Lippenstiftspuren zu Hause auftauchen, würden wir vorsorglich wohl die Polizei wegen häuslicher Gewalt alarmieren müssen.
Ich gähnte noch einmal und beschloss, der Feier nun endgültig den Rücken zu kehren, als sich der Manager zu mir hinüberbeugte und flüsterte: »Wow, du duftest fantastisch. Tolles Parfum ... und wirklich sehr nettes Kleid.«
Ich bedankte mich höflich und wusste, dass nun definitiv die Zeit gekommen war, um zu gehen.
»Ihr habt ein paar echt supersüße Mädels an der Station«, sagte der Typ. »Da hat mein Kollege aus dem *Cabin Crew Recruiting* mal einen verdammt guten Job gemacht. Echt Frauen mit Klasse dabei.«
Wieder musterte er mich von oben bis unten.
Ich lächelte ihn an und sagte dann sehr freundlich: »Ich werde jetzt fahren. Gute Nacht ihr alle, war lustig. Holt euch keine Lebensmittelvergiftung und geht nicht mit der falschen Frau nach Hause. Und bitte lasst Sean zur Sicherheit bei einem von euch zu Hause auf dem Sofa schlafen, seine Frau bringt ihn sonst um!
Ach, und übrigens, ich bin eine Pilotin, und die *Cabin-Crew*-Anmache hatte ich heute schon, sorry!«
Damit ließ ich diese Januar-Weihnachtsfeier hinter mir und fuhr in meine Wohnung.
Die Party soll wie alle Partys noch bis spät in den Morgen gegangen sein. Alle Tequila-Vorräte wurden vernichtet. Die beiden Managertypen sollen irgendwann auf dem Billardtisch getanzt und weiterhin versucht haben, eine Dame zur Begleitung zu finden. Dem Klatsch und Tratsch meiner Kollegen zufolge sind sie jedoch jämmerlich

gescheitert. Mich fand der Managertyp unangemessen und unverschämt, berichteten mir meine Kollegen.

Sean schlief seinen Rausch bei einem Freund aus und konnte sich ein wenig berappeln und abschminken, bevor er in sein Hexenhaus zurückfuhr.

Da unsere Weihnachtsfeiern mittlerweile nicht mehr von der Firma bezahlt werden und jede Station sie nun in Eigenregie bezahlen muss, finden die Feiern insgesamt immer seltener statt. Es gibt hier und da gesponserte Partys, wenn die Kabinencrew genug verkauft und dann der Bierlieferant eine Werbeparty schmeißt. Ansonsten scheint die Feierwut nachzulassen.

Ich fürchte, die Herren vom Management müssen sich also nach einer anderen Quelle umsehen, um ein paar junge Damen aufzureißen, oder sie müssen doch wieder beginnen, uns unsere Feiern zu bezahlen ...

AIRPORT SECURITY

Sie hat nicht unmittelbar mit meiner völlig verrückten Firma zu tun, aber sie ist dennoch ein ewiger Quell unerhörter Erlebnisse und kurioser Anekdoten: die Sicherheitsschleuse am Flughafen.

Bevor sich nun ein Mitarbeiter irgendeiner Flughafen-Sicherheit auf die Zehen getreten fühlt, muss ich etwas differenzieren und vorausschicken, dass ich Flughafen-Sicherheit sehr wichtig finde und großen Respekt vor den Leuten habe, die dort arbeiten. Die deutsche Flughafen-Security ist immer freundlich und zu Späßen aufgelegt, und ich habe noch nie eine Situation erlebt, in der ich mich hätte ärgern müssen. Die Damen und Herren, die bei der Flughafen-Sicherheit ihren Dienst tun, sind von den Passagieren einigen Kummer gewohnt und vermutlich deshalb meist so nett zu uns Crewmitgliedern. Diskussionen über Flüssigkeitsmengen gibt es mit uns fliegendem Personal nicht, auch versuchen wir selten Macheten oder Kettensägen im Handgepäck mitzunehmen, und nicht einmal artgeschützte Tiere schmuggeln wir mit zum Dienst.

Wenn man sich die Zeit nimmt und mit den Sicherheitsleuten spricht, hat fast jeder eine Passagier-Anekdote bereit, die so schräg ist, dass man aus dem Staunen nicht mehr herauskommt.

Ein Mitarbeiter der Sicherheitskontrolle erzählte, er habe einmal einen Passagier durchleuchten wollen, der ein Hundetransporttäschchen mit Schlangenaufdruck in Pink mit sich führte. Er sagte zu dem Passagier, dass Hunde, sofern es sich nicht um Blindenhunde handelte, nicht mit in die Kabine genommen werden dürften und in eine Transportbox gehörten.

Der Passagier erwiderte daraufhin, er habe ja gar keinen Hund dabei. Er öffnete die Tasche, und der Sicherheitsbeamte sah einen Leguan, der ein farblich auf die Transporttasche abgestimmtes Halsband trug. Die herbeigerufene Polizei und der Flughafenzoll überprüften den Fluggast daraufhin etwas genauer, um herauszufinden, ob es sich bei dem Tier vielleicht um ein illegales Urlaubsmitbringsel einer früheren Reise handelte.

In einer weiteren seltsamen Begebenheit spielt die oben bereits erwähnte Machete eine Rolle.

An einem Flughafen spazierte ein Passagier mit seiner Sporttasche durch den Röntgenbogen, als der Sicherheitsbeamte am Schirm plötzlich große Augen bekam und schnell seine Kollegen und die Polizei dazurief. Der Passagier war groß, nicht unfreundlich, etwa 40 Jahre alt und gekleidet wie Indiana Jones. Er hatte einen Lederhut auf dem Kopf getragen, den er nebst seinen robusten Stiefeln, seinem breiten Gürtel und eben der Sporttasche artig zum Durchleuchten aufs Band gelegt hatte. Zudem trug er eine beige Cargohose und ein kakifarbenes Hemd.

Man fragte ihn, ob es sein könne, dass sich ein sehr langes Messer oder etwas Ähnliches in seiner Tasche befände, und er bejahte dies freundlich, ohne darüber besonders irritiert zu sein.

»Das ist kein Messer, sondern eine Machete«, sagte der Indiana-Jones-Verschnitt zu dem Polizisten.

»Aha, und was wollen Sie damit? Sie können doch keine lange Stichwaffe mit an Bord einer Maschine nehmen! Wie kommen Sie denn auf so eine Idee?«, wollte der Polizist wissen.

Er wolle damit ja nichts tun an Bord, gab der Mann zurück. Er sei zu einem Survival-Wochenende unterwegs, und da brauche er nun mal seine Machete. Den großen Rucksack mit all seinen anderen Dingen habe er ja eingecheckt, aber die Machete habe eben nicht hineingepasst.

Die Flughafensicherheit nahm ihm die Machete ab und führte sie dem Arsenal der konfiszierten Waffen zu. Die Polizei nahm den Mann zu einem kleinen Gespräch mit, um sich von seinem Geisteszustand zu überzeugen. Nachdem die Polizisten ihn in die Kategorie »Naiv, so etwas einzupacken, aber harmlos« eingeordnet hatten, durfte er seinen Flug zum Survival-Wochenende antreten.

Die interessantesten Dinge an Sicherheitskontrollen habe ich bisher in Großbritannien erlebt. Dort durch die Security zu müssen (als Pilot in Uniform wohlgemerkt), ist stets ein Anlass zu größter Verwunderung. Nicht selten weiß man anschließend eine Anekdote mehr, mit der man prima etwas zur Unterhaltung auf der nächsten Party beisteuern kann.

Die britischen Security-Mitarbeiter sind im Gegensatz zu ihren deutschen Kollegen selten wirklich entspannt oder zu Scherzen aufgelegt, sondern meist ernst bis unfreundlich und extrem misstrauisch. Wer als Crewmitglied dort durch die Kontrolle muss, hat am besten den Flughafenausweis schon sichtbar in der Hand, die Schuhe bereits ausgezogen und seinen Gürtel und die Jacke neben der Tasche im Blickwinkel der Angestellten zurechtgelegt. Ganz dringend sollte man keine Flüssigkeiten dabeihaben, außer vielleicht in den genormten Reisegrößen von 100 Millilitern pro Fläschchen und versiegelt in einer durchsichtigen Tüte mit Kunststoffreißverschluss.

Sonst bricht gleich der Himmel über einem zusammen.

Ich habe es nach einigen Trainingstagen im Simulator einmal versehentlich gewagt, die Kosmetika, die man als Frau so mit sich herumschleppt, in einem zugeknoteten Plastikbeutel zu präsentieren, weil der kleine Plastikreißverschluss meiner üblichen Kosmetiktasche zuvor das Zeitliche gesegnet hatte. Nachdem ich völlig entgeistert gefragt worden war, ob das denn bitte mein Ernst sei, und ich mich schon mehrfach entschuldigt hatte, bekam ich eine lange Predigt über mein fehlendes Verantwortungsbewusstsein im Allgemeinen und die Wichtigkeit der richtigen Tüten im Besonderen zu hören. Ich stand da, in Socken (meine Schuhe hatte ich ja zum Durchleuchten ausziehen müssen), und lauschte einer sehr engagierten Dame, die meine geknotete Tüte ganz offensichtlich persönlich nahm. Sie verschwand auch kurz an einem Sicherheitstisch, um zu checken, ob der Inhalt auch wirklich nur aus Augencreme, Tagescreme, Mascara und Deo bestand. Bei ihrer Rückkehr erdreistete ich mich zu fragen, wie sie den Test denn durchgeführt habe, ob sie meinen teuren Cremes tatsächlich Proben entnommen hätte?

Großer Fehler! Nun standen drei Sicherheitsleute um mich herum und fragten, was mich das denn angehe und warum ich das alles so genau wissen wolle?

Ich beeilte mich zu versichern, dass es mir allein um meinen Spleen für teure Creme ging und jedes Gramm sehr kostbar sei. Dann fragte ich artig um Erlaubnis, meine Schuhe wieder anziehen zu dürfen.

Ein anderes Mal ging ich hinter einem Kollegen durch die Kontrolle, der zwar keine Tüte mit Kosmetik mit sich brachte, aber das Essen für einen kompletten Arbeitstag. Man näherte sich seinen Dosen und Schachteln mit großer Vorsicht, und ich hatte Mühe, ein Grinsen zu unterdrücken.

»Sir, wir öffnen jetzt Ihre Dosen«, kündigte man an und hob den ersten Plastikdeckel.

»Oh, ein Joghurt, den dürfen Sie natürlich nicht mitnehmen.«

Wegen der gefährlichen rechts drehenden Milchsäurebakterien, dachte ich. Der gehörte sicher zu den verbotenen biologischen Kampfstoffen.

Der Kollege fragte, ob er die 50 Gramm, die sein Joghurt die erlaubten 100 Milliliter überschreite, schnell auslöffeln solle, aber auch das war eine schlechte Idee.

»Der Sicherheitsbereich ist doch kein Café«, hieß es daraufhin, und – schwupps! – verschwand der Joghurt im Mülleimer, bevor der Kollege auch nur protestieren konnte.

Nun war der restliche Inhalt seiner Dosen an der Reihe: Ein matschiges Sandwich mit einer Creme aus viel Mayonnaise und wenig Ei sowie Reis mit Tomatensoße für das Mittagessen.

Na, immerhin selbst gemacht, dachte ich.

»Sorry, Sir, auch das müssen wir leider konfiszieren. Die Dosen können Sie wiederhaben, aber das Sandwich ist zu cremig belegt und der Reis hat eindeutig zu viel Tomatensoße.«

Der Kollege schien das schon gewohnt zu sein, protestierte nur mäßig und nahm seine leeren Dosen.

Hinter uns wurde mittlerweile der Rollwagen eines Cafés herangefahren, vollgepackt mit Thunfischsandwiches, die in der Filiale hinter der Sicherheitsschleuse im Duty-Free-Bereich verkauft werden sollten. Diese ebenfalls cremigen Sandwiches wurden nur rasch durchleuchtet, und noch während ich meine Schuhe und meinen Gürtel wieder anzog, klapperte der Wagen an uns vorbei, ohne dass auch nur ein Sandwich wegen seiner Cremigkeit im Abfalleimer gelandet wäre.

Beim Weggehen unterlief meinem Kollegen dann noch ein kleiner Fauxpas.

Er grinste mich an und sagte: »Was soll ich mit einem Sandwich als Waffe, wir haben ja schließlich eine Axt im Cockpit.«

Sofort waren wir wieder umringt vom Sicherheitspersonal.

»Wie meinen Sie das, Sir? Eine Axt? Wollen Sie etwa strafrechtlich relevante und verbotene Dinge mit einer Axt tun? Und warum haben Sie eine Axt und wo?«

Ich lächelte bemüht und sehr ironisch.

»Wie Sie als geschultes Personal sicherlich wissen, haben wir aus brandschutztechnischen Gründen eine Axt im Flugzeug, die bei uns Piloten vorn verstaut und fernab vom Zugriff der Passagiere aufbewahrt wird. Mein Kollege hier ist nur sehr hungrig und etwas enttäuscht, dass seine leckere Mahlzeit in Ihrem Abfalleimer gelandet ist. Aber wir kaufen jetzt einfach ein paar dieser völlig ungefährlichen Thunfischcremesandwiches, die gerade an uns vorbeigefahren wurden, und dann geht es schon wieder.«

Die Security ließ uns ziehen, und wir gingen einen Kaffee trinken und kauften neues Essen für den Tag.

An einer anderen Sicherheitskontrolle irgendwo in Großbritannien musste ich im Rahmen von einem unserer Trainings durch den Sicherheitsbereich, um auf dem Vorfeld ein Flugzeug zu begehen. Ein Großteil meiner Gruppe war schon durch die Schleuse gegangen, als ich an der Reihe war. Ich war in Uniform, trug zudem bereits meine leuchtend gelbe Warnweste (in Britannien trägt man die Warnweste auch beim Rasenmähen, Joggen und Spazierengehen) und überreichte meinen Flughafen-Ausweis, der jedoch nicht an diesem Flughafen ausgestellt worden war.

»Den Flughafen-Ausweis können wir nicht anerkennen«, sagte die Dame hinter dem Counter streng.
Ich war etwas verwirrt. Ich trug einen gültigen Ausweis bei mir, was bedeutete, dass ich während meiner letzten 15 Lebensjahre akribisch von einer Sicherheitsbehörde auf alles Dubiose und Kriminelle überprüft worden war – und trotzdem akzeptierte die Frau meinen Ausweis nicht.
Der uns begleitende Trainer war etwas überfragt und bat mich, meinen Reisepass und meine Fluglizenz vorzuzeigen, was ich sofort tat.
»Nein, das interessiert mich alles nicht«, sagte die Dame wieder und guckte noch ein bisschen strenger. »Sie kommen hier nicht durch.«
Ich guckte meinen Trainer fragend an und bat dann die Dame, mir zu erläutern, wo eigentlich das Problem sei, da ich an jedem anderen Flughafen stets ohne Probleme hin und her gekommen war und nur hier plötzlich behandelt wurde wie ein Verbrecher.
»Wir erkennen den Ausweis nicht an«, wiederholte sie, und der Rest der Gruppe scharrte langsam ungeduldig mit den Füßen.
Ich fragte den Trainer, ob ich warten solle, während der Rest das Training schon absolvierte, ich würde dann eben nicht mitmachen.
»Eine Möglichkeit gibt es noch«, sagte die Dame daraufhin plötzlich zu meinem Trainer, als fände sie es noch viel suspekter, dass ich nun zurückbleiben wollte.
»Wenn Sie die Verantwortung für die Frau übernehmen wollen, dann können Sie für sie bürgen. Dazu brauchen Sie ein Formular, welches Sie in dem Büro bekommen, wenn Sie aus dem Terminal raus und quer über die Straße und am Ende der anderen Straße hinten nach rechts gehen. Das Formular lassen Sie dann von Ihrem Supervisor im Trainings-Department abstempeln oder gegenzeichnen. Dann gehen Sie wieder in das Office, wo Sie das Formular bekommen haben, und dort erhalten Sie einen Passierschein unter Vorbehalt. Sie dürfen sie dann aber auf gar keinen Fall unbeobachtet lassen.«
Jetzt fühlte ich mich wieder wie bei *Asterix erobert Rom*.
Die Gruppe wartete also, nachdem ich mich bei meinen Kollegen entschuldigt hatte, und der Trainer und ich gingen auf unsere kleine

Odyssee durch den Flughafen, dann ins Trainingszentrum, zurück zum Office und dann wieder zurück zur Sicherheitsschleuse. Nach 40 Minuten standen wir vor unserer strengen Freundin.
»Aha, Sie schon wieder«, sagte sie zu mir und musterte mich abschätzend. »Dann bitte Passierschein, Ausweis, Fluglizenz und den Flughafenausweis.«
Alles, was sie vorher nicht hatte sehen wollen, beäugte sie nun ganz genau.
Meine Kollegen begannen zu grinsen, einige kicherten.
»So, dann Schuhe aus, Gürtel aus, Krawatte ab und die Epauletten bitte auch.«
Immerhin sagte sie »bitte«, während ich meine Pilotenstreifen von den Schulterklappen zog und meine Krawatte aufknotete. Einen doppelten Windsorknoten bekam ich zum Glück hin, ohne in den Spiegel zu gucken, sodass ich sie artig glatt strich und in das Körbchen zum Durchleuchten legte.
Ich wurde ebenfalls durchleuchtet, und dann bat mich die grässliche Dame tatsächlich hinter einen Paravent und durchsuchte mich.
Sie griff in meine Hemdsärmel, strich über meine BH-Körbchen, ging mit ihrem Arm bis zum Knie in mein eines Hosenbein, dann in das andere, und schließlich griff sie beherzt unter meinen Hosenbund bis an den Rand meiner Unterhose. Ich konnte ihre kalten knochigen Finger auf meiner Haut fühlen. Angenehm war das nicht, und ich schaute sie missbilligend an. »Ist das hier wirklich das normale Prozedere? Übertreiben Sie nicht gerade etwas?«
Sie wurde noch etwas ruppiger, als sie meine Hosenbeine wieder herunterzog, und richtete sich dann auf, ohne ein weiteres Wort mit mir zu wechseln. Vielleicht fühlte sie sich bei der Arbeit geradezu übermächtig und kompensierte so ihre kleine, schrumpelige Statur, ihre grauen strähnigen Haare und ihr trauriges schiefes Gesicht.
Sie nickte, und ich durfte mich wieder anziehen und mit den anderen aufs Vorfeld gehen.
»Junge, Junge«, meinte ein Kollege, »die hatte dich aber mit Anlauf gefressen.«

Ich seufzte und grinste dann und erzählte von meiner Leibesvisitation. Meine Kollegen grinsten nun noch mehr, und einige stellten sich das offenbar ganz genau vor, denn das Grinsen wurde immer breiter.
Ich hatte mich nie zuvor schlecht gefühlt an der Security, aber so durchsucht zu werden wie ein Schwerverbrecher war sehr seltsam. Ich hatte das unangenehme Gefühl, von der Sicherheitsangestellten belästigt worden zu sein, in all ihrer paranoiden Gründlichkeit.
Sehr kurios war auch das Erlebnis, als wir nach einem Simulatortraining wieder einmal durch eine Sicherheitskontrolle mussten. Mein französischer Simulatorenflugpartner, mit dem ich die letzten beiden Tage verbracht hatte, ging hinter mir. Höflich gab er all seine Habseligkeiten auf das Band, dekorierte alles mit seinem durchsichtigen Reißverschlussbeutelchen, zog artig Schuhe und Gürtel aus und lächelte die Sicherheitsleute freundlich an.
Der Herr am Bildschirm gefror in seinen Bewegungen und riss den Rucksack meines Kollegen vom Band.
»Sir«, sagte er vorwurfsvoll. »Ich muss Ihre Tasche öffnen, da ist ein unidentifizierbarer spitzer Gegenstand drin, der gegen die Vorschriften verstößt.«
Ach herrje, dachte ich. Nun geht es wieder los.
Mein Kollege blieb ruhig und sehr freundlich.
»Oh naturellement, isch glaubö, isch abö mein Gabel vergessen nach der letzte Flug rauszunehmön«, sagte er. »Ach, mein Frau sucht sie böstimm schon und sie schimpft sischär wiedär.«
Diese kleine Charmeoffensive lief ins Leere.
»Sir, eine Gabel?«
Er nickte und griff nach seiner Tasche.
»Whoa, whoa, langsam, langsam!! Bleiben Sie sofort zurück!«
Mein Kollege schaute fragend. »Abö, abö, isch mach doch gar nischts. Isch wolltö doch nur die Gaböl raussuchön für Sie?«
»Sir, bleiben Sie zurück, da ist eine Gabel in Ihrem Rucksack!«, rief der Sicherheitsbedienstete nun leicht hysterisch.
Der Mann zog blaue Gummihandschuhe an und räumte den kompletten Rucksack aus, bis er das Corpus Delicti in der Hand hielt.

»Eine Metallgabel!«, hauchte er fassungslos. »Was um Himmels willen machen Sie bitte mit einer Metallgabel?«
Mein Kollege schüttelte ungläubig den Kopf, lächelte dann nachsichtig und sagte: »Oh alors, nun gut. Wir continentale Europäer pflegen mit Metallgabeln zu essön.«
Sein französischer Akzent troff inzwischen vor Herablassung und Unverständnis. Ich zog den Kopf ein. Einem Briten etwas über kontinentaleuropäische Esskultur zu erzählen, war ohnehin etwas arrogant, aber einen solchen Kommentar an einer Sicherheitskontrolle zu machen, war zudem nicht besonders klug.
Der Kontrolleur zog scharf die Luft ein, schnappte sich die Gabel und betastete sehr vorsichtig die Zinken. »Ich checke jetzt den Schärfegrad und die Spitze ihrer ... äh ... Metallgabel.«
Er sprach das Wort »Metallgabel« so angewidert aus, als handelte es sich dabei um etwas sehr, sehr Unanständiges.
»Ha, na ja. Nicht scharf genug. Können Sie wieder einpacken, aber etwas plötzlich, bitte«, befahl er.
Mein Kollege schüttelte jedoch den Kopf.
»Isch würde Sie bittön, die angerischtete Chaos in mein Tasch' bitte wieder zu korrigieren und alles einzuräumön, auch die Gaböl.«
Ich war noch immer etwas fassungslos ob des Gabel-Dramas und sehr überrascht, dass man meinen Kollegen nun nicht weiter anmaulte, sondern tatsächlich zwei Kollegen des Gabel-Prüfers artig und sehr sorgfältig die Tasche wieder einzuräumen begannen.
Nachdem meinem Kollegen mit einem »Wir machen nur unsere Arbeit, Sir!« die Tasche übergeben wurde, eilten wir davon.
Im Gehen flüsterte mir mein Kollege zu: »Was gönau sollte isch mit meiner Gaböl très dangereuse denn tun? Alors, zünäscht all unsere Passagier' einzöln absteschön, et après die Mädschön in der Kabine und zu güter Letzt uns? C'est imbécile, non?«
Er hatte recht, sehr albern, das Ganze. Außer einem zustimmenden Kopfnicken hatte ich dem nichts hinzuzufügen und bestellte uns zwei Cappuccino.

DISPATCHER UND CO.

Genauso wie es völlig unmöglich ist, von der Luftfahrt zu erzählen und die Security zu vergessen, ist es ebenso undenkbar, von der Luftfahrt zu erzählen und dabei nicht die Damen und Herren zu erwähnen, die am Boden alles so weit vorbereiten und betreuen, dass wir mit dem Flugzeug pünktlich und gut beladen vom Hof können.

Die Mitarbeiter, die sich um die Organisation des Boardings kümmern, die unseren Tankwagenfahrer anrufen, unsere Gepäckverlader Richtung Flugzeug bitten und unsere Beladungspläne berechnen, heißen *Dispatcher* oder Ramp-Agenten. Natürlich sind die Dispatcher nicht nur für meinen Arbeitgeber zuständig, sondern fertigen alles ab, was sich am jeweiligen Flughafen so einfindet. Bisweilen fahren sie sogar die kleinen Shuttle und holen Prominente – oder solche, die es gern wären – von ihren wunderschön geformten Privatjets ab. Meistens kümmern sie sich jedoch um das gemeine Fußvolk, also auch um uns.

Die meisten unserer Dispatcher sind wirklich nett, es gibt aber wie überall den einen oder anderen Sonderfall, der mit viel Schwung aus dem Rahmen fällt und gute Geschichten liefert für die neugierige Familie daheim.

Einer dieser Dispatcher, der ein so ausgefallener Charakter war, dass ich phasenweise sogar bewusst vor ihm flüchtete, arbeitete an einem Flughafen in Italien. Neben einem ausgesprochen unverständlichen Englisch mit so starker italienischer Färbung, dass es einfacher war, gleich Italienisch mit ihm zu sprechen (wobei er dann trotzdem in seinem Italienglisch antwortete), zeichnete er sich durch absolute Planlosigkeit in Kombination mit einem unfassbaren Eigensinn aus, der jegliche Zusammenarbeit zu einem Hürdenlauf auf Stelzen machte. Wenn wir diesen Ramp-Agenten überstanden hatten, saßen wir stets ermattet und ausgelaugt im Cockpit.

Ich weiß nicht so genau, woher er das Selbstbewusstsein hatte, mit dem er über das Vorfeld stolzierte und jeder Frau hinterherrief oder ihr kleine flirtive Komplimentchen zuraunte. Er war selbst für einen italienischen Mann sehr klein, hatte blass durchschimmernde Haut, lange frauliche Wimpern und eine glasbausteindicke schwarze Hornbrille auf der Nase. Hinzu kam ein Händedruck, der an einen weichen, nassen Lappen erinnerte. Da ich von Natur aus einen sehr kräftigen Händedruck habe, den man mir bei meiner Statur und Größe nicht zwingend zutraut, hatte ich bei unserer ersten Begegnung Sorge, diesen armen kleinen, schwitzenden Mann mit beschlagener Hornbrille nicht nur total verstört, sondern ihm seine kleine weiche, knochenfreie Hand gleich zerquetscht zu haben.

»Signorina Pilotessa«, piepste er wie ein Spatz vor dem Stimmbruch, »Sie abbe eine Ändedruck wie eine, wie ssagt manne, eine Dampfwalse?«

»Ups, das tut mir sehr leid«, entschuldigte ich mich, »aber ich merke das selbst nicht sofort, wenn ich zu fest zufasse.«

»Oh ... dasse iste keine Problema, no ...«, er lächelte mich an und klimperte hinter seinen Brillengläsern mit seinen langen Wimpern. »Ische abbe nixe gege Donne mitte feste Ändedrucke ... isse speziale ...«

Damit ergriff er meine Hand erneut und drückte einen sehr feuchten und schlabberigen Kuss auf meinen Handrücken. Ich musste zeitgleich meinen Wegzieh- und Zuschlagreflex unterdrücken, außerdem weiter höflich lächeln und meinen aufkommenden Ekel überspielen. Am liebsten hätte ich mir sofort die Hände gewaschen.

»Oh, Signorina ...«, sagte er noch einmal, und ich befürchtete schon, er würde gleich ohnmächtig ins Cockpit sinken. Zum Glück ließ er meine Hand wieder los, legte einen Wetterbericht auf die Mittelkonsole und schwebte davon. Ich stürzte zur Toilette, wusch meine Hände mit viel Seife und trocknete sie so kräftig ab, dass es schmerzte. Als ich aus der Toilette trat, stand mein Kollege in der vorderen Galley und musterte meine feuerroten Hände und meinen angewiderten Gesichtsausdruck fragend.

»Frag einfach nicht«, sagte ich. »Oder möchtest du zu Demonstrationszwecken auch einen schlabberigen Handkuss?«
Mein Kollege schaute nun erst recht wie ein Fragezeichen, und ich erzählte ihm von unserem Dispatcher.
»Ach witzig!«, meinte der Kollege. »Ich hätte gewettet, dass der schwul ist und mich irgendwann nach meiner Telefonnummer fragt …«
Wir erledigten unsere Flugvorbereitungen und warteten eine Weile, aber unser Ramp-Agent kam und kam nicht mit dem Beladungsplan. Alle Passagiere waren längst an Bord und hatten Platz genommen, aber der seltsame Italiener schien verschwunden. Nach einer geschlagenen Viertelstunde kam er wieder, meinte, er habe sich total vertan, sei beim falschen Flugzeug gewesen, auch die Papiere seien total durcheinandergeraten, er habe sich verrechnet, und dann sei alles so hässlich gewesen, aber nun sei alles total hübsch und korrekt.
»Aha«, meinten wir, nachdem wir uns grob zusammengereimt hatten, was er uns in seiner eigenwilligen Sprache da gerade erzählt hatte. Wir kontrollierten die von ihm so stolz präsentierten Papiere und schüttelten mitleidig die Köpfe.
»Tja, die sind leider für einen Flug nach Portugal«, meinte mein Kollege trocken, »und da wollen wir eigentlich gar nicht hin.«
»Oh …«, meinte der kleine Italiener und schwitzte noch etwas mehr. »Ja, dann hole ich wohl mal kurz die richtigen Papiere. Bin sofort zurück.«
Sein »Sofort-zurück« dauerte wieder seine Zeit, und so flogen wir mit knapp einer Stunde Verspätung wieder ab.
Die nächsten Male ereilte mich an diesem Flughafen wieder das zweifelhafte Vergnügen, mit diesem unfähigen kleinen Bündel von Mann zusammenarbeiten zu müssen. Da seine Handküsse von Mal zu Mal länger zu dauern schienen und immer feuchter wurden, war es ab dem ungefähr vierten Zusammentreffen so weit, dass ich mich in der vorderen Toilette einschloss und meine Toilettenpause in die Zeit legte, in der sich unser Mann mit der Hornbrille im Flugzeug befand. Meine jeweiligen Kollegen wollten sich schier ausschütten vor

Lachen, wenn ich des Dispatchers auf dem Vorfeld ansichtig wurde und zur Toilette stürmte.

Eines Tages verschwand der Ramp-Agent auf Nimmerwiedersehen, und ich musste mich nicht mehr auf der Toilette verkriechen. Was genau aus ihm geworden ist und warum er seinen unkoordinierten Dienst am Flughafen nicht mehr ausüben durfte oder konnte, weiß ich nicht. Ich habe ihn allerdings seither nicht sonderlich vermisst, wie man sich unschwer vorstellen kann ...

Ein weiterer sehr extremer Sonderfall begegnete meinem Kollegen und mir auf einem Flug nach Skandinavien. Es war einer dieser Tage, die ohnehin so lang waren, dass man schon vor dem Abflug schlechte Laune bekam. Man konnte von vornherein davon ausgehen, dass wir mal wieder mit der geplanten Flugzeit nicht auskommen und den Tag mit Verspätung und unbezahlten Überstunden beschließen würden.

Bei der Anflugplanung zu unserem Zielflughafen stellten wir fest, dass das ohnehin nicht allzu hervorragend angekündigte Wetter noch deutlich hinter den Erwartungen zurückblieb und uns eine tiefe Nebelsuppe erwartete. Wir versuchten einen Anflug, sahen leider nichts, starteten durch, und als der Tower uns fröhlich verkündete, das Wetter werde wohl erst einmal nicht viel besser werden, beschlossen wir, an unseren Ausweichflughafen zu fliegen, wo das Wetter klar und schön war.

Dieser Flughafen war früher eine Destination von uns gewesen, aber den strengen Kalkulationen und dem Geschäftsgebaren meiner Firma zum Opfer gefallen und somit kein regelmäßiger Anlaufpunkt für unsere Flugzeuge mehr. Welchen Eindruck diese Tatsache bei den Mitarbeitern des Flughafens hinterlassen hatte, erfuhren wir, als der Towerlotse uns eisig fragte, ob wir vorhätten, länger zu bleiben.

Wir antworteten, wir gingen davon aus, dass wir schnell wieder losfliegen könnten, was die eisige Stimme im Funk mit einem »Sehr gut« kommentierte.

Wir parkten unser Flugzeug zwischen heruntergekommenen Baracken und baten unsere Passagiere kurz um Geduld und Verständnis:

Es komme sicher gleich ein freundlicher Ramp-Agent, der sich ihrer annehmen werde und der sicher schon die Busse für die Fahrt zum eigentlichen Ziel organisiert habe.
Zunächst passierte eine lange Weile nichts. Dann kam unser designierter Dispatcher die Treppe hinaufgeschlichen.
Schritt für Schritt für Schritt erklomm er ganz langsam die Stufen zu unsere Eingangstür, um dort erst einmal zu verharren und dann ebenso gemächlich bei uns im Cockpit zu erscheinen. Zwischen seinem ersten Schritt auf der Treppe, über den uns unsere Kabinencrew informiert hatte, und seiner Ankunft bei uns vorn im Flugzeug war eine kleine Ewigkeit vergangen.
»Haaaallooo«, sagte er gedehnt.
Im Türrahmen lehnte ein langhaariger Typ mit großen Löchern in den Ohren, in denen kreisrund ausgestochene Ringe steckten, sodass man durch seine Ohrläppchen durchschauen konnte wie durch ein Guckloch. Er trug ein Heavy-Metal-T-Shirt einer mir unbekannten Death-Metal-Combo, auf dem eine blonde Frau gerade von einem Monster zerfetzt wurde. Darüber trug er artig seine gelbe Sicherheitsweste. Er hatte sehr blasse Haut, die wächsern glänzte und in krassem Gegensatz zu seinem offenbar blauschwarz gefärbten langen Haar stand. Seine stumpfen schwarzen Knopfaugen ließen auf den Konsum diverser Substanzen schließen, die zur Flugtauglichkeit vermutlich nicht gerade beitrugen.
»Hey, können wir die Paxe jetzt disembarken?«, fragte ich.
»Wie?«, fragte der Dispatcher.
»Können wir unsere Passagiere jetzt aussteigen lassen?«, übersetzte mein Kollege.
»Oooh, äääh. Einen ganz kleinen Moment noch«, sagte der Heavy-Metal-Vogel so langsam, dass zwischen jedes Wort locker noch ein zweites oder drittes gepasst hätte.
Er holte mühsam ein Funkgerät aus seiner Cargohose und funkte in seiner Landessprache, die für mich so klang, als würde jemand kleine Flusskiesel im Mund hin und her kullern und dabei ein dadaistisches Quatschgedicht aufsagen.

Nach längerem Hin und Her nickte er schließlich bedächtig.
»Ist … jetzt … dann … okay … können … mit … mir.«
Er nickte noch einmal, drehte sich ganz langsam um und zottelte die Treppe hinunter.
»Schnell, schickt die Passagiere hinterher, sonst rennt er weg!«, scherzte unser Kabinenchef und gab das Kommando zum Disembarking.
Die Passagiere verließen den Flieger, und einige schienen über unsere ungeplante Landung im Nirgendwo ganz froh zu sein, da sie ohnehin in der Nähe ihren Urlaub geplant hatten.
Mein Kollege und ich schauten uns an und grinsten.
»Was war das denn?«, fragte ich. »Was immer der genommen hat, Speed war es nicht.«
»Mann, war der langsam!«, sagte auch mein Kollege. »Da bin ich ja mal gespannt, wann das hier weitergeht.«
Laut unserer an diesem Tag überraschend entscheidungsfreudigen Firma war bereits der Plan gefasst worden, dass wir auf unsere per Bus anreisenden Passagiere warten und dann einfach zurück zum Heimatflughafen fliegen sollten.
Unser skandinavischer Speedy Gonzales blieb wie zu erwarten erst einmal verschwunden.
»Der macht erst mal Pause nach dem ganzen Stress gerade«, sagte mein Kollege.
Wir packten also Frühstücksbrote, Kaffee und Zeitungen aus und veranstalteten zur Überbrückung ein Picknick im Cockpit. Als anschließend noch immer nichts passierte, gingen wir nach hinten ins Flugzeug und legten uns in die unbesetzten Sitzreihen und lasen dort ein bisschen. Es passierte weiterhin nichts, also spielten wir Karten mit der Kabinencrew.
Dann schließlich kam unser Dispatcher zurück und fragte nach einer weiteren kleinen Ewigkeit, in der er stumm vor sich hin starrte, ob wir denn Sprit für den Rückflug bräuchten.
»Jupp«, sagte mein Kollege. »Lass mal das Wetter und die Flugpläne für den Rückweg sehen, und dann sagen wir dir auch, wie viel.«

»Hhmm«, machte unser Ramp-Agent und blinzelte (selbst das tat er sehr langsam).
»Gibt es ein Problem?«, fragte ich.
Er blinzelte wieder.
Dann versuchte er zu lächeln.
»Aaalsoo«, er kratzte sich im Zeitlupentempo an der Nase. »Hab ich noch nicht dabei. Muss ich erst drucken. Und dann ... ähm ... die neuen Pläne anfragen. Komme dann ... gleich noch mal vorbei.«
Er drehte sich um und zuckelte Stufe für Stufe für Stufe die Treppe hinunter.
»Och«, gab ich nun von mir.
Mein Kollege grinste.
»Ist das jetzt ansteckend?«
»Nee«, lachte ich. »Keine Macht den Drogen, ich bleibe so fix wie immer.«
Wir lasen also weiter. Und irgendwann stand der seltsame Mann mit den langen Haaren wieder vor uns und drückte uns wortlos einen Flugwetterbericht und unseren Flugplan für den Rückflug in die Hand. Dann stand er da und wartete stumm, und nachdem er uns eine Weile Zeit gelassen hatte, fragte er: »Sooo ... Sprit?«
Und wir gaben ihm die gewünschte Tankmenge an.
»Beladungsplan.... müsst ihr selbst machen«, murmelte er und stiefelte wieder die Treppe hinunter.
Kurze Zeit später zuckelte in Zeitlupe ein Tankfahrzeug am Flugzeug vorbei.
»Krass!«, meinte eines unserer Mädels aus der Kabine. »Der Typ fährt den Tankwagen selbst, und zwar so langsam, wie er redet. Ist ja echt der Hammer!«
Wir lachten und stellten beim Blick auf unsere Tankanzeige fest, dass er auch so langsam tankte, wie er den Wagen fuhr und sprach. Seine ganze Welt fand offensichtlich in Slow Motion statt. Wir waren die hektische Störung in einem sonst beschaulichen Leben aus Death Metal und bewusstseinsverlangsamenden Drogen.
Natürlich gibt es nicht nur bei den Ramp-Agenten lustige Gestalten.

Neben hochflirtiven spanischen Tankwagenfahrern, die stets versuchen, ihre Telefonnummer an die Frau zu bringen, oder uns Damen überreden wollen, unsere Nummer auf die Kopie der Tankquittung zu kritzeln, gibt es auch solche, die noch einen Schritt weitergehen und direkt fragen, ob man schon mal Urlaub in der Gegend gemacht und ob man nicht Interesse an einer kleinen Spritztour hätte – ein Apartment gäbe es auch und viel Platz auf der Couch.

Und es gibt Gepäckverlader, deren Ego so groß ist, dass es die ganze Welt zu umspannen scheint, und die den Teil des Vorfeldes, auf dem das Flugzeug steht, für ihren ganz eigenen Privatbereich halten.

Gepäck zu verladen bei Eis, Wind, Schnee und Sturm, bei glühender Sonne und gefühlten 50 Grad auf einem brennend heißen Vorfeld – das ist ein Knochenjob. Die Koffer sind sperrig und schwer und sie müssen möglichst unbeschadet in die Gepäckräume gebracht werden und dort so mit Netzen befestigt werden, dass sie bei Start und Landung oder eventuellen Turbulenzen nicht wild durch die Gepäckräume purzeln. Außerdem sorgen die *Loader* dafür, dass unser Flugzeug an die externe Stromzufuhr des Flughafens angeschlossen wird. Die große Wichtigkeit dieser Aufgaben hat zur Folge, dass der eine oder andere Gepäckverlader sich dann wie ein Türsteher breitbeinig und mit verschränkten Armen am Flugzeug aufbaut und unsere Passagiere streng beobachtet.

Um Passagiere, die verbotenerweise auf dem Weg ins Flugzeug rauchen, müssen wir uns an solchen Tagen wenig Gedanken machen, da unsere Möchtegerntürsteher diese direkt anschreien und sie im extremsten Fall sogar an Ort und Stelle aufhalten und den Ramp-Agenten rufen.

Einige unserer Loader sind richtige Diven, und so habe ich in England zwei Typen kennengelernt, die wütend protestierten, als sie Ersatzteile ausladen sollten.

Davon sei ihnen nichts bekannt, es sei unfair, einfach davon auszugehen, dass sie alles be- und entladen würden, was da so im Cargo-Compartment herumlag. Wir wiesen sie freundlich darauf hin, dass genau das leider ihre Aufgabe sei, und schließlich gebe es doch

auch Airlines, bei denen weitaus mehr Cargo, Gefahrgüter und sogar Leichenteile transportiert würden.
Sie hörten sich das alles an und maulten noch ein wenig in ihre imaginären Bärte. Das sei einfach nicht so schön, da in so ein Cargo-Compartment zu gucken, und huch, Überraschung, seien da auf einmal so große Flugzeugreifen.
»Na ja, vielleicht könnte man mit einem Gabelstapler oder einem Gepäckband ... ?«, warf ich ein, erntete aber nur wieder finstere Blicke.
Und Verspätungen könnten sie auch nicht ausstehen, immer müssten sie warten, und dann sei es manchmal nachts um eins oder noch später, bis endlich alle Koffer ausgeladen würden, und diese blöden Passagiere, die Koffer einchecken würden und dann doch nicht kämen, und sie müssten dann wieder ins Cargo-Compartment klettern und diese Scheißgepäckstücke suchen, *bloody hell ...*«
Ich gewann an dieser Stelle den Eindruck, dass ich grundsätzlich einen schlechten Tag bei den Jungs erwischt hatte, die gar nicht wieder zu meckern aufhören wollten.
Ob ich mir vorstellen könne, wie das sei, auf Knien rumzurutschen, fing der eine an, und der andere begann dreckig zu grinsen.
Sein Kollege sah das, sein Gemaule ging in ein ebenso anzügliches Grinsen über, und ich wusste, in ihren Köpfen wurde der Arbeitsfrust gerade von einer Fantasie abgelöst, bei der ich sicher nicht zum Kofferverladen auf allen vieren war.
»*Guys*«, sagte ich und lächelte. »Wann und wo ich auf Knien rumrutsche, ist nicht euer Bier, und ich kann ja verstehen, dass es euch zwischendurch ankotzt, bei schlechtem Wetter mit abgefrorenen Fingern irgendwelche dussligen Koffer zu verladen. Und ich weiß auch, dass die Bezahlung schlecht ist und die Arbeitszeiten eine Katastrophe, ich kann mir das gerade bei unserem Arbeitgeber alles ganz besonders gut vorstellen, aber es hilft ja nichts, ihr seid fürs Be-und Entladen zuständig, ob es euch passt oder nicht.«
»Hast ja recht«, meinte der eine und sagte dann: »Sorry, wollten dich nicht anmotzen.«
Und damit stieg er in den Gabelstapler, um den Cargo auszuladen.

KOMMUNIKATION ZWISCHEN HIMMEL UND ERDE

Auch dieses Kapitel hat nicht zwangsläufig mit meinem Arbeitgeber zu tun, sondern mit den Damen und Herren, die uns Piloten jeden Tag begleiten, die auf uns achtgeben und uns leiten und ab und an auch verwirren.

Fluglotse zu sein, ist ein sehr anspruchsvoller und stressiger Beruf, und ich finde es bewundernswert, wie man aus vielen kleinen nummerierten Punkten auf einem Monitor stets das richtige Flugzeug herausfinden kann.

Die meisten Fluglotsen, mit denen ich zu tun habe, sind unglaublich freundlich und charmant, haben oft Zeit für kleine auflockernde Scherzchen und sind bemüht, irgendwo eine Abkürzung oder eine andere Verbesserung unserer Flugroute aus dem Ärmel zu zaubern. Einige Fluglotsen können jede Airline, egal, wo sie herkommen mag, in der entsprechenden Landessprache begrüßen, und das, ohne lange zu überlegen. Andere sind einfach grundsätzlich sehr charmant und bestechen allein schon durch den Klang ihrer Stimme.

Es ist kurios, mit einem Menschen regelmäßig zu kommunizieren, ohne zu wissen, wie der- oder diejenige aussieht. Nur anhand der Stimmlage oder Stimmfarbe schließt man auf das Aussehen, Alter oder die Attraktivität und liegt dabei oft weit daneben.

Ich erinnere mich daran, dass wir als Flugschüler mit unseren kleinen Sportmaschinen immer zu einem Flugplatz flogen, dessen Towerlotse mit einer Stimme zum Niederknien gesegnet war. Alle weiblichen Flugschülerinnen freuten sich bereits im Anflug auf diese Stimme und stellten sich einen unfassbar attraktiven Mann vor, nicht zu alt, durchtrainiert, einfach wunderbar, ein Mann, der einem auch das Telefonbuch von Dresden hätte vorlesen können, und es wäre ein erotisches Erlebnis gewesen.

Eines Tages gingen dann ein Kollege und ich auf den Tower, weil wir neugierig waren, wie der Mann mit der Superstimme nun aussehen würde. Mein Kollege musste sich sehr zusammenreißen, um mich nicht auf der Stelle für mein mädchenhaftes Geschwärme auszulachen. Unser Flugschülerinnen-Traum war dann ein kleiner dürrer, verschrumpelter Kettenraucher mit zotteligen, strähnigen, grauen Haaren, die ihm schulterlang platt vom Kopf hingen. Er war tatsächlich ausgesprochen sympathisch, optisch allerdings so weit von allem entfernt, was meine Kolleginnen und ich uns ausgemalt hatten, dass es mir eine Lehre war.

Während der Ausbildung in Amerika war mir etwas Ähnliches passiert – nur hatte dort umgekehrt ein Anfluglotse einen Narren an meiner Stimme gefressen, weshalb mich die amerikanischen Fluglehrer anschließend immer scherzhaft *the voice* nannten. Der Loste diktierte mir über Funk seine Mobilnummer und bat mich um ein Date. Laut meiner Fluglehrer war er ein wirklich attraktiver großer Mann, ich fühlte mich geschmeichelt, und als ich ihn neugierig anrief, fand er meine Stimme sogar noch viel netter als über Funk. Leider war er sehr enttäuscht, als er hörte, dass ich erst 20 war und somit in Amerika noch minderjährig.

Da er bereits zarte 34 war, war ihm ein Date zu heikel, und wir sahen uns nur ein einziges Mal auf dem Flugschulbarbecue, wo wir freundlich, aber harmlos miteinander plauderten, uns sehr attraktiv fanden und einander versprachen, dass wir wieder in Kontakt treten würden, wenn ich »erwachsen« wäre.

Die angeblich bestbezahlten Fluglotsen Europas sind die Spanier, die Gerüchten zufolge ihre Nachtschichten und Überstunden in einem sehr kreativen Verfahren notieren und so ein großes monatliches Gehalt und viele Bonuszahlungen nach Hause tragen. Diese Fluglotsen sind mit ihrem sehr spanisch eingefärbten Englisch oftmals leider nur schwer zu verstehen, weshalb die interessantesten Missverständnisse im Funk mir bisher auch im spanischen Luftraum passiert sind.

So bekamen wir ein paarmal die Erlaubnis, mit dem Sinkflug zu beginnen, nur um dann sofort ein »Stopp!« zu hören, weil unter uns gerade ein anderes Flugzeug durchsauste – welches wir vorher bereits auf dem Anti-Kollisionswarnsystem gesehen und daher vorsorglich beschlossen hatten, trotz der Erlaubnis zum Sinkflug zunächst auf Reiseflughöhe zu bleiben.

Anders als die hilfsbereiten Fluglotsenkollegen im Rest Europas haben die Spanier zudem eine Antipathie gegen spontane Flughöhenwünsche und gegen die Frage nach einer möglichen Abkürzung. Beides wird im größten Teil der Fälle einfach abgelehnt, ohne dass sich die Lotsen die Mühe machen, sich den Vorschlag genauer anzusehen. Die spanische Standardantwort lautet: »Not possible.«

Einmal hatten wir eine sehr junge spanische Lotsin im Funk, die auf die Frage nach einer besseren Flughöhe und einer Abkürzung freundlich reagierte: »Klar, bestimmt, ich gucke mal, sieht gut aus.« Wir hörten im Hintergrund sofort ein spanisches Gemurmel und dann eine männliche Stimme, die korrigierend einwarf: »No, not possible.«

Ein anderes Mal bat uns der Lotse, auf eine niedrigere Flughöhe zu sinken, es gebe da ein entgegenkommendes Flugzeug auf unserer Höhe, aber sobald das weg sei, dürften wir gern wieder steigen. Normalerweise korrigieren Fluglotsen derartige Verkehrssituationen, indem sie einen Ausweichsteuerkurs für beide Flugzeuge anordnen, sodass jeder auf gleicher Höhe am anderen vorbeifliegt. Ein Flughöhenwechsel hingegen kostet viel unnötiges Kerosin.

Wir fragten also den Lotsen ganz höflich, ob denn die Standardlösung nicht infrage komme. Der Lotse überlegte einen Moment und sagte dann: »Oh ja, natürlich, hab ich gar nicht dran gedacht. Steuerkurs XY geht natürlich auch, dann können Sie auf Ihrer Flughöhe bleiben.«

Auch in Italien sind die Fluglotsen manchmal schwer zu verstehen, dafür aber stets bemüht, behilflich zu sein. Als Frau im Funk hat man in Italien oft bessere Chancen, einen Gefallen zu erbitten, und so wurde ich in den vergangenen Jahren immer mal wieder gebeten, meinen Charme spielen zu lassen und den italienischen Funkkontakt am Boden mit meiner schönsten Stimme um eine Abkürzung, eine Information über das Wetter, manchmal auch nur um die aktuellen Fußballergebnisse zu bitten.

Nur bei einem Flug nach Rom wollte alle Freundlichkeit nichts helfen. Der Lotse hatte uns vergessen, wir waren ungefähr 3000 Meter zu hoch, um unseren Anflug beginnen zu können, und hatten dies schon mehrmals mitgeteilt.

Die Reaktion des Lotsen war: »Stand-by, geht gleich weiter.«

Nichts passierte, außer dass wir uns auf zu großer Höhe dem Zielflughafen näherten und bereits die Warteschleife einprogrammierten.

Der Italiener hatte aber immer noch keine tiefere Flughöhe für uns im Angebot, und so fragten wir wieder nach, wie es denn aussähe, wir seien leider sehr hoch.

Daraufhin erteilte uns der freundliche Herr die Freigabe, mit unserem Anflug zu beginnen. Wieder erwiderten wir: »Negativ, zu hoch, erbitten weiteres Sinken oder Warteschleife an einem Punkt in Nähe des Flughafens, um Höhe abzubauen.«

Es gab einen Moment Schweigen im Funk, und dann kam ein fröhliches, aber immer noch sehr souveränes: »Äh, roger, macht, was ihr wollt, die Landeerlaubnis jedenfalls habt ihr ...«

Wir mussten sehr lachen über diese coole Antwort, drehten ein paar Runden, um die überschüssige Höhe abzubauen, und landeten dann im sonnigen Rom.

GERÜCHTE

Wenn man bei unserer Airline arbeitet, hört man jeden Tag aufs Neue die wunderbaren Geschichten und Gerüchte über die Firma und ihre geheimsten Geheimpläne. Die einfachen Gerüchte werden von Kollege zu Kollege weitergegeben, und meist geht es dabei um Themen, die das Tagesgeschäft betreffen. Dieser Klatsch und Tratsch ist so etwas wie das allgemeine Stimmungsbarometer unserer Firma: Je mehr negative Geschichten die Runde machen (»He, hast du schon gehört?«), desto schlechter ist die allgemeine Stimmung.

Nach dieser Rechnung befindet sich die Stimmung der Angestellten seit Jahren auf einem Rekordtief, und so verwundert es mich nicht, wenn ich mir jede Woche neue Horrorgeschichten über eventuell geplante Stationsschließungen, Gehaltskürzungen oder gezielte Kontrolle des Pilotengepäcks zur Vorbeugung gegen den Diebstahl des firmeneigenen Toilettenpapiers anhören muss.

Da die Taschenkontrollen beim Kabinenpersonal an einigen Stationen bereits üblich sind, würde mich ein derartiger Schritt auch bei uns Piloten nicht wundern. Meist gehen die Gerüchte eben nur haarscharf an der traurigen Realität vorbei.

Da mein Arbeitgeber stets am Rande des Wahnsinns agiert, ist es kein Wunder, dass ihm gerüchteweise alles zugetraut wird, was die menschliche Fantasie bereithält. Ich ertappe mich und meine Kollegen manchmal, dass wir selbst die krassesten Gerüchte mit einem Schulterzucken abtun: »Tja, wir sind eh wieder die Letzten, die davon erfahren.«

Als vor ein paar Jahren die wohl von unserer verrückten Presseabteilung lancierte Geschichte die Runde machte, korpulentere Passagiere müssten künftig ein aufwendiges und teures Wiegeverfahren über sich ergehen lassen, ging ein Aufschrei durch die Presse und Heerscharen von Journalisten machten sich einen Spaß daraus, unseren Fluggästen mit mitgebrachten Personenwaagen an unseren

Feld-, Wald- und Wiesenflughäfen aufzulauern und sie vor laufender Kamera auszuwiegen. Dass dabei medienwirksam einige sehr dickliche Damen in Tränen ausbrachen und Menschenrechtsorganisationen diese zynische Reisepolitik in zahlreichen Zeitungsartikeln und Interviews aufs Schärfste verurteilten, gab dem Gerücht noch etwas mehr Feuer. Unsere Buchungszahlen schossen in die Höhe, und dann verschwand das Gerücht in der Versenkung.

Kurz darauf machte eine weitere Ungeheuerlichkeit die Runde. Künftig sei es an Bord untersagt, zur Toilette zu gehen. Man denke darüber nach, die Toiletten sogar gänzlich auszubauen. Dieses Gerücht wurde von einigen meiner Kollegen so ernst genommen, dass sie böse Briefe an unser Management schickten und verlangten, dass zumindest eine der drei Örtlichkeiten für die Piloten und die Crew erhalten bleibe. Außerdem baten sie um eine Studie, wie lange es einem Passagier maximal zuzumuten sei, auf sein Bedürfnis zu verzichten. Ob man die Flugzeiten nicht dementsprechend anpassen könne? Einige besonders findige Kollegen baten das Management zudem, den Verweis, dass eine Toilettennutzung nicht möglich sei, in die Buchungsbedingungen einzubauen, und schlugen vor, den Getränkeverkauf zu minimieren und einen Gang zur Toilette im Terminal zur Pflicht vor dem Boarding zu machen. Die Kabinencrews, die ihre Getränkeumsätze an Bord wegbrechen sahen und die Firma dennoch unterstützen wollten, schlugen vor, Inkontinenzeinlagen und Windeln in den Bordverkauf aufzunehmen.

Natürlich war das nur ein Gerücht, welches eine Weiterentwicklung der kurz zuvor verbreiteten Äußerung war, man wolle die Toiletten mit einem Schloss ausstatten, welches sich nur mit dem Einwurf einer 50-Cent-Münze entriegeln lasse. Auch dieses Gerücht hatte die Runde durch die Presse gemacht, und auch hier waren viele Kollegen Sturm gelaufen und hatten Gratis-Chips in 50-Cent-Optik für die Crew gefordert.

Auch dieses Gerücht war bald wieder verschwunden, und es folgte die nächste Story. Es gäbe eine Studie in Japan, die besagte, dass

man statt zweier Piloten auch zwei dressierte Hunde ins Cockpit sperren könnte, die ebenso gut beobachten könnten, ob alle relevanten Systeme funktionierten. Unser Firmenchef schürte diese Pressemitteilung mit der Äußerung, ob im Cockpit ein Esel, ein Affe, zwei Hunde oder wirkliche Piloten säßen, sei für ihn kein Unterschied, alle seien zu blöd, mit dem einzigen Unterschied, dass die Piloten für ihren Scheiß auch noch bezahlt werden wollten und die Dressur nicht immer funktioniere.
Es folgten Nachrichten und hinter vorgehaltener Hand erzählte Geschichten über angebliche Anträge bei den Luftfahrtbehörden, und ich wurde oft im Freundeskreis darauf angesprochen, was ich denn davon hielte, bald durch einen japanischen Hund ersetzt zu werden. Ich kommentierte die Fragen so knapp wie möglich und erklärte, dass es sich wohl wieder einmal um Gerede handelte, irgendwann komme aber sicher der Tag, an dem wir Piloten ausgedient hätten.
Nachdem ich nach der Hundegeschichte ein paar Wochen und Monate Ruhe auf den Feiern im Bekanntenkreis gehabt hatte und nicht Rede und Antwort zu irgendwelchen skandalösen Plänen stehen musste, geisterte bald etwas Neues umher: Auf kurzen Flügen sei künftig geplant, die Mitnahme von Gepäck zu verbieten, und in einigen unserer Flugzeugen sei man bereits so weit, die Gepäckfächer ab- und die Sitzreihen gänzlich auszubauen und Haltegurte und Stangen einbauen zu lassen. Wie in der U-Bahn sei es völlig ausreichend, sich an einem Haltegriff festzuhalten und den Flug im Stehen mitzumachen, außerdem ließen sich diese Flugzeuge für Junggesellenabschiede mit Stangentanz mieten, Komplettpreisangebote seien auf unserer Webseite zu finden.
Viele Herrengruppen machten sich bereit, dieses außergewöhnliche Partyerlebnis zu buchen, und wurden bitterlich enttäuscht, als auf unserer Website nichts davon zu finden war. Es hagelte Briefe enttäuschter Passagiere, und so musste bekannt gemacht werden, dass nie geplant war, halbseidene Partys zu veranstalten. An der Idee mit den Haltestangen würde man aber arbeiten und mit einigen Herstellern und Zulassungsbehörden verhandeln.

Diejenigen, die vertröstet wurden, freuten sich kurze Zeit später, als in einer Zeitung zu lesen war, man werde nun auf ausgewählten Flügen immerhin Strip-Poker spielen können. Na ja, dann eben so, dachten wohl einige, und wieder machte die Geschichte ihre Runde. Leider stellte sich heraus, dass das Ganze wohl ein Missverständnis war und man lediglich auf einigen britischen Flügen angedacht hatte, Bingo-Spiele zu versuchen. Die Enttäuschung machte sich breit, und auch dieses Gerücht verschwand wieder in der Versenkung.

Hartnäckig hält sich, dass es in Kürze billige Langstreckenflüge geben wird, auf denen dann alle Auflagen radikal verschärft werden. Kein Gepäck wird erlaubt sein, wenn nicht vorab königlich dafür gezahlt worden ist, die Toiletten werden eine horrende Gebühr kosten und selbstverständlich werden die Passagiere exakt ausgewogen, um den Kerosinverbrauch haargenau ausrechnen zu können. Es wird wenig Essen an Bord geben, man testet derzeit, wie geschmackvoll Astronautennahrung ist, da sie weniger Platz wegnimmt. In einem extrateuren Abschnitt werden die Männer mit gekauften Damen Strip-Poker spielen dürfen, und es wird auf einigen Routen auch Stangentanz geben, wobei vor der Ankunft in den USA die Stange wegen sittenrechtlicher Bestimmungen ordnungsgemäß vom Kabinenpersonal zerlegt werden muss.

Auf den Flügen von den USA zurück sind Äffchen im Cockpit schon zugelassen, da die USA eine Vorreiterrolle eingenommen und der japanischen Studie längst den Rang abgelaufen haben. Man hat in einem Bundesstaat schon Schimpansen ausgebildet, die ganz formvollendet mit einer Nikolausmütze bekleidet zu *Jingle Bells* tanzen, und man überlegt daher, in der billigsten Preiskategorie nur noch Affen im Service einzusetzen.

Dieses letzte Gerücht erscheint vielleicht ein ganz klein bisschen unglaubwürdig, aber ist unsere Airline nicht bekannt dafür, dass sie tut, was sich niemand sonst trauen würde? Äffchen im Service sind vielleicht etwas zu viel des Guten, aber ein extra Kabinenteil mit frivoler Unterhaltung würde doch wirklich gut zum provozierenden Image unserer Firma passen.

Auf ein Gerücht bin ich bisher noch nicht angesprochen worden: Angeblich soll bald alles besser und schöner werden und eine neue Serviceära anbrechen. Es wird keine Kaffeefahrtatmosphäre mehr geben, stattdessen droht eine hochseriöse Serviceoffensive. Bald soll es nicht mehr 15 Passagieransprachen mit der Bitte geben, zu kaufen und zu kaufen und zu kaufen, sondern die Passagiere sollen sich künftig an Bord ausruhen und ein bisschen schlafen können. Auch firmenintern soll der allgemeine Umgangston viel netter werden. Wir werden alle besser und respektvoller behandelt. Die Passagiere werden an den Servicehotlines von freundlichen Helferlein betreut und nicht mehr brüsk behandelt. Wir werden Pralinen an die Gäste austeilen. Eventuelle Probleme mit zu großem und zu schwerem Handgepäck werden ganz einfach aus der Welt gelächelt.

Haben Sie Fragen an einen der Servicemitarbeiter am Gate? Bitte sehr, kein Problem. Wenn Sie Lob oder Kritik äußern möchten, wir freuen uns darüber, denn wir sind eine freundliche und kundenorientierte Firma. Besondere Wünsche oder gar Hilfsbedürftigkeiten stellen für uns eine willkommene Herausforderung dar.

Wir freuen uns, dass Sie unsere Gäste sind.

Sie sind herzlich willkommen.

Alles wird gut.

Es ist ein schönes Gerücht, und dennoch glaubt es niemand.

Vor drei Jahren tauchte es als Mitteilung unserer Presseabteilung auf, und nichts hat sich seitdem verändert.

Was nicht ist, kann natürlich noch werden, denn wie sagen meine Kollegen doch immer? »Tja, kann ja sein, wir sind eh wieder die Letzten, die es erfahren ...«

MURMELTIERTAGE

Es gibt so Momente im Fluggeschäft, da scheint sich der Tag in einer Endlosschleife zu wiederholen, und man ist froh und dankbar, wenn sich die Schicht dem Ende neigt.

Zu Beginn meiner Karriere kam ich als bisweilen noch total überforderter Frischling mit diesen Murmeltiertagen in Berührung und hatte während meiner ganzen Schicht das Gefühl, permanent den Geschehnissen hinterherzuhecheln.

Der Blick auf den Dienstplan identifiziert solche Tage mit der unsäglichen Flugroute von A nach B, zurück nach A, wieder zurück nach B, wieder zurück nach A, wieder zurück nach B und dann zu guter Letzt zurück nach A.

Die etwas entschärfte Version ist AB, BA, AB, BA und beinhaltet also ein Hin und Her weniger. Die Kürzel mögen auf den ersten Blick wie eine verwirrende Versmaß-Analyse aus dem Deutschunterricht wirken oder wie eine Streckenberechnung in Mathematik, es handelt sich aber lediglich um die vorgegebene Flugtour eines Tages.

An solchen Murmeltiertagen ist das mondäne Fliegen vergleichbar mit der schnöden Busfahrerei, sofern man denn das Billigfluggeschäft überhaupt in einem Satz mit »mondän« erwähnen darf.

Wie ein Busfahrer, der während seiner Dienstzeit vom Hauptbahnhof über die vorgegebene Linie 123 exakt seine Stationen abfährt, am Busbahnhof wieder angekommen nach einer kurzen Kaffeepause erneut die Linie 123 bereist und dies so lange fortsetzt, bis sein Tagwerk getan ist, so reisen auch wir traurig hin und her und arbeiten quasi den Haufen williger Passagiere ab, die sich über Stunden am jeweiligen Flughafen zu stapeln scheinen.

In Bezug auf die Flugvorbereitung und Planung sind solche Tage eher gemütlich. Man schleppt nicht einen großen Berg Anflugkarten mit sich herum, sondern nur einen kleinen, und muss nur die allgemeinen Wettertrends an Abflughafen und Zielort im Auge behalten.

Wenn das Wetter für den Tag rosig und gleichmäßig vorhergesagt ist, muss man daran nicht mehr allzu viele Gedanken verschwenden. Der erste Flug auf dem Weg zur gefühlten Endlosschleife ist meist noch recht normal. Hier hat uns das Gefühl, im Kreis zu fliegen, noch nicht gepackt, und man erledigt die Vorbereitung und Planung noch relativ motiviert. Auch die Passagiere werden noch aufs Allerherzlichste an Bord willkommen geheißen.

Vor dem Sinkflug verabschieden wir uns formvollendet von unseren Gästen und informieren sie mit gewohnt souveräner Stimme und dem leisen Genuschel, das eine Pilotenansprache so unverwechselbar macht, über das Wetter am Zielort und die zu erwartende Ankunftszeit.

Kaum sind wir an unserem Ziel, hier liebevoll B genannt, angekommen, dämmert es uns so langsam, dass nun nicht etwa ein wenig Abwechslung ins Spiel kommt, sondern wir noch zwei weitere Male hier landen und irgendwann vermutlich in unseren Begrüßungsansprachen den Abflug- mit dem Zielflughafen verwechseln werden.

Murmeltiertage zeichnen sich auch dadurch aus, dass sie so harmlos erscheinen und wir in der irrigen Annahme den Tag beginnen, das ewige Hin und Her werde blitzschnell gehen, und ehe wir es uns versehen würden, seien wir ganz sicher superpünktlich wieder am Ausgangspunkt unserer kleinen Reise angelangt.

Die Flughäfen aber, die wir aufgrund ihres erhöhten Passagieraufkommens an diesen Tagen im Rundreisemodus abgrasen, sind nicht gerade für ihre Organisation und Reibungslosigkeit bekannt. Oft beginnt es damit, dass wir nach der ersten Landung gebeten werden, ein wenig langsamer zu rollen: »Airline XYZ, slow down please, your parking stand is currently still occupied.«

Während wir also im Schneckentempo rollen und warten, dass die offenbar verspäteten Kollegen uns den Parkplatz frei machen, schwant uns bereits, dass die kleine Verzögerung der Auftakt zu mehr sein könnte.

Wenn dann am Parkplatz die externe Stromversorgung immer wieder zusammenbricht und wir mehrmals mit kreischenden Passagie-

ren an Bord im Dunkeln stehen, wissen wir, dass uns der Wahnsinn des Murmeltiertages mit voller Wucht erwischt hat.
Unser Dispatcher ist an diesen Tagen bei der ersten Ankunft meist sehr nett. Im Nachhinein, wenn wir mit gefühlten 20 Minuten Verspätung die Startbahn erreichen und es auf dem Papier noch als »pünktlich« zurechtgelogen haben, wird aufgrund des Zeitmangels außer »nett« nicht viel als Beurteilung des Abfertigers übrig bleiben. Später werden wir uns wünschen, das Resümee hätte hier »effizient« geheißen. Auf dem Rückflug verdrängen wir für kurze Zeit die Tatsache, dass wir in etwa zwei Stunden wieder an dem großen chaotischen Flughafen landen müssen, und träumen kurz vom Feierabend.
Wir landen am Ausgangspunkt des Tages, tanken exakt die gleiche Menge wie beim ersten Flug, haben es genau mit der gleichen zickigen, aber effizienten Dispatch-Dame zu tun sowie mit einem Tankwagenfahrer, der es trotz Kerosingeruchs auf der Kleidung noch schafft, wahrnehmbar nach altem Schweiß zu riechen. In Reihe vier sitzen wie auf dem ersten Flug zwei Betrunkene, die bereits beim Einsteigen kritisch beäugt werden und zu denen sich der Verdacht aufdrängt, dass auch sie mit uns in dieser Endlosschleife gefangen sind. Die Passgieransprache gerät schon nicht mehr ganz so motiviert. Mein Kollege schlägt vor, die Ansprache mit dem Smartphone aufzunehmen und die nächsten Male einfach abzuspielen.
»Oh nein, das lassen wir besser bleiben. Bei unserem Glück spielen wir unsere englischen Willkommensgrüße auf dem Rückweg ab, und alle werden panisch.«
Mein Kollege grinst: »Na, immerhin wäre es ein kleiner Test, wer da hinten noch aufmerksam zuhört.«
Ich lache: »Ich mag, wie du denkst.«
Unsere Dispatcherin kommt kurz herein und bringt etwas Abwechslung in unsere kleine Tingeltour-Routine.
»Die beiden Vögel in Reihe vier haben sich gerade gegenseitig aufeinander übergeben. Ich habe die Cleaner schon angerufen, sie sind gleich da. Und die beiden Kotztypen nehme ich mal wieder mit ins

Terminal. Gepäck haben sie keines, alle anderen Gäste sind an Bord, wir können nach dem Putzen ablegen.«

Mein Kollege verdreht die Augen. »Hast du vorhin nicht behauptet, dass an den Murmeltiertagen außer Verspätung auf Verspätung nichts Spannendes passiert? Nun müssen wir durchputzen lassen, und wahrscheinlich kotzen die Reihen drei und fünf wegen des Gestanks im Flieger auch noch ... super!«

Ich hebe die Hände: »He, ich kann doch nichts für, dass auf diesen Flügen immer mindestens zwei so voll sind wie Strandhaubitzen. Wäre fast schon komisch, wenn es nicht so wäre.«

Kurze Zeit später ist geputzt, die Kabine riecht nach einer Mischung aus Parfüm, Raumspray, chemischer Reinigung und Kotze, und wir sind froh, dass wir im Cockpit eine gesonderte Luftzufuhr haben.

Wir machen uns auf zu Flug Nummer drei, zurück zu dem großen chaotischen Flughafen, an dem wir zuvor bereits waren. Im Funk herrscht derselbe Trubel wie immer, und man hat uns für diesen Flug ein Rufzeichen verpasst, das sich weder flüssig sprechen noch besonders gut merken lässt.

Auch wenn es dick vor uns auf den Papieren steht, gibt es Funksprüche, die wir erst nach mehrfachem Hinhören nachvollziehen können. Dann sehen wir uns an und sagen: »Häh, war das für uns?«, um diese rhetorische Frage gleich darauf von einem verärgerten Fluglotsen beantwortet zu bekommen, der uns um Disziplin und mehr Obacht bittet.

»Obacht«, echoe ich und zwinkere meinem Kollegen zu. »Etwas mehr Obacht bitte!«

Denn auch die albernen fünf Minuten sind ein Teil dieses Murmeltiertages.

Schließlich beginnen wir mit der Anflugplanung auf den uns bereits bekannten und zuvor bereisten Flughafen und stellen erfreut fest, dass sich in den letzten zwei Stunden dort überhaupt nichts getan hat. Das Wetter der automatischen Flughafenwetteransage klingt noch genauso langsam und gelangweilt wie zuvor. Nicht einmal die Temperatur hat sich geändert.

Mein Kollege, der für mich »das Wetter geholt hat«, also auf der Frequenz für den *Terminal Forecast* gelauscht und sich dann eine Notiz gemacht hat, guckt mich von der Seite an und hält den Flugplan so, dass ich nichts sehen kann. »Sag mal, Julchen, wie gut ist denn dein Gedächtnis?«
»So lala. Ich bin über 30, stehe kurz vor der Alterssenilität und da wir Pilotinnen uns als nymphomane Alkoholikerinnen das Hirn entweder wegsaufen oder weg ..., na, du weißt schon, würde ich sagen: eher mäßig. Und deins, Schatzi?«
Mein Kollege lacht: »Kurz vor 40, verheiratet, deshalb praktisch gar keine Wahrnehmung mehr, ebenfalls Alkoholiker, weil Pilot. Nymphoman hätte ich gern zu Hause. Also auch kein Gedächtnis. Aber nun kommt die große Preisfrage: Wie ist das Wetter?«
Ich grinse. Wir spielen immer mit dem blöden Klassiker aller Flugwitze, was denn einen Alkoholiker von einer Nymphomanin trennt (Antwort: Die Cockpittür.). Ich muss kurz überlegen und sage dann: »Bahn in Betrieb 06, Sicht 8000 Meter, Wind 050 mit 4 Knoten, Temperatur 8 Grad, Taupunkt 3, und das QNH ist immer noch 1031.«
»Alles richtig, du Streber. Das Wetter ist exakt wie vor zwei Stunden. Ist nicht mal wirklich kälter geworden. Komisch, oder?«
Ich zucke mit den Schultern.
»Die haben ihren Wetterfrosch vielleicht in ein Heizdeckchen gewickelt, oder er steht geschützt. Ist doch wurst. Spreche ich mit den Passagieren?«
Mein Kollege guckt gespielt entsetzt. »Julia, ich weiß nicht, was heute mit dir los ist. Seit wann sprechen wir an Murmeltiertagen während des Fluges mit unseren Gästen?«
Ich lache. »War ein Witz ... Lass uns das hier alles mal kurz besprechen, und dann kannst du mir die Checkliste vorlesen ...«
Wieder kurze Zeit später sind wir an unserem Ziel angekommen, und natürlich bittet uns der Lotse, ein wenig langsamer zu rollen, unser Parkplatz sei leider noch besetzt. Wir haben mittlerweile eine Verspätung von guten zehn Minuten, und durch das langsame Rollen und Einparken wird es sicherlich nicht besser werden. Wir haben

eine fast volle Kabine mit knapp 180 Gästen und zwei Rollstuhlfahrern, und wir erwarten weitere Verspätungen, weil man an diesem Flughafen grundsätzlich stiefmütterlich mit Rollstuhlgästen umgeht. Und weil Verspätung an diesen Tagen einfach dazugehört.
Als wir endlich an unsere Parkposition kommen, die kurioserweise dieselbe ist wie vorher und den Déjà-vu-Effekt des Tages noch einmal verstärkt, bricht abermals die externe Stromversorgung zusammen. Wir sind jedoch gut vorbereitet und haben unsere eigene Turbine angeschaltet, daher bleibt es hell und warm in der Kabine, und das Kreischen bleibt aus. Ha!
Die Passagiere brauchen lange, bis sie aus dem Flieger gestiegen sind, es dauert eine Ewigkeit, bis endlich die neuen Fluggäste einsteigen können. Wieder fliegen wir zurück zu unserem Anfangsflughafen, und immerhin haben wir kurz Zeit, den unglaublich intensiven Sonnenuntergang anzuschauen.
»Ach, Julia«, seufzt mein Kollege. »Das ist immer so romantisch mit dir!«
»Ja«, hauche ich. »Extra für dich habe ich den Himmel entzündet …«
Wir schweigen eine Minute verzückt, und dann beginnt Anflug Nummer vier.
»Two to go«, sage ich, als wir endlich aufsetzen.
»Bäh, erinnere mich nicht dran«, kommentiert mein Kollege.
Es ist gut, einen Murmeltiertag mit einem entspannten und netten Kollegen zu verbringen, denn diesen Wiederholungswahnsinn mit einem übergenauen und schwierigen Sitznachbarn zu fliegen, zieht den Tag wie Kaugummi noch einmal extra in die Länge.
Zum Endspurt versuchen wir alle ein bisschen zur Eile anzutreiben, damit wir die letzten beiden Flüge vielleicht halbwegs gut über die Bühne bringen und den Tag vielleicht mehr oder weniger pünktlich beschließen können. Natürlich haben wir auf diesem Flug zwei Gäste, die ihre Koffer eingecheckt haben, aber nun in den Untiefen des kleinen Regionalflughafens verschollen und leider nicht auffindbar sind, weshalb die mühsame und zeitaufwendige Suche nach ihren Koffern im Gepäckraum beginnt. In der Regel sind diese herrenlosen

Koffer zuallererst eingeladen worden, und so müssen sämtliche übrigen Koffer umgeschichtet oder ausgeladen werden, um die betreffenden Gepäckstücke zu finden.
Auch in diesem Fall ist es wie immer. Nach gut 15 Minuten stehen die beiden Koffer auf einem Gepäckwagen neben dem Flugzeug, die Luken werden wieder verschlossen, es kann endlich losgehen.
Mittlerweile beträgt unsere Verspätung 25 Minuten. Die Aussicht auf Besserung haben mein Kollege und ich bereits unter »utopisch« verbucht. Es ist schon dunkel, als wir endlich abheben und uns aufmachen zum letzten Hin-und-Her des Tages.
Die Flugzeit ist dieselbe wie immer, das Rufzeichen im Funk bewirbt sich um den Titel »Unaussprechliche Kombinationen aus Zahlen und Buchstaben für Fortgeschrittene in Gold«. Mein Kollege und ich radebrechen uns durch die Kommunikation mit den diversen Fluglotsen und wir freuen uns, wenn die Lotsen ebenfalls ins Stocken geraten und aus unserem Rufzeichen einen bunten Schüttelreim des ursprünglich auf dem Papier stehenden Konstrukts bilden.
Der Wetterbericht hat bis auf eine leicht veränderte Temperatur und ein wenig schlechtere Sicht nichts wirklich Neues zu bieten.
»Weißt du was? Ich hab keinen Bock mehr«, seufzt mein Kollege, als wir zum dritten Mal an diesem Tag die gleiche Anflugkarte vorkramen und noch einmal die Kurse und Werte überprüfen.
»Ich auch nicht.«
»Na ja, bald ist es geschafft.«
Ich ziehe die Augenbrauen hoch und gucke auf die Uhr.
»Vorsicht«, sage ich. »Ein bisschen dauert es schon noch. Wir sind noch nicht mal auf dem Heimweg ...«
Mein Kollege nickt. »Hast ja recht.«
Nachdem man uns kurz darauf eine Runde im Holding schenkt und uns diese Warteschleife weitere Minuten kostet, bereut mein Kollege seinen vorherigen Optimismus. Schließlich landen wir doch noch und werden davon überrascht, dass unser Parkplatz tatsächlich frei ist. Auch das Aussteigen unserer Gäste geht auf einmal blitzschnell, nur der Dispatcher ist leider wieder nur nett und nicht effektiv, und

wir treiben ihn nach Kräften an, etwas zügiger zu machen. Unser Beladungsplan muss ein paarmal leicht geändert werden, und als wir das Blatt etwas verschmiert und zerknittert vom vielen Durchstreichen endgültig in den Händen halten, merke ich, wie müde ich eigentlich bin.
Auch mein Kollege gähnt.
Diese Tage mit den vielen kurzen Flügen und dem Trubel im Funk sind anstrengend, und wir ermuntern uns noch einmal, die letzten Reserven zu mobilisieren, bevor der Feierabend winkt.
Während des Fluges ist es still im Cockpit. Jeder hängt seinen Gedanken nach, wir beschränken das Geplänkel auf ein Mindestmaß.
Als wir endlich landen und unsere sechs Flüge hinter uns gebracht haben, gähnen wir beide herzhaft und synchron.
»Puh, ich hasse diese Tage … davon brauche ich echt nicht so viele«, meint mein Kollege. »Und, was fliegst du morgen?«
»Murmeltier light«, sage ich. »Nur zweimal hin und her, gleiches Ziel wie heute. Laut Plan übrigens mit dir.«
Mein Kollege stöhnt: »Und täglich grüßt das Murmeltier …«

STÖRUNGEN DES BETRIEBSABLAUFS

Wenn wir mit der Flugvorbereitung beginnen, richten die Damen und Herren aus dem Service ihren Blick zunächst auf die Anzahl der gebuchten Passagiere. Von dieser Zahl ist abhängig, wie schnell oder meist auch langsam das Boarden vonstattengehen wird und wie chaotisch das Gewusel der nach freien Plätzen suchenden Gäste ist. Außerdem richtet sich der Blick auf das Kennzeichen unseres Flugzeugs: Die älteren Registrierungen sind meist ausgelutschte Gurken, die irgendwo quietschen oder klappern, wo mindestens eine Toilette so riecht, als sei jemand in ihr verstorben, und wo die Sitze im Cockpit so gammelig und durchgesessen sind, dass das Kunstfell an den wenigen nicht kahl gesessenen Stellen allmählich ein Eigenleben entwickelt.

Mit einem solchen fliegenden Untersatz mehrere Flüge zu absolvieren, ist rein technisch durchaus möglich und nach dem Einsatz größerer Mengen Reinigungsmittel auch nahezu unproblematisch. Es ist nur nicht sonderlich angenehm.

Schlimmer noch, als den ganzen Tag in einem so alten Flugzeug zu verbringen, ist allerdings die Aussicht auf einen Flugzeugtausch an einem anderen Flughafen. Ein Flugzeugtausch wird von vielen Fluggesellschaften dazu genutzt, die Flugzeuge, die irgendwo anders gewartet werden sollen, an Ort und Stelle zu bekommen, und das funktioniert eben, indem man mit dem Flugzeug X losfliegt, das dann stehen lässt und mit Flugzeug Y weiterfliegt und X dann, nachdem es möglicherweise noch etwas weitergeflogen ist, am Ende des Tages dort steht, wo es nachts in einem Hangar inspiziert werden kann. Diese Flugzeugtausche sind in der Regel ein Garant für Scherereien und Verspätungen und bringen den reibungslosen Betrieb furchtbar durcheinander.

Wir Piloten neigen dazu, es uns selbst im schäbigsten Cockpit halbwegs gemütlich zu machen. Das äußert sich darin, dass Brotdosen,

Schokoladentafeln und Kaffeebecher überall verteilt werden und auch Sonnenbrillen, Smartphones, Schlüssel und die obligatorischen Zeitungen und Magazine neben den tatsächlich wichtigen Anflugkarten in den vielen verschiedenen Fächern und Schlitzen deponiert werden und dort bis zum Ende des Tages verbleiben.
Ein Flugzeugtausch schmälert die Lust an der hemmungslosen Ausbreitung erheblich. Ein Telefon oder gar ein Auto- oder Hausschlüssel, der am anderen Ende Europas vergessen worden ist, wird unwiederbringlich in den Tiefen des Airline-Universums verschwinden. Kein heimischer Mechaniker wird am nächsten Tag seinen nächtlichen Fund im Büro vorbeitragen.
Unsere Kabinencrew darf bei einem Flugzeugtausch über den normalen Servicewahnsinn hinaus, der pro Flug in immerhin vier bis sieben Trolleyfahrten über den Gang, langen Verkaufsansprachen und sonstigem Gerödel besteht, nun auch die Bordbar übergabefertig machen. Sie muss alles haargenau ausrechnen und aufschreiben, ob etwas fehlt und wenn ja, warum. Und selbstverständlich muss die Kabine sauber geputzt übergeben werden.
Da die Crew nicht genau weiß, wer das Flugzeug am Ende in Empfang nimmt und wie die allgemeine Stimmung an der Tauschstation gerade ist, müssen diese Aufgaben mit größter Sorgfalt ausgeführt werden. Die Tendenz, fremde Kollegen für eventuelles Fehlverhalten zu melden, ist leider sehr verbreitet in unserem kleinen fliegenden Spitzelstaat.
Auch wenn unsere Dokumente ganz genau vermelden, welches Flugzeug wir wo zu übernehmen haben, wäre es ein völliger Fehlschluss, davon auszugehen, dass dieses Wissen auch an den Flughafen des Spektakels weitergegeben wurde und man dort auf unsere Tauschaktion vorbereitet ist.
Angesichts des knappen Zeitfensters von 25 Minuten am Boden ist so ein Tausch – sofern ein pünktlicher Abflug geplant ist – eine kleine logistische Meisterleistung. Wie zu erwarten, haut die Sache in den meisten Fällen absolut nicht hin.

Meist scheitert der reibungslose Ablauf schon an den Parkpositionen der beiden zu tauschenden Flugzeuge. Ich habe oft erlebt, dass wir irgendwo gelandet sind und gehofft haben, das neue Flugzeug würde unmittelbar neben uns parken. Dann erfuhren wir jedoch, dass die Tauschmaschine am anderen Ende des Flughafens stand. Ob man einen Shuttleservice für uns organisieren könnte? Tja, da müsse man mal sehen.

Wenn sich dann ein Crewbus findet, beginnt eine wilde Fahrt durch die geheimen Gassen und Gänge des Flughafens. Oft kommt nach einer langen Wartezeit aber auch jemand, zuckt mit den Schultern und sagt: »Nö, der Bus ist irgendwie unterwegs, ihr müsst rasch laufen. Ihr geht hier raus und dann am Gebäude unten lang bis zum Ende, und dann geht ihr links, dann rechts und noch um die Ecke, und dann seht ihr das Flugzeug schon. Dauert höchstens 15 Minuten.«

Die Tage ohne verfügbaren Busservice ereilen uns selbstverständlich im tiefsten Winter, wenn der Schnee einmal quer ums Eck pfeift und die Außentemperatur nasskalte minus 13 Grad verspricht. Oder es herrscht tropische Hitze mit 35 Grad im Schatten, was auf einem Flughafenvorfeld locker einen Glutofen von weit über 40 Grad bedeutet.

Weitaus ärgerlicher als die Fußmärsche sind unnötige Wartezeiten, wenn das zu übernehmende Flugzeug noch in der Luft ist und mit Verspätung landet. Dann ist die ganze Crew zum Rumsitzen verdammt und man weiß genau, dass die Verspätung nicht mehr einzufliegen und der Tag somit im Eimer ist. Wenn das verspätete Flugzeug endlich kommt, wird aus dem Rumsitzen und Warten wieder die übliche Hektik, und insgeheim hofft jeder, man könnte ganz sportlich vielleicht die Verspätung noch einholen.

Dieser Ehrgeiz wird nur dann zunichtegemacht, wenn es dann noch zu einem technischen Problem kommt oder ein Slot den Abflug weiter nach hinten verzögert. Wir hatten es einmal, dass wir endlich unser Flugzeug in Empfang nehmen konnten, einen sehr knappen Slot verpasst bekamen und wirklich unter Zeitdruck gerieten, um dieses

Abflugzeitfenster noch zu schaffen. Wir hatten all unsere Vorbereitungen abgeschlossen, man hatte uns schon die Freigabe erteilt, unser Flugzeug zurückschieben zu lassen und die Triebwerke anzulassen, als es plötzlich laut knallte und schepperte und unser Ramp-Agent über Funk laut zu fluchen begann.

Der Pushback-Vorgang wurde abrupt gestoppt, und wir standen irgendwie quer zwischen unserer Parkposition und dem Rollweg, auf den man uns hatte schieben wollen.

»Äh, sorry«, hörten wir unseren Ramp-Agenten. »Uns ist gerade die Schleppstange gebrochen. Wir brauchen eine neue … das dauert jetzt wohl ein bisschen.«

»Na toll«, kommentierten wir und teilten dem Tower mit, dass wir zum einen irgendwie quer stünden und gerade nicht weitergeschoben würden und dass wir zum anderen unser Abflugfenster nicht mehr schaffen würden.

Anschließend erläuterten wir den ohnehin durch die Verspätung des Flugzeugtauschs schon genervten Passagieren, dass unsere Schleppstange gerade an Ermüdung zerbrochen war und wir auf Ersatz warten müssten. Zum Glück dauerte es nicht so lange wie befürchtet, bis man eine neue Stange aufgetrieben hatte. Wider Erwarten hatte auch der Tower keine Einwände, uns weiter pushen zu lassen, sodass wir tatsächlich zur Bahn rollen und mit einiger Verspätung starten durften.

Manchmal ist es nicht nur für uns lästig und unangenehm, wenn wir mitten im Tagesablauf von einem Flugzeug ins nächste wechseln müssen. Aufgrund der sehr restriktiven Vorgaben seitens unserer kundenorientierten Firma an die abfertigenden Flughafenmitarbeiter hat sich die seltsame Sitte des Vorab-Boardings weit verbreitet. Diese führt dazu, dass unsere Passagiere oft deutlich vor uns am Flugzeug sind und dort mit vorwurfsvollen Blicken auf uns warten. Manchmal wird dieses Vorab-zum-Flugzeug-Schicken offenbar völlig ohne Nachdenken durchgeführt.

Wir hatten einmal einen Flugzeugtausch in Spanien geplant und waren mit einiger Verspätung an unserem Ausgangsort losgeflogen, weil dort ein heftiges Sommergewitter den Flughafen für einige Zeit lahmgelegt hatte. An unserem spanischen Zielflughafen sollten wir ein anderes Flugzeug übernehmen und dann zurückfliegen. Gewitter erwarteten wir dort nicht, jedoch sportlich warme Temperaturen von 38 Grad, und wir hofften inständig, dass die beiden Flugzeuge in spazierfreundlicher Distanz voneinander geparkt wären.

Als wir am Flughafen ankamen, teilte man uns mit: Unser Flugzeug für den Heimweg sei auf der anderen Gebäudeseite geparkt, wir müssten nur kurz durch den Finger, dann einmal quer auf das nächste Gate zu und dann wieder in den Finger, und zack, seien wir am Flugzeug.

Das Terminal sei natürlich klimatisiert und alles so weit bereit für uns.

»Prima«, freuten wir uns, machten unsere Maschine übergabefertig und stiefelten zum anderen Flugzeug.

Auf dem Weg dorthin traf uns dann aber auf den letzten Metern fast der Schlag. Irgendein übereifriger Flughafenmitarbeiter wollte offenbar zum externen Mitarbeiter des Monats ernannt werden und hatte all unsere Passagiere weit vor unserer Ankunft vorgeboardet. Statt im kühlen Terminal standen, saßen und hockten 189 völlig verschwitzte, apathische oder zum Teil auch weinende Passagiere in einem kochend heißen Glasfinger, der ungelüftet in der prallen Sonne eine Innentemperatur von sicherlich über 45 Grad hatte.

Unser Flugzeug stand verschlossen am einen Ende des Fingers, und die Türen zum klimatisierten Terminal hatte man ebenfalls geschlossen, »weil ja sonst die Klimaanlage nicht mehr funktioniert«.

Die Passagiere, die noch Energie hatten, beschimpften uns wütend und warfen uns vor, sie unmenschlich zu behandeln. Prinzipiell hatten sie vollkommen recht, nur waren wir die falschen Adressaten.

Kleinkinder, Säuglinge und Rentner lagen und saßen in dem Finger und starrten uns an, als wir vorbeieilten, um den Flieger zu öffnen und zu kühlen und schnellstmöglich mit dem Boarden zu beginnen. Einer von uns Piloten eilte zurück ins Terminal und suchte nach einem Verantwortlichen.

Natürlich wies jeder die Schuld von sich.
Der Flughafen sagte, es sei die Schuld der Handling-Firma, und die wies die Schuld unserem Arbeitgeber zu.
»Letztlich ist es völlig egal, wer jetzt schuld ist. Aber wenn mehrere Leute einen solchen Vorfall mitbekommen haben und niemand drüber nachdenkt, ist das traurig und hochgradig gefährlich«, erklärten wir. »Was ist, wenn da jemand kollabiert wäre? Was, wenn eine Panik ausgebrochen wäre? Wohin hätten die Passagiere fliehen können?«
»Wir werden das melden und uns beschweren!«, teilten wir unserem Ramp-Agenten schließlich mit. Auch unseren Passagieren versprachen wir das und entschuldigten uns für die schreckliche Wartezeit.
Ähnlich furchtbar wie unseren gegrillten Passagieren erging es einem Pärchen, von dem einer ein Rollstuhlfahrer war. Sie waren mit uns nach Großbritannien geflogen und hatten ein *Lift off* gebucht, also eine Hilfskraft, die den Rollstuhlfahrer aus dem Flugzeug tragen oder heben sollte. Die Servicemitarbeiter des Rollstuhldienstes ließen jedoch am Zielort wieder einmal auf sich warten. Sie mussten eine Hebebühne organisieren und an eine der Servicetüren andocken, damit der Rollstuhlfahrer dann bequem in einem Rollstuhl vom Flugzeugniveau gen Boden gebracht werden könnte. Der Kapitän und ein Mitglied der Kabinencrew waren noch bei dem Pärchen, als der Ramp-Agent die Treppe hinaufkam und erklärte, es sei alles organisiert, man werde sich nun der beiden wartenden Gäste annehmen, der Kapitän und seine Mitarbeiterin könnten getrost zum anderen Flieger gehen. Der Ramp-Agent versprach, in Kürze mit dem Beladungsplan nachzukommen, und so gingen der Kapitän und die Kollegin zum neuen Flugzeug, wo bereits mit dem Boarden begonnen worden war.
Das Boarding für den Rückflug verlief erstaunlich reibungslos, nur der Ramp-Agent war wie üblich sehr langsam und tauchte nicht auf. Schließlich kam er doch, übergab die Papiere und meinte, es sei alles bereit zum Abflug.
»Okay, sehr gut. Und was ist mit dem Rollstuhlfahrer und seiner Frau vom Hinflug? Hat da alles geklappt?«, wollte der Kapitän wissen.

»Nee, die sitzen da immer noch, na ja, ist ja nicht euer Problem«, meinte der Ramp-Agent.

Der Kapitän stutzte und wandte sich um. »Wie, nicht unser Problem? Wir haben die hergeflogen, und jetzt kommst du und sagst, die sitzen seit 30 Minuten in dem Flugzeug und warten allein darauf, das jemand sie rausholt? Seid ihr verrückt geworden?«

»Ich war ja noch kurz bei denen, und dann das Mädel vom Rollstuhlservice. So lange sind die noch nicht allein«, begann der Ramp-Agent, dem langsam dämmerte, dass er womöglich Ärger bekommen würde.

»Und warum war die Frau vom Rollstuhlservice da und ist nun wieder weg? Wie lange ist sie schon weg?«, bohrte der Kapitän.

»Weiß ich nicht, Sir«, versuchte es der Agent nun höflich.

»Dann frag verdammt noch mal nach. Und jetzt komm mit!«

Der Kapitän war aufgesprungen und hatte sich seine Jacke angezogen.

»Wohin?«, wollte der begriffsstutzige Agent wissen.

»Na, zu dem alten Flieger und dem Pärchen, wohin denn sonst?! Und ruf verdammt noch mal den Rollstuhldienst an. Wenn die nicht vor uns am Flieger sind, dann raste ich aus. Hast du das verstanden? Ich fasse es ja nicht!«

Die beiden eilten zum Flugzeug, wo im Halbdunkeln des stromlosen und leisen Flugzeugs ein verschüchtertes und verärgertes Paar saß und hoffte, bald befreit zu werden.

Der Kapitän entschuldigte sich wortreich und machte zunächst wieder das Licht an.

Die Dame vom Rollstuhlservice kam und war sich keiner Schuld bewusst.

»Wir waren ja mit dem Hubwagen da, Sir.«

Der Kapitän blieb unbeeindruckt. »Und?«

»Nun, Captain, wir hatten keine Erlaubnis, die Servicetüren zu öffnen, Sir. Und als wir die Tür verschlossen vorfanden, sind wir wieder gefahren.«

Der Kapitän runzelte die Stirn und fragte ungläubig noch mal nach.

»Also, okay, die Tür war zu. Sie sind dann durch die hintere Eingangstür reingegangen, haben das Paar gesehen … und dann?«
»Nun, ich habe ihnen mitgeteilt, dass ich ihnen so nicht helfen könnte, weil wir ja die Servicetür nicht öffnen durften, und dann bin ich zurück ins Office.«
Der Kapitän nickte: »Aha. Und dann?«
»Wie ›und dann‹, äh, Sir?«
»Sie können doch dann nicht wieder ins Büro fahren und nichts tun! Sagen Sie dann nicht irgendwem Bescheid? Dem Ramp-Agenten? Oder Sie gehen zu einem benachbarten Flugzeug und bitten jemanden von der Crew um Hilfe, um die Tür zu öffnen?«
Die Dame schaute völlig perplex aus der Wäsche.
»Um Hilfe fragen? Dafür wurden wir nicht trainiert, das steht auch nirgendwo, dass wir das tun müssen. Wir gehen nur zum Flugzeug und be- und entladen die Rollstuhlfahrer. Mehr steht nicht in der Dienstvorschrift.«
Da gab es der Kapitän auf.
Er wartete noch, bis seine Gäste abgeholt wurden, entschuldigte sich erneut und eilte zurück zum anderen Flugzeug. Dort erklärte er seinen neuen Gästen die ungeheuerliche Geschichte und flog mit einiger Verspätung ab, ganz wie man es bei einem Flugzeugtausch gewöhnt ist.
Er schrieb einen Bericht – die Dame bekam jedoch keinen Ärger, da auch ihr Vorgesetzter befand, sie habe sich völlig korrekt und nach Dienstvorschrift verhalten.
Flugzeugtausche sind eine lästige Störung im Betriebsablauf und werden oftmals durch die Engstirnigkeit und Hirnlosigkeit einiger Mitwirkender zusätzlich verkompliziert. Jeder Tausch wird so zu einem kleinen Abenteuer für uns und unsere Gäste.
Aber wäre es sonst nicht auch zu einfach?

PROBLEME MIT VÖGELN

Es gibt immer Tage, an denen man morgens lieber im Bett liegen bleiben würde. Am Abend kommt man dann erschöpft nach Hause und fragt sich, warum man dem Impuls nicht einfach nachgegeben hat.

Wenn man beruflich ein Flugzeug fliegt, hat man es an derartigen Tagen entweder mit unfassbar nervigen Kollegen oder Passagieren zu tun, mit extrem schlechtem Wetter oder mit technischen Problemen und viel Verspätung.

Wenn es ganz dick kommt, gewinnt man den Jackpot und erwischt eine charmante Kombination aus allem.

Aus Gesprächen mit meinen Kollegen weiß ich, dass jeder so sein Standardproblem hat, das immer mal wieder auftaucht. Bei dem einen sind es Probleme mit den Triebwerken, bei dem anderen Pech mit der Hydraulik. Wieder andere haben regelmäßig kranke Passagiere an Board, die eine außerplanmäßige Landung nötig machen, oder schlagen sich mit den seltsamsten Wetterkapriolen herum.

Wenn ich meine persönliche Nummer eins aus zehn Jahren Berufserfahrung nennen müsste, so wären es wohl die Vorfälle, in denen kleinere oder größere Vögel involviert waren.

Phasenweise hatte ich so viele Flüge, bei denen es zu Zusammenstößen mit Vögeln kam, dass meine Mutter vorschlug, einen Fonds zur Rettung der europäischen Vogelpopulation einzurichten und wiederanzusiedeln, was ich mit meinen Flügen so vom Himmel holte. Meine Kollegen begannen, zweideutige Witze zu machen: »chronisch untervögelt« sei ich offenbar nicht.

Diese kleineren und größeren Treffer blieben den Passagieren meist verborgen, und ich hatte nur drei Erlebnisse, die etwas arbeitsaufwendiger für uns Piloten und anschließend für die Mechaniker waren.

Mein erster spektakulärer Vogelschlag ereignete sich auf einem Rückflug aus Frankreich. Wir waren gerade losgerollt und das voll

beladene Flugzeug beschleunigte auf der Startbahn. Links von uns am Rande der Startbahn hatte sich eine große dicke Möwe niedergelassen und bewegte sich nicht weiter. Plötzlich erhob sie sich jedoch, offenbar um nun doch die Bahn zu kreuzen und auf die andere Seite zu fliegen. Dass da ein noch größerer und lauter Metallvogel auf sie zugeschossen kam und gerade abhob, störte sie offenbar nicht.
Es kam also, wie es kommen musste.
Plötzlich schepperte es ganz gewaltig und begann unglaublich zu stinken. Vögel im Triebwerk riechen immer nach verbranntem Haar und Fleisch, und je nachdem, was ihre letzte Mahlzeit gewesen ist, kann es zusätzlich auch mal nach Moder riechen.
»Mist«, sagte mein Kollege, und wir husteten beide etwas, weil sich der verbrannte Möwengestank auf unsere Stimmbänder legte.
»Großer Mist«, bestätigte ich und zeigte auf die Triebwerksanzeige. Beide Triebwerke liefen zwar noch, das eine vibrierte aber am oberen erlaubten Limit und klapperte und schepperte. Die Vibrationen waren deutlich zu spüren, und der Geruch wurde nicht weniger.
Wir stiegen auf die erste sichere Höhe über Grund und teilten dem Tower mit, dass wir eine größere Möwe erlegt hätten und man die Landebahn bitte nach Vogelkadaverteilen absuchen sollte. Der Tower fragte uns, wie wir unseren Flug fortsetzen wollten. Nach einer kurzen Besprechung kamen wir überein, dass wir nach einer kleineren Ehrenrunde über dem Flughafen sicherheitshalber wieder landen würden, da die Vibrationen auf eine deutliche Beschädigung eines unserer Triebwerke hindeuteten.
Wir informierten unsere Kabinenbesatzung, die den ekligen Geruch und das laute Geschepper bereits mehreren Passagieren hatte erläutern müssen, und erklärten den Passagieren, dass das Flugzeug zwar noch sicher flöge, wir aber ein leiseres und nicht ganz so rappelndes Triebwerk für den Weiterflug bevorzugten und deshalb lieber noch mal landen würden.
Am Boden erwarteten uns dann vier beeindruckend beleuchtete Fahrzeuge der *Pompiers de l'aéroport*, der lokalen Flughafenfeuerwehr also, und eskortierten uns mit bunt blinkenden Lichtern zu unse-

rer Parkposition. Nachdem wir die Triebwerke abgeschaltet hatten, kamen ein vermummter Feuerwehrmann und unser Ramp-Agent ins Cockpit, während unsere Passagiere aufgeregt im Gang standen.

Mein Kollege und ich waren über den Besuch des Feuerwehrmanns sowohl irritiert als auch etwas verärgert, da in den Reihen eins und zwei angesichts des Vermummten bereits panisches Gemurmel einsetzte und zudem einige Unerschütterliche ihre Foto-Handys zückten.

Der Feuerwehrmann wollte aber nur seine Eindrücke schildern und tat dieses in einem sehr aufgeregten Südfranzösisch mit vielen überbetonten Endsilben und großen Gesten. Unser Ramp-Agent dolmetschte ins Englische, wobei auch er so aufgeregt war, dass seine Sprachmelodie etwas seltsam klang.

Die Feuerwehrleute hatten in ihrem Aufenthaltsraum gesessen und waren aufmerksam geworden, als sie die Flammen aus unserem Triebwerk kommen sahen. Sie eilten zu ihren Autos und waren entsetzt, weil unser Flugzeug nicht mehr nach einem eleganten Jet klang, sondern wie eine alte scheppernde Blechkiste kurz nach dem Krieg. Ein Fahrzeug fuhr die Bahn ab und fand einige größere Vogelstücke, die sorgsam eingesammelt wurden.

Andere hielten sich bis zu unserer Rückkehr daraufhin in Bereitschaft.

Endlich war also einmal etwas los gewesen an dem kleinen südfranzösischen Flughafen!

Wir dankten der Feuerwehr und unserem Ramp-Agenten und baten die Passagiere, erst einmal ins Terminal zurückzugehen, bis wir ein neues Flugzeug organisiert und einen Plan B mit unserer Firma abgestimmt hatten. Danach gingen mein Kollege und ich den Schaden besehen. Einige Passagiere baten uns, mitkommen und ein Foto machen zu dürfen, andere baten um eine plastische Beschreibung.

Mein Kollege grinste die Passagiere, die lüstern auf blutrünstige Details warteten, an und fragte nur kurz, ob sie alle im Terminal schon ihr Abendessen eingenommen hätten. Einige nickten eifrig, woraufhin er mit den Schultern zuckte und verschwörerisch die Stimme senkte: »Also … große Möwe, schnelles Triebwerk. Sie kennen das ja vom Mixer. Nun ja, ich will nicht, dass Ihnen übel wird …«

Er zwinkerte kurz und ging dann mit mir die Treppe hinunter. Die fette Möwe hatte offenbar sehr kräftige Knochen gehabt, denn sie hatte vier unserer Triebwerksschaufeln umgeknickt wie Streichhölzer und zudem die Schutzbeschichtung im Triebwerk zentimetertief zerkratzt. Überall klebten Blut und Federteile, durch die Rotation des Triebwerks war das Blut einmal kreisförmig durch den Einlass geschleudert worden, sodass das gesamte Triebwerk blutbespritzt war und große rote Schmierer den Einlass verfärbten. Im Ölfilter hingen kleine Knöchelchen und Federkiele, und es roch noch schlimmer als zuvor im Cockpit.

Wir rümpften beide die Nase und machten Fotos für die Mechaniker. Dann telefonierten wir mit der Firmenzentrale, um den Vorfall zu schildern. Der Mechaniker am Telefon bat um Zusendung der Fotos und rief kurze Zeit später zurück: »Das wird ein teuer Spaß, verdammtes Möwenvieh. Ihr braucht ein neues Flugzeug, ich kann so schnell kein Triebwerk backen, muss ich erst bestellen. Das ist ja ein schönes Gemetzel!«

Wir warteten ein paar Stunden, bis man uns ein neues Flugzeug geschickt hatte, in dem auch ein Mechaniker-Team saß, das sich unser kaputtes Triebwerk ansehen wollte. Wir flogen dann unsere Gäste ohne weitere Begegnung mit einer Kamikaze-Möwe heil an ihren Zielort.

Das nächste größere Vogelabenteuer erlebte ich ein paar Jahre später.

Ich war für einen befreundeten Kopiloten eingesprungen, der zur Taufe seiner kleinen Nichte wollte und mich gebeten hatte, seine Flüge zu übernehmen und ihm einen meiner freien Tage zu überlassen.

Es sollte nur kurz nach Italien gehen und anschließend noch einmal rasch nach Polen, und ich willigte gern ein, weil ich die Flüge kurzweilig fand und die Zielflughäfen sehr mochte. Leider entpuppte sich der mit mir eingeteilte Kapitänskollege als ausgesprochener

Kotzbrocken. Schon bei der Flugwetterbesprechung teilte er mir mit, dass er lange Jahre für »vernünftige« Airlines gearbeitet hätte und es nicht sonderlich angemessen fände, wenn ihm »von jungen Mädchen im Cockpit assistiert werde«.
Ich schickte insgeheim ein Stoßgebet zum Himmel, dass der kurze Tag bitte auch kurz bleiben möge, und so gingen wir zum Flugzeug. Bis auf die Tatsache, dass ich gänzlich ignoriert wurde und ein paarmal erklärt bekam, dass er der Kapitän auf diesem Flug sei, verliefen die ersten beiden Flüge völlig unspektakulär.
Auf unserem dritte Flug passierte es dann: Im Sinkflug auf den polnischen Zielflughafen knallte es mehrmals laut und blechern, und wir sahen im Licht der Außenbeleuchtung schemenhaft große Schatten. Dann begann es zu scheppern.
»Scheiße, Wildgänse!«, rief mein Kollege, und ich checkte sofort die Triebwerksanzeigen, die aber »normal« anzeigten. Landeklappen und Fahrwerk ließen sich ebenfalls ohne Störungen ausfahren, und wir landeten ganz normal an unserem Zielflughafen.
Leider zeigte sich bei der Außeninspektion, dass unsere Gänse dennoch ganze Arbeit geleistet hatten. Beim Zusammenstoß hatten die Tiere nicht nur große Löcher in die Vorderseite unserer Tragflächen gedrückt, sondern auch ein ausfahrbares Landelicht zerschlagen, einen in der Tragflächenwurzel versenkten Scheinwerfer zersprengt und eine große Delle in unser Leitwerk gehauen.
Garniert waren die Einbeulungen mit den üblichen Blutflecken und vereinzelten Federn, und so sehr ich mich auch nach Hause sehnte, mich beschlich die leise Befürchtung, dass unser Flugzeug aufgrund der tiefen Dellen vorläufig in Polen bleiben würde.
Die Techniker bestätigten dann meinen Verdacht, und die Operations teilte uns kurze Zeit später mit, dass sie ein Hotel für uns gebucht hätten. Die Kabinencrew an diesem Tag bestand aus befreundeten Kolleginnen und ich freute mich auf ihre Gesellschaft, die mich während des ungewollten Stopps von meinem unfreundlichen Kollegen ablenken würde.

Aber natürlich kommt es erstens immer anders und zweitens als man denkt, und insofern hatte ich mich zu früh gefreut. Da ein Mitarbeitermangel an unserem Heimatflughafen herrschte, teilte man der Crew mit, ein anderer Flieger käme in Kürze und würde sie alle nach Hause fliegen, während mein Kollege und ich bis zur Reparatur des Flugzeugs vorläufig vor Ort bleiben sollten.
Ich tobte innerlich.
Es war eigentlich ein freier Tag gewesen, ich hatte gerade meinen Koffer gepackt, um zwei Tage später in einen lang ersehnten Urlaub zu fahren, und ich hatte nicht vor, diesen Urlaub nun mit meinem Kollegen zu verbringen.
Zu allem Überfluss hatte ich meine Wechselwäsche vergessen, da ich schon im Freizeitmodus gewesen war, als ich meinem Bekannten den Flug zugesagt hatte. Der Akku meines Handys war nicht einmal mehr halb voll.
Ein Taxi brachte meinen Kollegen und mich zu unserem Hotel.
Die Stadt sollte laut Beschreibung wunderschön sein, historischer Stadtkern, tolle Gebäude, großartige Restaurants. Uns brachte man jedoch in einem alten Plattenbau neben einer sechsspurigen Stadtschnellstraße unter. Die Hotellobby sah aus wie eine Bahnhofshalle aus der Nachkriegszeit, und ich entdeckte ein Telefon mit Wählscheibe auf einem alten Resopaltischchen, über dem in mehreren Sprachen »öffentliches Telefon« stand.
Die Rezeptionistin war sehr charmant, bedauerte aber, dass man keine Toilettenartikel habe. Morgens um sieben werde jedoch ein Discounter um die Ecke öffnen, da könnte ich sicher ein paar Dinge einkaufen.
Ich sah also einer Nacht mit ungeputzten Zähnen und ohne Pyjama entgegen und würde meine Unterwäsche und die Socken in meinem Hotelwaschbecken waschen müssen. Ich konnte mich vor Begeisterung kaum halten.
Mein Kollege lud mich zu einem Glas Wein an die Bar ein, eine Geste, die ich eher der Höflichkeit zuschrieb als dem Wunsch, mit mir nun einen zu trinken. So kurz vor der ukrainischen Grenze wurde

von den dort stoppenden Fernfahrern offenbar nur wenig Wein konsumiert, und ich hätte besser Wodka ordern sollen, der Rotwein war süß und klebrig und kratzte im Hals. Der Kollege bestellte lokales Bier und tatsächlich Wodka für sich und begann mit der Dame hinter dem Tresen zu flirten. Mich ließ er einfach stehen.
Nach kurzer, höflicher Verweildauer ging ich auf mein Zimmer.
Es war spartanisch und wirkte sauber. Zumindest flüchteten keine Krabbeltiere davon, als ich den Lichtschalter anmachte. Ich rief meinen damaligen Freund an, um ihm mitzuteilen, dass mein Akku fast leer sei, ich auf unbestimmte Zeit in Polen gestrandet sei und nicht wüsste, ob das mit unserem Urlaub noch klappen würde. Bevor ich ihm von meinem Vogelschlag, dem nervigen Kollegen und dem schlimmen Wein erzählen konnte, legte er beleidigt und eifersüchtig auf. »Du bist unzuverlässig mit deinem blöden Job, immer springst du für Kollegen ein, na, dann viel Spaß mit deinem Kapitän im Hotelzimmer«, schmiss er mir noch an den Kopf.
Ich schrieb meinen Eltern eine kurze SMS: »Hallo, ihr Lieben. Spendet für Wildgänse, stecke in Polen, hab euch lieb.«
Tatsächlich dauerte es noch zwei Tage, bis wir wieder nach Hause fliegen durften – übrigens mit unserem verbeulten Flugzeug, das dann doch wieder freigegeben wurde.
Mein drittes Vogelabenteuer erlebte ich zum Glück mit einem sehr sympathischen Kollegen. Wir hatten bereits einen sehr kurzweiligen Flug nach Spanien hinter uns, waren gerade Richtung Heimat gestartet und noch nicht höher als bis auf vielleicht 300 oder 400 Meter gestiegen, als wir ein paar herumtollende Möwen vor uns sahen. »Och nö«, sagte mein Kollege, und in dem Moment schepperte es auch schon. Sehr dramatisch gingen einige Warnungen an, die laut durch das Cockpit quakten, und wir stellten ziemlich rasch fest, dass einer unserer Fahrt- und Geschwindigkeitsmesser offenbar falsch anzeigte. Nach dem Vergleich mit dem Zusatzinstrument, welches als Ersatz für unsere beiden Geschwindigkeits- und Fahrtmesser diente, kamen wir überein, dass mein Instrument noch immer die

richtige Höhe und Geschwindigkeit anzeigte, das meines Kollegen aber irgendwelchen Unsinn.

Nach einer kurzen Lagebesprechung waren wir uns einig, dass das heimische Feierabendbier gerade in weite Ferne rückte und es wohl besser war, wenn wir wieder an den spanischen Flughafen zurückkehrten. Mein Kollege teilte dies dem spanischen Fluglotsen mit, der uns offenbar nicht verstand und uns fröhlich einen schönen Heimflug wünschte. Mein Kollege schaute etwas irritiert und erklärte dem Lotsen erneut, dass wir ein technisches Problem hätten und wieder landen wollten. Erneut wünschte uns der fröhliche Spanier einen ganz wunderbaren Rückflug.

Offenbar hatte er aber nun bemerkt, dass seine Antwort nicht ganz unserem Problem entsprach, und fragte, ob etwas nicht in Ordnung sei. Erneut erläuterte mein Kollege das Problem, und da begriff der Fluglotse, was wir wollten.

Er gab uns das aktuelle Wetter durch, fragte, ob wir Hilfe am Boden nach der Landung bräuchten, und war auch sonst ausgesprochen nett und hilfreich.

Wir flogen eine große Schleife über das Mittelmeer und landeten kurze Zeit später wieder am Ausgangsort.

Leider hatte man keine Parkgelegenheit für uns, also standen wir mitten auf dem Vorfeld und warteten auf die Busse, die unsere Passagiere zunächst einmal zum Kaffeetrinken zurück ins Terminal bringen sollten. Mein Kollege und ich stiegen aus, um den Schaden zu besehen, und begannen beide zu lachen.

Auf dem Rohr, welches die Außenluft einsaugt, um jene Instrumente mit Luft und Druck zu versorgen, die dann die Geschwindigkeit und Höhe anzeigen, steckte eine Möwe wie ein Hähnchen am Spieß. Das im Flug kochend heiße Metallrohr hatte die arme Möwe zwischen Kopf und Bauch sauber durchbohrt. Vorher hatte sie uns allerdings noch eine tiefe Beule in die Flugzeugnase gedrückt, in der unter anderem unser Radar beherbergt war.

Das obligate Blut-und-Federn-Gemetzel hielt sich relativ in Grenzen, trotzdem wirkte die Szene sehr beeindruckend und bizarr. Als die

Busse unsere Passagiere abholten, zückten denn auch viele ihre Fotohandys und machten Aufnahmen von der Unglücksmöwe, die sehr fotogen neben dem Treppenaufgang spießte.

Nach ein paar Stunden Aufenthalt konnten wir wieder heimwärts fliegen. Für unser Feierabendbier war es nun leider zu spät, stattdessen hatten wir aber viel spanischen Kaffee in Gesellschaft unserer sehr netten und verständnisvollen Passagiere getrunken, während wir alle zusammen auf die Ersatzmaschine warteten.

WIND UND WETTER

Kennen Sie das auch? Sie wachen auf und hören, wie über Ihnen fast das Dach abgedeckt wird, weil es draußen so weht. Dann machen Sie das Radio an und es kommen die ersten Meldungen, man möge bitte Bäume und Alleen meiden, sich nicht länger »im Freien« aufhalten. In derselben Meldung erfahren Sie, dass die Bahnstrecken von Köln nach Bornheim wegen abgebrochener Äste auf den Gleisen gesperrt wurde und auf der A 81 mehrere Lastwagen umgeweht wurden. Tage also, die nach einem Buch und dem Sofa, nach einer Tasse Tee und einer warmen Decke rufen und ganz bestimmt nicht nach der guten alten Arbeit.

Im letzten Sturmherbst tat ich Folgendes: Ich ging artig ins Bad, hübschte mich mit all den Waffen einer Frau auf und zog nach erfolgter Kriegsbemalung meine Uniform an. Dann kämpfte ich mich gegen die Windböen zum Auto und fuhr zum Flughafen.

An solchen Tagen frage ich mich, ob die psychologischen Tests bei der Einstellung nicht vielleicht doch herausfinden sollten, ob in uns Piloten ein kleines japanisches Harakiri-Gen eingebaut ist oder wir latent vom Wahnsinn befallen sind.

Beim Aussteigen aus dem Auto trafen mich herumwehende Plastiktüten und kleine Äste am Kopf und die Parkplatzschranke schwankte, als wollte sie mich warnen. Kurz vor Erreichen des Büros lag ich das erste Mal fast in einer Pfütze, weil die Böe stärker war, als ich Gewicht mitbrachte, und erneut fragte ich mich, warum ich nicht doch studiert hatte und nun in einem kuschelig überheizten Büro meinen Kollegen auf die Nerven ging, anstatt mit erhöhtem Adrenalinspiegel gleich mein Flugzeug in den Himmel zu fliegen.

Im Büro erfuhr ich, dass all unsere Flugzeuge an andere Flughäfen ausgewichen waren, weil vor Ort der Wind zu stark war.

»Prima«, verkünde ich meinen Kollegen, »ratet mal, wer gleich mit einem extragroßen Cappuccino auf dem Sofa sitzt und ein Buch lesen wird.«
Mein Chef fand den Kommentar offensichtlich unprofessionell und musterte mich streng. Meine Kollegen lachten. Ich fragte meinen Chef, wie denn nun der Plan der beliebtesten Fluggesellschaft der Welt sei.
»Woher soll ich das wissen?! Wir sind doch nicht die Lufthansa. Gib der Planung erst mal ein bisschen Zeit zu planen, dann schauen wir, wie es weitergeht. Es ist doch erst früher Nachmittag, noch ist alles drin.«
Meine Kollegen verzogen genauso das Gesicht wie ich. Draußen war Geschrei zu hören, weil eine alte Dame auf dem Vorfeld auf ihrem Trolley sitzend vom Wind angeschoben wurde. Ein kleines Kind war wie ein Spielzeug umgeworfen worden, mitsamt seiner zierlichen Mutter am Arm.
»Was machen denn unsere Gäste auf dem Vorfeld?«, wollte ich wissen, und mein Chef antwortete so lapidar wie immer: »Preboarding, was sonst?«
Dann besann er sich und rannte zum Telefon, um bei der Flugabfertigung anzurufen und zu fragen, ob man dort noch ganz dicht war, dass man unsere Passagiere zu Flugdrachen umfunktionierte.
Es war also mal wieder Warten angesagt. Und so saßen wir einträchtig auf dem Sofa in der Ecke des Büros und starrten auf unsere Smartphones, die Uhr und den Propaganda-Fernseher. Nach einer Stunde sprang unser Chef auf, eilte zum Telefon und rief bei den Damen und Herren von Operations an, die mittlerweile eigentlich einen Plan hätten haben sollen – zumindest theoretisch.
Zunächst gab es offenbar wieder eine etwas brüske Begrüßung. Als mein Chef sich dann aber als Stationskapitän zu erkennen gab, ließ man ihn zumindest ausreden. Kurze Zeit später legte er auf und zuckte mit den Schultern.
»Tja, sie wissen noch nichts. Vielleicht landet nachher einer der Flieger bei uns, aber ob das klappt und wann, keine Ahnung. Die Flieger

stehen momentan alle an verschiedenen Flughäfen. Vielleicht fahren wir da später mit dem Taxi hin und die Passagiere mit Bussen, vielleicht aber auch nicht.«

Wir warteten weiter, und die Ersten versuchten zum Rauchen vor die Tür zu gehen. Kurioserweise hält auch ein Orkan einen Raucher offenbar nicht davon ab, sich in einer windgeschützten Ecke eine Kippe anzustecken. Oder es zumindest zu versuchen. Als die ersten Raucher nass und zerzaust wieder hereinkamen und zugeben mussten, auch nach dem vierten Anzündversuch noch nicht einmal erfolgreich an ihrer Zigarette gezogen zu haben, klingelte plötzlich das Telefon. Operations hatte offenbar eine Lösung gefunden und schickte nun meine Kollegen und mich mit dem Taxi los.

Die Fahrt zog sich, denn kurz nach dem Flughafen lag ein großer Baum quer. Die Feuerwehr traf kurz nach uns ein und begann ihre Kettensäge auszupacken. Eine Frau vom Kabinenpersonal fing plötzlich an zu weinen, und als wir unsensible Witze machen, sie habe wohl ein besonders inniges Verhältnis zu Bäumen oder ein Kettensägen-Trauma, heulte sie noch etwas mehr und meinte, der Sturm sei so gruselig.

Der Taxifahrer rutschte nervös auf seinem Sitz hin und her, und bevor wir fragen konnten, ob ihn die heulende 19-Jährige oder der Sturm oder etwa die Kettensäge unruhig machte, tippte er aufs Taxameter.

»Eure Firma will immer nicht zahlen, habt ihr eigentlich eine eigene Kreditkarte oder so was?«

Wir beschlossenen, den Einwurf zu ignorieren, wohl wissend, dass keiner von uns jemals eine eigene Kreditkarte für Firmenausgaben benutzen würde, eben wegen der Zahlungsmoral meiner Firma. Man musste anschließend monate- und jahrelang seinem Geld hinterherlaufen.

Unsere Taxifahrt dauerte schließlich drei Stunden, es war Feierabendverkehr, und wegen der Sturmböen ging alles gemütlicher zu. Wir trafen die Frühschichtcrews, die natürlich von ihren Sturmerlebnissen erzählten und aus den Landungen mal wieder wahre

Heldengeschichten machten, bevor sie dann unser Großraumtaxi übernahmen.
Im Flughafen teilte uns das dort ansässige Operations-Büro mit, der Wind sei so stark, dass der Flughafen nun geschlossen werde. Wir könnten gern ein bisschen im Terminal herumbummeln, man rufe uns dann an, wenn es Neuigkeiten gebe. Wir waren also zum Warten nur an einen anderen Ort verfrachtet worden, eine Aktion, die in der Luftfahrt durchaus öfter vorkommt und über die man sich am besten gar nicht weiter aufregt.
Wir kehrten in die Flughafen-Konditorei ein und hatten gerade jeder ein fettes Stück Torte auf dem Teller, als unsere Firma anrief, um zu fragen, wo wir seien. Mit vollgestopftem Mund nuschelten wir ins Telefon, wir seien zwar am Flughafen, aber draußen seien gerade zwei Treppen davongeflogen und mehrere Gepäcktrolleys umgeweht, wir könnten gerade nichts anders tun, als unsere Körper in die etwas zu weite Uniform hineinzufuttern.
Interessanterweise klang der arme Operations-Officer fast resigniert, als er uns »guten Hunger« wünschte, vielleicht hätte er selbst auch gern ein gefühlt 9000 Kalorien schweres Stück Schokotrüffeltorte verputzt, um seinen Stresslevel zu reduzieren.
Draußen vor dem Fenster hatte man mittlerweile die Treppen eingefangen und die umgestürzten Gepäcktrolleys gesichert, und es begann zu schütten.
»Windlimits mit nasser Bahn sind noch schlechter als trockene«, nuschelte ein Kollege. »Willst du deinen extragroßen Cappuccino hier trinken? Das wird heute nichts mehr.«
Ich schüttelte den Kopf. »Nee, kein Platz mehr. Ich bin im Schokokoma.«
Nach dem großen Fressen hingen wir alle schlaff in unseren Sesseln. Erneut kam Langeweile kam auf.
»Voll aufregend, so ein Sturmtief, oder?«, meinte die Kollegin vom Kabinenpersonal.
Wir nickten.

Nach einer weiteren Weile klingelte wieder eines unserer Telefone und Operations meinte, wir sollten zu den Fliegern gehen, der Wind werde sicher gleich weniger.
Kaum waren wir auf dem Vorfeld, waren wir patschnass. Eine Windböe warf erst eines unserer Mädels um und dann mich. Wir lagen völlig entgeistert nebeneinander in einer Pfütze.
»Alles okay?«, rief ein dickerer Kollege und half uns auf.
Ich rollte nur mit den Augen, dann stiefelten wir weiter.
Die Flugzeuge waren taktisch geparkt, sodass wir die Türen theoretisch hätten öffnen können sollen, aber der Wind war viel zu stark. Die Triebwerksschaufeln drehten wie wild und klapperten im Wind, alles ächzte und knarzte.
»Sind die sturmbetankt?«, fragte einer von uns.
Um die Maschinen zu stabilisieren, werden bei Sturm die Flächentanks gefüllt, was die Flugzeuge schwerer macht. Wir hofften, dass man auch heute daran gedacht hatte.
Einer der Flughafenangestellten kam mit einem Auto angefahren und meinte, der Wind sei viel zu stark für die Treppen. Unsere Firma habe erneut angerufen und bitte uns zurück ins Gebäude. Klatschnass stapften wir zurück und hängten zum Trocknen auf, was sich gerade so noch ausziehen ließ.
Es hatte inzwischen zu dämmern begonnen, und wir saßen noch immer und warteten. Nach einer weiteren langweiligen Stunde rief unsere Firma an und erklärte, der Wind sei noch immer zu stark, wir sollten mit dem Taxi zurückfahren.
Weitere geschlagene drei Stunden Fahrt und einen sehr geschwätzigen Taxifahrer später kamen wir wieder dort an, wo wir am Nachmittag losgefahren waren. Unsere Kleidung war inzwischen nur noch klamm, und obwohl wir nichts getan hatten, waren wir alle irgendwie genervt und erschöpft vom Herumsitzen und Warten, vom Nasswerden und vom Auf-Abruf-Sein. Wir eilten ein letztes Mal in unser Office, um zu sehen, ob dort vielleicht neue Pläne aushingen.
Natürlich hatte ich den großen Preis gewonnen: Ich sollte am nächsten Tag erneut mit dem Taxi zu einem der Ausweichflughäfen fahren

und eines unserer Flugzeuge dort abholen und leer zu einem anderen Flughafen bringen. Von dort würde ich dann als in Uniform reisender Passagier mit meinem Kollegen zurückkommen.

Am nächsten Tag eilte ich also abermals ins Office, traf dort meinen Kollegen und wir fuhren mit dem Taxi dorthin, wo wir den Abend zuvor auch schon herumgesessen hatten.

Man fuhr uns zum Flugzeug, wo der Tankwagenfahrer schon auf uns wartete.

»Mann, hat das gestürmt gestern. War das ein Wetter. Mich haben ja keine zehn Pferde vor die Tür gekriegt. So, was machen wir denn mit dem Fuel? Wie viel soll denn rein in die Mohrrübe?«

Er musterte mich und grinste: »Und, die junge Dame, keine Angst vor dem Wind?«

Ich schüttelte den Kopf. »Alles Übungssache. Wir hätten gern einmal die Flächentanks voll.«

»Okidoki, ist gestern schon passiert. Das nennt man *Storm-Tankering* oder so, hat mein Chef gesagt. Aber was weiß ich denn.«

Er zwinkerte wieder, stiefelte schnaufend zu seinem Tanklaster und verschwand.

Mein Kollege und ich stiegen ins Flugzeug, bereiteten alles vor und gingen einmal durch die Kabine, weil wir bei Leerflügen selbst schauen mussten, ob alles ordnungsgemäß verstaut und verriegelt war. Besonders nicht verriegelte Trolleys können in einer leeren Kabine überraschend an Fahrt aufnehmen und dann in die Cockpittür einschlagen.

Wir schlossen alle Klappen, checkten Türen und Toiletten, und als alles zu unserer Zufriedenheit verstaut war, lasen wir unsere Checklisten und bekamen die Freigaben zum Start. Es war noch immer ein wenig windig, aber nichts im Vergleich zum vorherigen Tag. Unser unbesetztes Maschinchen tanzte fröhlich über die Startbahn und stürzte förmlich gen Himmel. Von den Böen wurden wir ordentlich hin und her geschaukelt, und erst in den etwas höheren Luftschichten beruhigte sich die Lage ein wenig.

»So, wer bringt uns jetzt den Kaffee?«, meinte mein Kollege, als wir unsere Schultergurte lösten.
»Scheißservice!«, stimmte ich zu und packte ein paar Kekse aus. »Den Kaffee musst du dir jetzt dazudenken.«
So schnell, wie wir unsere Reiseflughöhe erreicht hatten, so rasch ging auch schon wieder die Vorbereitung für die Landung los, und ehe wir es uns versahen, waren wir im Anflug auf den Zielflughafen, wo unsere Maschine gebraucht wurde.
Leider war das Sturmtief des Vortages offenbar in diese Gegend gezogen und es rappelte und schaukelte und schlug im Landeanflug, dass wir die leere Kabine hinter uns ächzen hören konnten.
»Blödes Gerappel!«, fluchten wir und hatten ordentlich zu tun, um unseren tanzenden Flieger in Richtung Landebahn zu bugsieren.
Kurz vor dem Boden bekamen wir noch einmal einen ordentlichen Schlag ab, und die Maschine sackte kurz ein wenig durch. Wir schoben Gas nach und landeten mit quietschenden Reifen, aber wohlbehalten an unserem Zielort.
»Puh, was 'ne Arbeit heute, für das bisschen Kohle!«, schimpfte ich.
Als wir von der Bahn abrollten, begann es wie aus Eimern zu schütten.
»Hoffentlich gibt es wenigstens einen Bus. Ich hab keinen Bock, jetzt auch noch patschnass zu werden«, meckerte mein Kollege.
Natürlich parkten wir mitten auf dem Vorfeld, und weit und breit war außer unserem Einweiser kein Mensch zu sehen. Über Funk antwortete uns niemand, und so stapften wir durch den Regen zur nächsten Pforte, an der wir warten mussten, bis man uns ins Terminal einließ.
Wir tropften und bibberten und waren genauso nass wie tags zuvor. Notdürftig begannen wir uns abzutrocknen, und ich versuchte, mich in der Damentoilette mithilfe eines Handtrockners etwas aufzuwärmen, was das klamme und unangenehme Gefühl aber nur verstärkte.
Es sollte noch fünf Stunden dauern, bis der Flieger, der an unseren Heimatflughafen ging, abheben sollte, und so versuchten wir uns in der verbleibenden Zeit mit heißem Kaffee und Tee, viel Herum-

gelaufe und gelegentlichem Anfönen weitestgehend wieder in respektabel aussehende Piloten zu verwandeln.
Mit mittelmäßigem Erfolg. Beim Einsteigen in unser »Rückflugtaxi« wurden wir nicht nur von den Passagieren, sondern auch von der durchführenden Crew mitleidig beäugt. Als ich abends um zehn schließlich in meine Wohnung fiel, sah ich noch immer aus wie ein begossener Pudel und ich beendete den ereignisreichen Tag voller Warterei wieder einmal in meiner geliebten heißen Badewanne.

DAS DROHENDE ENDE

Manchmal wache ich auf und habe so ein Bauchgefühl. Bei schönen Ankündigungen ist es ein bisschen so, als sei ganz frisch ein Gläschen Schampus die Kehle hinuntergesaust und verbreite seine kleinen Perlchen fröhlich kribbelnd in meiner Magengrube. Bei schlechten Vorahnungen liegt das Gefühl erst als Druck im Magen und wandert dann die Wirbelsäule hinauf, bis es meinen Nacken fest im Klammergriff hat und ich mich vor Spannung kaum rühren kann.
Diese Bauchgefühle befallen mich an Tagen, an denen wir später dann technische Probleme bekommen, die etwas mehr Arbeit erfordern. Oder eben im positiven Fall, wenn etwas Schönes passieren wird.
Eines Morgens wachte ich auf und hatte erst das fröhliche Champagnerkribbeln im Bauch und kurz darauf Nackenschmerzen, die mir fast den Magen umdrehten. Ich beschimpfte mich ein paar Minuten als neurotische Kuh und nahm eine Tablette gegen Magenverstimmungen. Dann zog ich mich an und fuhr zum Dienst.
Am Flughafen angekommen, lief ich meinem Chef in die Arme, der wuselnd im Büro von einer Ecke in die nächste flitzte.
»Hallo, alles gut? Du siehst etwas gehetzt aus, wenn ich das anmerken darf.«
Wir umarmten uns zur Begrüßung kurz.
»Julchen, äh, wie schön. Hast du kurz mal 'ne Minute?« Nervös musterte er mich von oben bis unten.
»Natürlich«, sagte ich, »was kann ich für dich tun?«
Ich steuerte auf sein Büro zu, er hielt mich jedoch am Arm fest und schüttelte den Kopf.
»Lass uns das mal lieber kurz nebenan besprechen.«
Er steuerte auf die Briefing-Boxen zu.
Nun war es an mir, ihn von oben bis unten zu mustern.
»Ist alles in Ordnung? Hab ich was verbrochen?«

Mein Chef schwieg und ging zu einem Stuhl in unserem kleinen Separee.
»Nimm Platz, Julia.«
»Okay«, sagte ich und hatte wieder dieses zwiespältige Gefühl vom Morgen.
Nachdem mein Chef umständlich erst die Tür angelehnt und dann doch geschlossen hatte und wir beide endlich saßen, schwieg er noch ein wenig und sah mich an.
»Mir fällt dieses Gespräch nicht leicht«, begann er schließlich. »Ich war gestern auf einem Meeting, und das Management hat folgende neue Pläne: Alle Piloten, die schon lange Jahre dabei sind, sollen auf neue, günstigere Verträge gebracht werden, weil wir gewisse Einsparungen vornehmen wollen. Im Zuge dieses Treffens wurde über jede Station einzeln gesprochen, und, Julia, so leid es mir tut, dein Name wurde mit einigen anderen genannt, bei denen man sich nicht sicher ist, ob die allgemeine Einstellung noch so ganz *company minded* ist. Du fällst oft durch deine bissigen und kritischen Kommentare auf und du versuchst nicht einmal neuen Kollegen gegenüber, deine kritische Einstellung zu verbergen. Wir brauchen uns hier nicht über deine Leistungen als Pilotin zu unterhalten. Du warst und bist eine sehr gute Pilotin, und fliegerisch äußert niemand auch nur einen Hauch Kritik an dir. Es ist aber so, dass ich angehalten worden bin, mit dir und ein paar anderen Einzelgespräche zu führen. Wir würden uns Folgendes wünschen: Ändere deine Einstellung. Fall einfach nicht mehr auf. Unterzeichne ohne Aufstand, Murren oder Knurren den neuen Vertrag. Wir wollen dich doch nicht verlieren.«
Er schwieg und lächelte dünn.
Dann sagte er: »Möchtest du dich äußern?«
Ich schaute erst auf meine Hände, die entspannt auf meinen Oberschenkeln lagen, und sah dann ihn an.
»Lass mich das kurz zusammen fassen, ja? Ihr findet mich zu teuer, zu renitent und zu aufmüpfig, aber wollt mich als Kollegin nicht verlieren. Ist das so weit richtig?«
Ich lächelte spitz.

»Äh, Julchen, nein, wir, die Firma, würden uns freuen, wenn du deine Einstellung zu unseren Gunsten ein wenig … äh … modifizieren könntest. Deine Erfahrung und jahrelangen Dienste sind uns ja nicht gleichgültig …«
Er brach ab und räusperte sich.
Ich musterte meinen Chef.
»Gut, wie auch immer. Jetzt lass uns doch unter guten Kollegen mal dieses ganze Geeier sein lassen. Unterm Strich bleibt es bei meiner Zusammenfassung, oder? Ich bin teuer, gefährlich und zu laut. Was ist nun der Plan? Du führst ein Gespräch, um mich genau zu was zu bewegen? Akzeptanz der frechen neuen Verträge? Zur Kündigung?«
Ich schaute ihn weiterhin an.
Mein Chef wand sich in seinem Stuhl. Es wirkt ein wenig so, als hätte ich ihn zu einer Unterschrift zu nötigen versucht, nicht umgekehrt.
»Nein, schau, das ist hier wirklich nur ein ganz informelles Gespräch. Ich wollte dich über mögliche Pläne der Firma informieren. Was du daraus machst, ob du darüber nachdenkst und eventuell den Entschluss fasst, dich nach etwas anderem umzusehen, weil das hier nicht mehr deinen Idealvorstellungen entspricht, oder ob du dich entscheidest, bei uns zu bleiben, das ist natürlich deine Sache. Ich muss natürlich eine gewisse Rückmeldung über den Gesprächsverlauf und, sagen wir mal, eine Tendenz weitergeben, aber da wir uns schon so viele Jahre kennen, würde ich dir hier natürlich nicht in den Rücken fallen. Es ist aber schon so, dass hinreichend bekannt ist, dass deine Äußerungen und Einstellungen nicht immer so ganz der Firmenlinie entsprechen, und das wird von einigen Leuten natürlich nicht so gern gesehen …«
Er brach abermals ab.
Ich hatte mich darauf konzentriert, die Nennungen des Wortes »natürlich« zu zählen, und stolperte beinahe über die plötzliche Redepause meines Vorgesetzten.
»Und jetzt soll ich mich dazu äußern?«, fragte ich.
»Kannst du sehr gerne. Natürlich!«

»Ich sollte aus diplomatischen Gründen wahrscheinlich besser gar nichts sagen und das zu Hause erst mal sacken lassen«, sagte ich und erhob mich.
»Ich dachte, wir wären uns einig, dass Diplomatie nicht deine Stärke ist«, zwinkerte mein Chef.
Ich fühlte mich wie ein Haufen nasser Wäsche, als ich mich zurück zur Flugvorbereitung schleppte. In meinem Gehirn schlugen die Gedanken Kapriolen. Ich ging zur Damentoilette, rief meinen Freund an und berichtete von dem merkwürdigen Gespräch unter vier Augen.
»Nicht verrückt machen und abwarten!«, meinte er und wünschte mir einen schönen Flug.
Super, dachte ich und begann meinen Dienst.
Im Cockpit erzählte ich meinem Kollegen von dem seltsamen Gespräch mit unserem Chef.
»Haben die einen Knall? Das ist ja wohl der Gipfel!«, regte sich mein Kollege auf.
Ich schwieg.
»Sag mal, wie kannst du denn bitte so ruhig bleiben, die wollen dich rauswerfen! Oder hab ich das falsch verstanden?«
Ich schwieg immer noch.
»Hallo? Sag doch mal was!«, bat mein Kollege und setzte seinen Hundeblick auf.
Ich lachte. »Ich weiß nicht, was ich dazu sagen soll. Ich weiß nicht mal, ob ich das schlimm finden soll oder gruselig oder ob ich mich fürchten soll.«
Ich zuckte mit den Schultern.
»Ich wollte es dir auch nur erzählen, damit du dich nicht wunderst, dass ich hier nicht wie sonst Rad schlagend und Späße klopfend durchs Cockpit springe, sondern heute ein bisschen ruhiger bin. Ich muss erst mal nachdenken und das zu Hause erzählen und dann mal gucken …«
»Hast du denn einen Plan B?«, fragte mein Kollege.
Ich schüttelte den Kopf.
Wir wechselten das Thema und konzentrierten uns auf unsere Flüge. Die Stimmung war trotzdem irgendwie gedrückt und melancholisch.

»Ich will nicht, dass du gehst!«, sagte mein Kollege plötzlich, und ich bekam einen Kloß im Hals.
Nach dem Dienst war meine Arbeitswoche beendet, und ich fuhr nach Hause. Ich sprach mit meinem Freund über das Gespräch mit meinem Chef, und er hörte sich alles aufmerksam an.
»Wir brauchen einen Plan B!«, sagte er schließlich.
»Haha, witzig, das hat mein Kollege auch schon gesagt«, sagte ich.
»Überleg doch mal, was du wirklich gut kannst«, sagte er.
Ich dachte nach.
»Mhhm, fliegen, kochen, dummes Zeug reden, Dinge erklären, na ja, malen geht auch noch so halbwegs ... organisieren kann ich gut.«
Ich lächelte schwach und fühlte mich weinerlich.
»Schreib's auf!«, sagte mein Freund plötzlich.
»Häh, was?«
»Das heißt: ›Wie bitte?‹«, korrigierte mich mein Freund.
»Okay. Wie bitte? Aber was soll ich denn nun aufschreiben?« Ich verstand nur Bahnhof.
»Na, schreib ein Buch. Über deine Firma. Und dann schau mal, ob das ein Teil deines Planes B wird. Schreib von mir aus dann noch ein Buch, einen blutrünstigen Pilotenthriller oder so was. Dann koch von mir aus oder organisier die Welt oder werde Erklärbär für fliegerische Dinge.«
Ich schaute ihn zweifelnd an. »Kann ich ja mal versuchen. Kurios genug ist die Luftfahrt ja, das glaubt einem kein Mensch.«
»Eben! Und dann habe ich noch ein tolles Projekt für uns. Wenn du weiterhin fliegen willst, dann werden wir einfach unsere eigenen Chefs und gründen eine Airline! Schlag ein!«
Er war begeistert.
»Klingt nicht sehr realistisch, aber okay«, stimmte ich zu und schlug ein. »Erst mein Buch und dann eine eigene Airline.«
Ich schaute meinen völlig überzeugt dreinblickenden Freund an und nahm ihn in den Arm.
»Danke«, flüsterte ich. »Ich glaube, ich weiß schon, wie ich mein Buch beginne ...«

TIPPS UND KNIFFE FÜR DIE REISE

Sollten Sie, liebe Leser, nun den aufregenden Schritt wagen und trotz allem, was ich Ihnen berichtet habe, in den Urlaub fliegen wollen, so beachten Sie einfach folgende kleine Tipps.

---

1. Maße und Gewicht Ihres Gepäcks

Wiegen und messen Sie ganz genau. Es ist sehr ärgerlich, wenn man plötzlich für sein Gepäck zusätzlich bezahlen muss, und es wird sehr schnell teuer, wenn Sie zu viele, zu schwere oder Gepäckstücke im falschen Format dabeihaben. Gucken Sie sich die erlaubten Maße in dem unseligen Wust unseres Kleingedruckten genau an. Dann wird alles gut.

2. Der Wetterfaktor

Leider achtet meine Firma und ihre am Flughafen arbeitenden Subunternehmer nicht darauf, ob es stürmt, schneit oder Katzen und Hunde regnet. Es geht allein um den pünktlichen Abflug. Daher seien Sie gewappnet. Nehmen Sie sich eine Jacke oder einen Schirm mit, wenn die Witterung unbeständig wirkt, es kann sein, dass Sie zu Fuß über den Flughafen spazieren werden und vor dem Flugzeug warten müssen, bis Sie mit dem Einsteigen beginnen können. Da Sie an einigen Flughäfen draußen aufgestellt werden, bevor wir als Crew überhaupt am Flugzeug sind, kann das bisweilen etwas dauern.

3. Verpflegung

Wenn Sie an Bord gemütlich und lecker essen wollen, kaufen Sie sich Ihr Brötchen vor der Reise. Die meisten Flughäfen haben fantastische regionale Backwaren im Angebot, die oft deutlich günstiger und in jedem Fall leckerer sind als unser Bordessen. Wasser und Ähnliches sollten Sie allerdings erst hinter der Sicherheitsschleuse kaufen, sonst landet es im Abfall. Selbst mitgebrachter Alkohol ist an Bord leider nicht erlaubt. Der Schampus oder Bourbon aus dem Duty-Free-Shop ist ein tolles Mitbringsel (wenn er denn ins Handgepäck passt), während des Fluges müssen Sie ihn aber leider eingepackt lassen.

4. Lektüre

Zeitungen gibt es nur auf ausgewählten Strecken zu kaufen. Besorgen Sie sich etwas zu lesen am Airport oder nehmen Sie ein Buch von zu Hause mit. Hörbücher auf dem iPod dürfen Sie im Reiseflug nach Start und Landung auch genießen, wenn Sie artig das Sicherheitsballett abgewartet haben.

5. Komfort

An Bord haben wir weder Decken noch Kissen, mit denen man es sich gemütlich machen könnte. Unser Motto ist: »Kein Schnickschnack«. Kleine leichte Fleecedecken oder große Schaltücher lassen sich jedoch gut von zu Hause mitnehmen, und schon haben Sie es ein bisschen kuschliger. Beachten Sie aber auch hier, dass Ihr Handgepäck nicht zu groß und zu schwer werden darf. Ich persönlich ziehe als Passagier auf längeren Flügen auch immer die Schuhe aus und habe kuschelige Stoppersocken für das Rumsitzen im Flieger dabei (auf die Toilette würde ich definitiv aber nur mit Schuhen gehen!).

6. Flugangst und Unbehagen

Wenn Sie zu den Gästen gehören, die sich entsetzlich unwohl fühlen im Flieger oder Angst haben, teilen Sie dies gern einem der Crewmitglieder mit. Unsere Kabinencrews haben sehr oft Passagiere, die sich unwohl fühlen, und werden Ihnen an Bord helfen. Versuchen Sie, als einer der ersten Passagiere an Bord zu kommen. Sie haben so mehr Ruhe zum Einsteigen und können sich vertraut machen mit Ihrer Umgebung, anstatt eingepfercht zwischen den anderen Passagieren in der Schlange zu stehen.

Fragen Sie ruhig nach, ob Sie bei uns Piloten einmal vorbeischauen dürfen. Oft ist Flugangst ein »Sich-ausgeliefert-Fühlen«, und wenn die beiden mysteriösen »Busfahrer« vorn plötzlich ein Gesicht haben, geht es schon ein wenig besser. Ich habe viele Passagiere erlebt, die nach Gesprächen im Cockpit ruhiger waren und sich aufgehoben gefühlt haben.

Nehmen Sie sich entspannende Musik mit oder irgendetwas, womit Sie sich wohlfühlen. Das Gespräch mit Ihrem Sitznachbarn kann auch helfen, vorausgesetzt, Sie finden ihn sympathisch. Und zu guter Letzt vergessen Sie eines nicht: Über 85 Prozent aller Fluggäste fühlen sich nicht wohl an Bord oder sind ängstlich.

Sie sind also nicht die Ausnahme, sondern eher die Regel!

Guten Flug ;)